M&A後の組織・職場づくり入門

「人と組織」にフォーカスした企業合併をいかに進めるか

齊藤光弘・中原 淳 編著

東南裕美・柴井伶太・佐藤 聖 著

ダイヤモンド社

企業合併（M&A）という「青天の霹靂」をいかに乗り越えるか？
「もったいない M&A」をいかに減らし、成果を残すか？

　本書において筆者らが探究したテーマは、この２点に集約されます。本書では、これまであまり注目されてこなかった「人と組織の観点」から、M&A にまつわる諸問題と、その解決策を語っていこうと思います。このことを通して、M&A に翻弄される現場の社員や管理職のみなさん、M&A の成果に思い悩む経営者のみなさんに「貢献」することが、本書の目指していることです。

不安がつきまとうM&Aを
なぜ企業は進めるのか？

　企業で働く多くの方々にとって、M&A は「青天の霹靂」であり、かつ「巻き込まれ事故」のようなものです。
　ある日突然、自社の合併を告げられ、昨日までの「慣れ親しんだ日々」が終わりを迎えます。社名も、オフィスも、部署も、同僚も、明日からはどうなるかわかりません。そもそも、これまでどおりの仕事を続けられるのかさえも不明です。遠くに目をやり、ふとした言葉がもれます。果たして、自分の会社人生はどうなってしまうのだろうか……。
　企業で働く個人にとって、M&A は人生を左右する重大事。こんな突然の「巻き込まれ事故」に、不安を感じない人はいないでしょう。実は、こんなことが毎日のように、日本中の至るところで起こっています。

社員の観点から感じる不安は前述のとおりですが、一方、企業の経営を行う経営者や経営企画、人事の方々にとっても、M&Aは「いつかは通る道」になりつつあります。そこには「不安」が頭をもたげています。

　ある日突然、他社から連絡がありグループインを持ちかけられる。または、ある日突然、エージェントから連絡があり、「事業をより大きく確実なものとするために、高い技術を持つ他社を買収しないか？」という誘いを受ける。

　多くのM&Aは、**経営層にとっては「突然ふってわいてくる賭け事」**のようなものでもあります。のるか、そるか。賭けた場合には、多くの時間と予算を投資することになります。しかし、M&Aを通じて企業を迎えたにもかかわらず、期待した成果を残せないということもありえます。買収先の技術力を持った社員が全員離職してしまった、ということも起こりえます。M&Aという名の「突然ふってわいてくる賭け事」には、常に不安がつきまとっています。

　しかしながら、近年、日本企業が関わるM&Aの件数は急速に増えています。企業はなぜ、M&Aを進めるのでしょうか。ひと言でいえば、「成長」と「生き残り」のためです。

　前者の「成長のためのM&A」とは、**企業の成長スピードを速める手段**としてのM&Aです。グローバル競争が加速するなかで、M&Aは世界と対等に戦えるだけのスピード感を持って新規事業の創出や規模拡大を進める有効な手段の一つとなっています。かつては「ハゲタカ」や「乗っ取り」のような、ややネガティブなイメージで語られることも少なくなかったM&Aですが、昨今では「時間を買う」有効な成長戦略として定着しつつあります。

　一方、後者の「生き残りのためのM&A」とは、**事業継続のためのM&A**です。国内市場の成熟化、経営者の高齢化などにより、以前にも増して経営の舵取りが難しくなっています。大企業だけでなく中小企業にとっても、M&Aは事業継続のための重要な選択肢の一つとなっています。

今後の企業経営では、再生・グループ再編・事業承継などが進むといわれており、その結果としてM&Aがさらに加速することが見込まれます。高い技術を持つ優良企業が経営悪化や後継者難により廃業に追い込まれ、長年の信頼と実績で築き上げたブランドとともに、雇用の受け皿が消えてなくなってしまうことは、地域社会や日本経済にとっても大きな損失です。M&A市場が良い形で活性化し、効率的な事業再編・業界再編が促されることは、個々の企業の経営効率化のみならず、今後の日本経済の持続的成長に寄与するものと考えられます。

人と組織の問題が
M&Aを失敗させる大きな原因

　ところが、非常に残念なことに、「M&Aの成功率」は期待ほど高いわけではありません。何を「成功」と定義するかによってその値は変化しますが、ここでは成功を「当初設定した目標の80％超を達成すること」と定義しましょう。

　この定義に即して行われたデロイト トーマツ コンサルティングの調査研究によると、M&Aの成功率は約36％です[1]。もちろん、36％を高いとみるか、低いとみるかは、人によって異なります。しかし、おおよそ6割強の確率で「M&Aが失敗に終わってしまう」というのは、経営層にとっても、そこで働く社員にとっても、心穏やかではいられないことでしょう。いったい、なぜ、こうした事態が起こってしまうのでしょうか。

　詳しくは本書で論じていきますが、失敗原因の多くは、M&Aを通じて協働する2社間での組織文化の衝突やコミュニケーション不全など、「M&A後の統合（PMI：Post Merger Integration）プロセス」における「人と組織の問題」にあるといわれています。

---

[1]　デロイト トーマツ コンサルティング（2013）「M&A経験企業にみるM&A実態調査」（https://www2.deloitte.com/content/dam/Deloitte/jp/Documents/about-deloitte/news-releases/jp-nr-nr20131008-2.pdf）

具体的には、M&Aが成立した後、「会社の文化が違いすぎて、優秀な社員が次々と辞めてしまった」「統合がうまくいかず、社内に2社が併存する形になってしまった」など、PMIプロセスにおける人と組織に関わる問題が残念な状況を引き起こしているケースが散見されます。

　コンサルタントや会計士、弁護士がつくる「机上の経営戦略」としては「このM&Aは望ましい」と判断できるケースでも、実際に組織と組織が合併すれば、様々な形で「人と組織の問題」が噴出します。「経営戦略としては正しかったはずのM&A」が、人と組織の観点から「機能不全」をもたらしてしまうこともあるのです。

　厄介なことに、こうした問題を放置してしまうと、それらは自然に解消されるどころか、その「後遺症」に何年も何十年も悩まされることになります。すると、M&A後の組織は、期待どおりの成果が出せないどころか、さらなる経営上の危機を生み出す可能性もあります。

　筆者らの見るかぎり、「M&A後の組織・職場づくり」がうまくいかなかったために、期待した成果が得られなかったという残念な事例は全国で多発しています。日本には、人と人、組織と組織がつながらないために「シナジーを生み出せないM&A」「1＋1が2以上にならないM&A」、すなわち「もったいないM&A」が実に多いのです。

「もったいないM&A」を少しでも減らしたい

　にもかかわらず、M&A後の組織・職場づくりに関する知見は世の中にほとんど出回っていません。というのも、これまでM&Aを扱う際は、ビジネス戦略やコーポレートファイナンス、法務や税務の観点から語られることが多く、「人と組織」にフォーカスして語られることは、ごく限られていたからです。あるいは、「人と組織」に関わる専門家は、M&Aの問題を自分たちとは遠いところにあるものと考え、そこに貢献することは稀でした。

しかし、今後、M&A が日本経済を立て直すために重要な役割を担っていくことを見据え、筆者らは「もったいない M&A をなんとかしたい」「M&A によって先の見えない不安に陥っている人に、希望を持ってもらいたい」という思いを持ちました。それが本書の出発点です。社員や取引先など関与者が多く、影響範囲が広い手法である M&A を「賭け事」にせず、「経営戦略」の精度を高めるためにできることは、まだまだあります。

　本書の編著者の一人である齊藤は、M&A のプロセスをサポートするコンサルティングファーム、事業承継をサポートする投資ファンドで勤務し、M&A に関わってきた経験を持ちます。その後は研究の世界に入り、現在は M&A に限らず、広く人材開発・組織開発の手法を用いながら、研究と実務の融合に取り組んでいます。

　もう一人の編著者である中原は、齊藤の大学院時代に指導教員を務め、人材開発・組織開発・リーダーシップ開発といった領域で研究を行う大学の研究者です。研究者といっても、大学で教えるだけではなく、多くの企業の「人と組織の課題」をコンサルティングしてきた経験を持ちます。人材開発・組織開発案件のなかには、その背景に M&A の問題をはらんでいるものが少なくありません。中原は、これまで「人と組織の観点」から、M&A 後の後遺症に苦しむ人と組織を支えてきました。

　このような筆者らが、なぜ PMI について述べる本書の執筆を思い立ったのか。それは、「人と組織」についての知見を活用することで、少しでも M&A 後の後遺症を緩和し、日本経済の発展に貢献できるのではないか、と考えたからです。すなわち、次ページの図表1 に示すように、戦略的には合致しているにもかかわらず、統合後の組織の状態が芳しくない「もったいない M&A」の領域を減らすべく、筆者らは、この本を編みました。

　日々、企業の「人と組織」に関わる問題を扱っている筆者らは、しばしば「もったいない M&A」の残骸に遭遇します。

「A銀行では合併後20年も経っているのに、未だに出身銀行による派閥争いが残っているため、適正な人材配置が行えない」

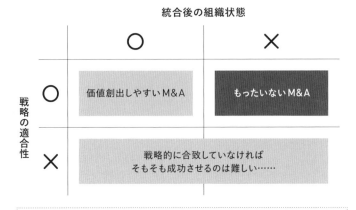

図表1　本書がターゲットにする M&A のタイプ

統合後の組織状態

戦略の適合性

	○	×
○	価値創出しやすいM&A	もったいないM&A
×	戦略的に合致していなければ そもそも成功させるのは難しい……	

戦略的には合致しているのに、統合後の組織状態が悪くなってしまい、価値創出につながっていないM&Aが多すぎる。この「もったいないM&A」を、組織・職場づくりの知見でなんとかしたい！

「IT企業B社では、M&A後に、新しい社長のイケイケドンドンな雰囲気になじめず、退職者が続出。企業の競争優位であった優秀な技術者が多く辞めてしまった」

「通信業界大手C社は、ベンチャー企業を買収するも、官僚主義的でスピード感がないC社の社風が合わず、社員のほとんどが辞めてしまった」

などがその典型です。

PMIプロセスにおける「人と組織」の問題が、何年も、場合によっては何十年も組織内にくすぶり続け、成果創出を阻む足枷となり続けているケースを見聞きすることは、珍しいことではありません。

合併時の失敗は、社員のモチベーションやロイヤルティを低下させる、育成力を低下させる、コア人材の流出を招くなど、長期にわたって人と組織に深刻なダメージを与え続けることになります。しかも、傷ついた人と組織をケアすることは、時間が経てば経つほど難しくなり、大きなコスト

が必要となります。

M&Aのシナジー創出に
「人」の力は欠かせない

　では、「もったいない M&A」はなぜ起きてしまうのでしょうか。M&A 担当者は、2 社の経営資源を有効活用することで、1 社では実現できない（時間がかかる）成果である「シナジー」を生み出すべく、事業や業務、様々な制度を見直しながら慎重に統合作業を進めていきます。

　一方で、人と組織に関わる統合作業については、「組織が一緒になれば自然になじんでいくだろう」「ビジョンやミッションを策定すれば一つにまとまるだろう」「後は時が解決するだろう」と、やや軽視されている傾向が見受けられ、統合プロセスのなかでしっかりと計画されたアプローチがなされていない企業も少なくありません。

　というのも、そもそも M&A の実務担当者のなかに、「人と組織」の専門家チーム[2] が入ることはまずなく、M&A 後の組織・職場づくりについては、各現場マネジャーの手にゆだねられるケースがほとんどだからです。

　しかしながら、**人と組織の問題は、目に見えない「人の意識や感情」に関わるものであり、最もコントロールしにくい問題でもあります。**この難しい作業を現場任せ、成り行き任せにしてしまうことが、多くの「もったいない M&A」を生み出している最大の原因といえます。しかも、この問題は、一度放置してしまうと、後から解決を図ることが非常に難しい上に、致命的な亀裂を生み出す可能性すらあります。

　M&A によるシナジー創出に、「人」の力は欠かせません。特に、研究開発や情報産業などの知識産業において「人」は大切な資源であり、人的資源の獲得が M&A の最大の目的であるということも少なくありません。

---

[2]　M&A に限らず、既存の組織・チーム運営においても、メンバーの関係性などの課題が生じた際に対処できる専門家チームがある企業は、まだまだ限られています。例えば、ヤフー、パナソニック、電通などには、自社のなかに「人と組織」の観点からサポートする組織づくりの専門部隊が置かれています。

ですが、「人」という資源は、「モチベーションが乱高下しやすく、活躍可能性を測りにくい上に、最悪の場合、自分から出ていってしまう（退職してしまう）かもしれない」という特殊性を持っています。

　経営学の観点でいえば、「人」とは、カネや設備といった「ハードな資源」とはまったく異なり、「心を持った資源」です。カネや設備は怒ったり、泣いたり、笑ったりしませんが、人は怒ったり、泣いたり、笑ったりするのです。M&Aをネガティブに捉えてやる気をなくし、能力を発揮できなくなってしまう人もいれば、統合をむしろチャンスと考え、ポジティブに捉えてやる気を上げる人もいます。M&Aがポジティブに作用するか、ネガティブに作用するかは人によって未知数なため、なんとも「取り扱いが難しい資源」といえます。一方で、人の持つ「やる気」や「潜在力」を解き放つことができれば、「想定外のパフォーマンスを発揮する資源」でもあります。

社員がいきいきと働ける
組織・職場をつくる

　それでは、どうすればM&Aの後、社員がいきいきと働ける組織・職場をつくり出すことができるのでしょうか。「社員」といっても様々な属性・価値観の人がいますし、「人」の問題には様々な要因が絡み合っているため、これさえ押さえればすべて解決、といった明快な答えを示すことはできません。

　本書において筆者らは、日本企業を対象にした調査研究と行動科学の知見を活用し、従来、戦略論や法務・財務デューデリジェンス（買収精査）といった手続き論の観点から語られることが多かったM&Aを、組織・職場づくり[3]という観点から述べていきます。

---

[3]　具体的には、組織変革（Organizational Change）や組織開発（Organization Development）の知見を活用しながら、M&A後の統合プロセスにおける「人と組織」の問題に対する解決策を提案していきます。

また、本書を執筆するにあたり、私たちは「データに基づきながら」論を展開します。このたび、M&Aによって自社が買われた経験がある方々315名を対象に質問紙調査を実施するとともに、M&Aで買った側・買われた側（あるいはその両方）に所属した経験がある方々10名ほどにインタビュー調査を実施しています。このように、データに基づきながらM&Aを語っている書籍は、これまでほとんど見受けられませんでした。

　第4〜6章では、質問紙調査による定量的な分析から導き出された示唆と、インタビュー調査による定性的なコメントから導き出された示唆を組み合わせながら、M&Aによって期待される成果を実現するために、現場で求められるアクションを提示していきます。

　本書の対象は、M&Aを進める経営者、マネジメント層、経営企画の方々だけではありません。そういった方々はもちろんのこと、人事担当者や現場で統合作業に取り組むマネジャーの方々、そして、M&Aに「巻き込まれた」と感じているすべての方々にお届けしたいと考えています。

　統合作業に関わる様々な立場の方がこの本を手にし、M&A後の組織・職場づくりを進めるためのポイントを理解し、そのプロセスを進める際のヒントが得られれば、「もったいないM&A」を少しでも減らしていけるのではないか、先の見えない不安に陥っている人に希望を持ってもらえるのではないか、そう考えています。そして、ニッポンの会社が元気を取り戻す一助となることを強く願っています。

　「もったいないM&A」を、この社会からなくそう！
　すべての人々にM&Aをサバイブする「人と組織の知恵」を！

　　　　　　「もったいないM&A」がゼロになる日を夢見て

　　　　　　　　　　　　　　　　　編著者代表　齊藤光弘
　　　　　　　　　　　　　　　　　　　　　　　中原　淳

本書の構成と独自調査の概要

本書の構成

　本書は次のような構成になっています（**図表2参照**）。

　第1章では、日本企業がM&Aをどのような目的で、どの程度活用しているのかを概観します。それによって、日本企業が経営戦略としてM&Aという手法を選択する、やむにやまれぬ理由があることを理解できるでしょう。また、実際にご自身が当事者になったときも、その必要性が腹落ちしやすくなります。

　第2章では、M&Aで当初想定した成果を上げられない要因を、PMIの進め方、特に人と組織の課題に焦点を絞って確認します。読み進めることで、これまでPMIのプロセスで手が付けられていなかったことや、事前準備として取り組む必要があることを把握できます。読者は、PMIの全体像を確認するとともに、人と組織の面から取り組むべきアクションについて、基本的な考え方を得ることができるでしょう。

　第3章では、PMIのプロセスで発生する人と組織の課題を、本書が提案する"組織づくり（組織変革・組織開発）のレンズ"を通して見ることで、どのようなアプローチが可能になるのかを説明します。従来のPMIプロセスでは、人と組織に対する施策は十分とはいえませんでした。しかし、"組織づくりのレンズ"を通してPMIを見てみると、必要な取り組みが鮮明に理解できるようになります。

　第4～6章は、実際のM&A/PMIの流れに従いながら、第4章「M&Aが開示される前」、第5章「M&Aが開示された直後」、第6章「M&Aが開示されて3か月以降」という3つのフェーズに分けて、組織・職場づくりの観点から必要なアクションを共有します。

　これらの章の執筆に際しては、新たに行った質問紙調査やインタビュー

調査から導き出された知見をもとに、M&A/PMI のプロセスを成果の創出につなげるための施策について、データに基づきながら提案します。

第4章は「M&A が開示される前」の準備段階の話となるため、主に経営者やマネジメント層、投資担当者などの M&A 投資に関わる方々向けの内容になっています。続く第5〜6章は「M&A が開示された直後」からの話なので、PMI に関わるすべての方々向けの内容になっています。特に、現場のマネジャーが PMI のプロセスを効果的に進められるよう、現場で活用できる知見を詳しくお伝えすることに努めました。

経営者やマネジメント層が、M&A/PMI で重要な役割を担っていることはいうまでもありません。ただし、現場社員と常に接しているマネジャーが、M&A/PMI の意義と要点をきちんと理解し、施策に取り組むことで、期待した成果が得やすくなることも確かです。現場のマネジャーもまた、PMI を効果的・効率的に進めていくためのキーパーソンなのです。

図表2　本書の構成

M&A/PMIの 基礎知識	組織づくりの レンズ	組織づくりの アクション	専門家への インタビュー
CHAPTER 1 日本企業における M&Aの状況	**CHAPTER 3** M&A後の 組織づくりの要諦	**CHAPTER 4** M&A前夜に 求められる行動	**CHAPTER 7** 楽天ピープル＆ カルチャー研究所 日髙達生 代表
CHAPTER 2 PMIはなぜ うまくいかないのか		**CHAPTER 5** M&A直後に 求められる行動	**CHAPTER 8** 明治大学グローバル・ ビジネス研究科 岡俊子 専任教授
		CHAPTER 6 M&A後3か月以降 に求められる行動	

第7～8章は、それぞれの立場から日本企業のM&A/PMIを支えているプロフェッショナルのインタビューを掲載しました。

第7章では、楽天グループが展開する積極的なM&Aを組織づくりの社内専門家として支えている日髙達生氏（楽天ピープル＆カルチャー研究所代表）にお話をうかがいました。多様な国籍や価値観を持った人たちが集まる組織のなかで、M&Aのシナジーを生み出すために、楽天では「人と組織の統合」をどう進めているのか。特に、日髙氏の専門領域である"理念の共有"と"カルチャー醸成"の観点から語っていただきました。

第8章では、M&Aの最前線に30年以上にわたって身を置き、日本企業の成長と再生を支援し続けてきた岡俊子氏（明治大学グローバル・ビジネス研究科 専任教授）にお話をうかがいました。前半では、これまで日本ではM&Aがどのように捉えられてきたのか、その変遷をご自身の経験を交えて振り返っていただきました。そして後半では、日本企業が抱えるPMIの課題と、それを乗り越えるための方策についてアドバイスをいただきました。

独自調査の概要

本書では、自社がM&Aをされた経験があるビジネスパーソン315名に対して質問紙調査（Web定量調査、図表3参照）を実施し、PMIプロセス、特に「人と組織」の課題に関する質問に回答をいただきました。質問紙の設計にあたっては、PMIに関する論文・書籍などの先行研究を整理し、PMIの課題や必要となる取り組みを洗い出し、M&Aで期待される成果を達成するために重要とされるポイントを踏まえました。それらの先行研究からの知見も、適宜、書籍のなかに織り込んでいきます。

また、定量的な質問紙調査を補足するために、M&Aで買った側・買われた側（あるいはその両方）に所属した経験のある社員10名ほどにインタビュー調査を実施しました。実際にうまくいった（いかなかった）PMIのプロセスについて泥臭いお話をうかがえたことで、定量的な分析だけで

図表3　**Web定量調査の概要**

時期	2020年2月6日〜2月10日
対象	2017〜2020年の間に自社がM&Aをされた経験があるビジネスパーソンを対象に、調査会社を活用して質問紙調査を展開し、315名から回答を得た（経営者は調査対象としなかった）
質問項目	質問総数は163問 M&Aのプロセスのなかでも、特にPMIに関するものを中心に調査を実施
調査主体・出典名	調査主体：立教大学経営学部 中原淳研究室 PMI研究プロジェクト 出典名：立教大学経営学部 中原淳研究室 PMI研究プロジェクト（2021） 　　　　「被M&A経験を有するビジネスパーソンに対する意識調査（略： 　　　　M&A経験調査）」

※本調査を引用される場合は、上記の出典名を明記してください。

は見えてこない、実際の現場での葛藤や現場感のある取り組みが見えてきました。

　これらの定量調査・定性調査も踏まえ、筆者らは、本書においてM&Aにまつわる実践知と科学知を融合させることを狙います。

M&A後の組織・職場づくり入門　目次

CHAPTER

4

〈解凍〉
M&A前夜に取り組むアクション
「人と組織」の視点でPMIを準備する

CHAPTER
5

〈変化〉
M&A直後に取り組むアクション
社員の納得感をいかに高めるか？　181

「M&Aが日常化する時代」に知っておきたいこと

日本企業はなぜM&Aを行うのか?

第1章では、日本企業がM&Aをどのような目的で、どの程度活用しているのかを、社会環境も踏まえながら見ていきます。それによって読者のみなさんには、①日本企業が今後も成長を続けていくためにはM&Aが重要な経営手段になっていくこと、②M&Aにうまく取り組める企業が競争力を高めていくこと、をご理解いただけると思います。

なお、第1〜6章の解説は、アリノスゲームとビーネストという架空の2社のM&Aケースを挟みながら展開していきます。この「巻き込まれ事故」に遭遇した社員の語りを通して、各章それぞれの課題をつかんでいただけるはずです。

それでは、M&Aストーリーの始まりです!

CHAPTER 1
「M&Aが日常化する時代」
に知っておきたいこと

― CASE ―

> | 速報 | **アリノスゲームがビーネストを買収** |
> |:---:|:---|
> | | **業界首位の規模に（Topic News）** |
>
> ゲームソフト開発大手アリノスゲームが新興のゲームアプリ開発会社ビーネストを買収し、来年4月1日をめどに合併することになった。
> 本合併により、経営資源の最適配分と開発体制の効率化を図り、国内首位としてサービスを拡充、急成長中のアジア市場開拓を加速させる狙いがあると見られている。

 八谷守（ビーネスト社プロダクト事業部セールス部長）「ネットニュース見た？　うちの会社、アリノスゲームと合併することになったらしいよ。これってさ……いわゆるM&Aってやつだよね。まさか自分がM&Aに巻き込まれるとは思わなかったなぁ。先週のマネジャー会議でも、そんな話はまったく出てなかったし、こういうのって本当に突然なんだな。ビジネスパーソンの運命なんて、突然、変わるんだね。三森さんは人事だし、当然、今回の件は知ってたんだよね？　いつから？」

 三森はな（ビーネスト社HR部長）「あ、うん。話が進んでいることは、ちょっと前には知ってたわ。守秘義務があるから言えなかったけど……」

 八谷「そうだったんだ……。プレスリリースにはさ、経営資源の最適配分と開発体制の効率化ってあったけど、どうだろうな。アリ

ノスゲームは、ジャンル的にもうちと競合しているところがある
し、競合商品はサービス終了させられるのかな。となると、営業
部隊は一部リストラ？　マジで？　それだけは避けたいな……。こ
れからどうなるのか、わからないことだらけで、社内は大騒ぎだ
よ。しかし、まさか自分の会社があのアリノスグループの傘下に
入るなんて。この間まで、バリバリ競合だったじゃないか。人生
何があるかわからないもんだな。どうかお手柔らかに願いたいも
んだよ」

 三森「そうよね。私も最初に話を聞いたときは、ありえない！と
思ったもの。ただ、最近は日本でも M&A が増えてるみたいよ」

 八谷「でも、老舗のアリノスゲームとうちは全然タイプが違うし、
一緒にやっていくって相当難しいよね。社風も違うし、営業スタ
イルも違うし。この結婚、絶対うまくいくわけないよ……結婚し
て３日で離婚ってなったら、いやだなぁ。っていうかさ……俺も
リストラかな？　そういうこともありえるんじゃない？　マンショ
ン買ったばかりなのに」

 三森「さすがにそれはないと思うわ。ちょっと落ち着いて」

登場人物紹介

八谷 守
（はちや・まもる）

ゲームアプリ開発会社ビーネスト社の
プロダクト事業部セールス部長。IT 大
手企業の営業エースだったが、新興ベ
ンチャーのビーネスト社に将来性を感
じて転職し、営業部門を築いてきた。

三森 はな
（みつもり・はな）

ビーネスト社の HR（人事）部長。ビー
ネスト社の立ち上げ直後から人材の採
用・育成・評価などに関わっており、
プロダクト事業部セールス部長の八谷
とは同時期の入社。

読者のみなさんのなかには、すでに M&A（企業の合併・買収）を経験され、「M&A なんて、ごく一部の特殊な世界の話だろうと思っていたから、自分の会社人生でまさか M&A を経験するなんて思いもしなかった」という方もいらっしゃるかと思います。

　しかし、今や M&A は珍しい話ではありません。日本企業が関わる M&A の件数は、2011年以降、右肩上がりで急増しています。2019年は4088件と、8年連続の増加。2020年は新型コロナウイルス感染症拡大の影響もあり3730件とやや減少したものの、依然として高い水準を保っています。そして、2021年は過去最多の4280件を記録しました[4]。私たちは今、M&A が珍しくない時代、働く人の多くが人生に1度や2度は M&A を経験する時代、いわば「M&A が日常化する時代」に突入しつつあるのです。

　なぜ今、爆発的に M&A が増えているのでしょうか。また、M&A にはどのような利点と課題があるのでしょうか。まずは、そもそも M&A とは何か、企業の経営戦略においてどのような目的を持って実行されるかを知っていただき、M&A という選択肢が取られることのご自身なりの納得感を高めていただければと思います。その上で「日本企業の M&A」の現状について理解していただけたらと思います。

　本章の第1節「そもそも M&A とは何か」では、M&A の目的やメリット・デメリット、そして M&A の一般的なプロセスについてご説明します。

　第2節「なぜ今、M&A が増えているのか？」では、日本でなぜ今 M&A が増えているのか、日本企業が置かれているビジネス環境を概観します。

　第3節「成長戦略としての M&A」では、M&A が企業の成長戦略としてどのような可能性を持っているのかを押さえていただきます。

---

[4]　レコフデータ（2022）「MARR Online（マールオンライン）：グラフで見る M&A 動向」（https://www.marr.jp/genre/graphdemiru）

そもそもM&Aとは何か

 八谷「M&Aって、企業の合併・買収ってことらしいけど、要するに、うちの会社は買われてしまったわけだよね。経営状態が悪かったから買ってもらった、ということなのかな？ 隠れた借金があったとか？」

 三森「それはないわ。うちの会社は業績も良かったし、むしろ成長を加速させたい、市場を広げたい、といった前向きな理由よ。ひと口にM&Aといっても、目的はいろいろあるのよ」

企業がM&Aを行う目的

　M&AとはMergers and Acquisitions（マージャー・アンド・アクイジション：企業の合併・買収）の頭文字をとったものです。買う側の企業が、売る側の企業がもともと持っている経営資源を活用することを目的に、経営権を取得したり、出資して経営に参加したりする取引を指します。ひと言でM&Aといっても、「合併」「買収」「資本参加」など、いろいろな形があります。

　そもそも、M&Aは何のために行われるのでしょうか。どんなM&Aも、基本的には「企業の成長・事業継続」を意図して行われます。ただ、具体的な目的や期待する成果は、関わる企業が置かれている状況によって実に様々です。

　次ページの**図表4**に、買収する側・売却する側の目的をまとめました。
　買う側の目的は大別すると「経営資源の獲得」「市場シェアの拡大」「経

買収目的	経営資源の獲得 ● 人材 ● 製品・ブランド ● 技術・研究開発力 ● 販売網 など	既存事業をテコ入れするために、対象企業の経営資源を獲得する目的で行われる 人材の獲得はアクハイアリング（Acqui-hiring）とも呼ばれ、IT業界などで特に活発化している
	市場シェアの拡大	既存事業をテコ入れするために、対象企業の顧客を獲得し、市場シェアを高める目的で行われる
	経営の多角化	対象企業が保有する製品やサービスを獲得することで、短期間で新規事業へ進出するために行われる
売却目的	衰退・不採算部門の事業再編	成長のピーク時期が過ぎた事業や、経営戦略上、不要となった事業や不採算事業を売却してグループ再編を図るために行われる
	事業承継	後継者のいない企業が、事業存続を目的として事業を売却するために行われる

M&Aは、企業の成長や事業継続を意図して実施されますが、その具体的な目的（期待する成果）は、企業が置かれている状況によって異なります

営の多角化」が考えられます。当然ながら、どれか一つというわけではなく、複数の目的が組み合わさっていることがほとんどです。

「経営資源の獲得」は、既存事業のテコ入れや事業拡大を図るために、対象企業の人材、製品・ブランド、技術・研究開発力、販売網などの獲得を目指すものです。

なかでも、人材の獲得を意図したM&Aは「アクハイアリング〔Acqui-hiring：買収（Acquisition：アクイジション）と雇用（Hiring：ハイアリング）を組み合わせた造語〕」とも呼ばれています。優秀なエンジニアの獲得が成果創出のカギとなるIT業界などでは、特に活発化しています。例えば、2020年にDMM.comがAlgoAgeの株式の51％を取得しました。この買収はAlgoAgeの、深層学習を中心とした高度な人工知能技術を持

Q 今後、戦略を実現する方法として、M&Aを活用する目的は何ですか？（複数回答）

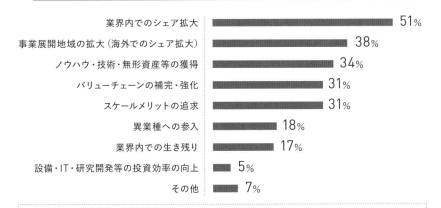

業界内でのシェア拡大　51%
事業展開地域の拡大（海外でのシェア拡大）　38%
ノウハウ・技術・無形資産等の獲得　34%
バリューチェーンの補完・強化　31%
スケールメリットの追求　31%
異業種への参入　18%
業界内での生き残り　17%
設備・IT・研究開発等の投資効率の向上　5%
その他　7%

「業界内でのシェア拡大」や「事業展開地域の拡大」を目的とした販路拡大型M&Aの比率が大きいです。その後に技術獲得型M&Aが続きます

注：2013年4〜5月、過去5年間に買収・売却を実施した日本企業224社から回答を得た
出所：デロイト トーマツ コンサルティング（2013）「M&A経験企業にみるM&A実態調査」

つ技術者を獲得することを主な目的にしており、アクハイアリングの典型的な事例とも解釈できそうです。

　「市場シェアの拡大」 は、買われた側の顧客を獲得することで、市場シェアを高めることを狙うM&Aです。例えば、2020年に昭和電工が日立化成を買収した事例は、日立化成が持つトップシェアの製品を獲得し、業界内のシェア拡大を図るのが目的でした。

　「経営の多角化」 は、買われた側が持つ製品・サービスを獲得することで、短期間で新規事業へ進出することを目指すものです。例えば、「楽天経済圏構想」を掲げる楽天では、積極的なM&Aを通じて事業の多角化に取り組んでいます。楽天カードや楽天銀行、楽天トラベルといった主要事業も、M&Aを通じて買収した事業が母体になっています。

　では、どのような目的でM&Aが行われることが多いのでしょうか。デロイト トーマツ コンサルティング（2013）によれば、図表5に示したと

おり、ノウハウ・技術の獲得やバリューチェーンの補完・強化などの「経営資源の獲得」よりも、「業界内でのシェア拡大」や「事業展開地域の拡大」が目的として多いことがわかります[5]。要するに、業界内の市場を「面」で押さえてしまうことを目指す、ということです。

　一方、売る側は、M&Aをどのような目的で行うのでしょうか。主な目的として挙げられるのは、先ほどの図表4に見るように「**衰退・不採算部門の事業再編**」「**事業承継**」などがあります。

「**衰退・不採算部門の事業再編**」とは、成長のピークが過ぎた事業や、経営戦略上、不要となった事業や不採算事業を売却して、経営のスリム化、主力事業の立て直し、グループ再編などを図るものです。

「**事業承継**」は、後継者のいない企業が、事業の存続を目的として売却するものです。近年、中小企業では、経営者の高齢化が大きな課題になっています。経営者が高齢化しても、その会社を継いでくれる人がいない場合に、この「事業承継」が行われるケースが増えています。

｜ M&Aのメリット・デメリット

　それでは、次に、M&Aにはどのようなメリット・デメリットがあるのでしょうか。M&Aの経営戦略的な意味合いから考えてみたいと思います。

　経営学には「Make or Buy」という言葉があります。ここで「Make」とは「自社の資源だけで成長を目指すこと」で、オーガニック・グロース（Organic Growth）とも呼ばれます。一方、「Buy」とは「資源を持っている会社を買収すること」で、M&Aを活用した成長を指します。もともとは、製造業などで、原材料や部品などを自社生産するほうが有利なのか、他社から買ったほうが有利なのか、という意思決定をめぐる議論で使われ

---

[5]　デロイト トーマツ コンサルティング（2013）「M&A 経験企業にみる M&A 実態調査」（https://www2.deloitte.com/content/dam/Deloitte/jp/Documents/about-deloitte/news-releases/jp-nr-nr20131008-2.pdf）

028

	成長に かかる時間	コントロール しやすさ	メリット	デメリット
自力 （Make型）	自社資源のみで時間がかかる	強い	● 独立性を維持できる ● 状況に応じて段階的な投資が可能	● 市場開拓や新製品開発までに時間がかかる
提携 （Alliance型）	M&Aほどのスピード感ではないが、他社資源も活用し、比較的短期での成長が可能	弱い	● 状況に応じて関与度合いを調整できる ● 失敗時のリスクが低い	● ノウハウや技術の流出リスクがある ● ガバナンスが効きにくく、シナジーも発揮しにくい
M&A （Buy型）	他社資源も活用し、比較的短期での成長が可能	資本比率に依存	● 買われた側が持つ市場や、実績のある製品・人材を獲得できる可能性がある ● 売り手の場合、後継者不在でも事業を継続できる	● 一度の投資負担が大きい ● M&A後のマネジメントが難しく、シナジーを発揮できない場合もある

M&Aは「Buy型」と呼ばれ、買われた側が持つ経営資源を効率的に活用することで、自力でゼロから事業を育てるよりも、短期間で事業を伸ばせる可能性があります

ていました。そして、この「Make or Buy」の議論は、M&Aでも重要なテーマとなっています。また、MakeとBuyの中間として「提携（Alliance型）」という形もあります。協働する2社が共同出資して合弁会社を設立する場合などです。1社の出資比率が高まるほど、特徴は「M&A（Buy型）」に近づいていくことになります。図表6のように、各形態には、それぞれメリット・デメリットがあります。ここでは議論をシンプルにするために、「自力（Make型）」と「M&A（Buy型）」に絞って話を進めます。

　自社の資源だけで成長を目指す「Make型」の場合は、事業をコントロールしやすく、独立性が維持できて、状況に応じて段階的に投資できるというメリットがあります。しかし、新たな事業を一から立ち上げるのは

時間がかかり、環境の変化が激しい状況下では、期待した成果が得られない可能性があるという大きなリスクを伴います。

　一方、M&A によって成長を目指す「Buy 型」の場合は、買われた側が持つ市場や製品・人材といった経営資源を獲得することで、比較的短期間で成長を実現できる可能性があります。M&A を行いながら外部の資源を自社に取り入れ、利益を拡大するという戦略です。半面、それなりの規模の企業を買収するためには、投資負担も大きくなります。また、M&A 後のマネジメントも非常に難しく、当初想定した、1 社だけでは実現できない新たな価値、すなわち「シナジー（相乗効果）」を生み出せないことも少なくありません。

　M&A（Buy 型）による最大のメリットは、“時間を買う”ことによって短期間での成長が可能になるということです。変化が激しいビジネス環境下では、成長にかかる時間を投資によってまかなえるだけでなく、買われた側の実績のある経営資源を活用することにより、失敗するリスクを減らすことにもつながります。

　また、協働する 2 社の経営資源を有効活用することで、シナジーを期待できるところも M&A だからこそのメリットです。例えば、製品開発力の高い新進気鋭の A 社と、広い販路を持つものの製品開発力では劣る B 社が、合併するとします。この場合、A 社の強みである「製品開発力」と、B 社の強みである「広い販路」が相乗効果を得て、それぞれ A 社、B 社のみでは達成できない競争優位を生み出すことができます。成功する M&A では、このように「1 ＋ 1 ＝ 2」ではなく「1 ＋ 1 ＝ 2 を上回るシナジー」が期待できます。

　今後、日本企業は、Make 型ではなく Buy 型によって、ビジネスのスピード感を高められるかどうかが、持続的な成長をとげるための非常に重要な要素となります。

　一方、M&A は売る側にとってもメリットがあります。衰退しつつある事業、もしくは競争力を高めることができなかった不採算事業を売ることで、経営を立て直したり、既存事業の拡大に資源を集中したりすることが

可能になります。また、後継者難により存続が難しくなった会社をM&A によって売却することで、事業そのものを残すこともできます。

しかし一方で、M&Aには前述のとおりデメリットもあります。

一番のデメリットは、M&Aを行ったにもかかわらず、**期待どおりの成果やシナジーが生まれない可能性が高い**、ということです。M&Aを検討する際は、1＋1＝3にも4にもなるのではないか、と期待が膨らみ、ついシナジーを高く見積もってしまいがちです。しかし、2社が一緒になると、当初想定していなかったリスクが生じることもあり、期待どおりの成果を上げるのは容易ではありません。場合によっては、シナジーどころか「1＋1＝1.2」とか「1＋1＝0.8」になってしまうケースもあるのです。これが最大のデメリットです。

特に、PMI（M&A後の統合）プロセスを進める際には、買われた側の仕事内容や働き方、制度や待遇面などを、買った側に合わせるために変更するケースが多いといわれています。もちろん、M&Aの目的やゴールを実現するためには、買った側にも同じような変更が求められる可能性があります。そうした環境変化に対して、社員が不満を抱えることは想像に難くありません。また、組織体制や業務オペレーションの統合に対して、経営層から方針が共有されなければ、現場の混乱を招いてしまいます。そうした状況が長期化すると、期待していた成果を発揮できないばかりか、マイナスの影響をもたらす可能性さえあります。

M&Aの一般的なプロセスとは？

ここまでの説明で、M&Aの目的やメリット・デメリットについてご理解いただけたと思います。それでは次に、M&Aがどのような手順で行われるのか、一般的なプロセスを見てみましょう。

次ページの**図表7**のとおり、M&Aの一般的なプロセスには、①M&A戦略の策定、買収候補先の洗い出し、②対象企業の買収精査（デューデリ

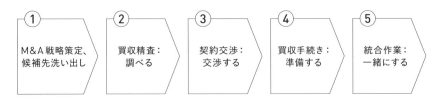

図表7　M&Aの一般的なプロセスとは？

① M&A戦略策定、候補先洗い出し ＞ ② 買収精査：調べる ＞ ③ 契約交渉：交渉する ＞ ④ 買収手続き：準備する ＞ ⑤ 統合作業：一緒にする

ジェンス）、③契約交渉、④買収手続き、⑤買収後の統合作業の5つがあります。それぞれの項目について見ていきましょう。

①M&A戦略の策定、買収候補先の洗い出し

　企業を成長させるためにはどのようなM&Aが効果的か、M&A戦略の策定を行います。場合によっては、M&Aではなく「オーガニック・グロース（自力成長）」という選択肢を取るほうが、期待する成果が得られやすい可能性もあります。本来は成長の"手段"であるはずのM&Aですが、いつの間にか手段が"目的化"してしまい「M&Aをしなければならない」という雰囲気が生まれることがあります。それを避けるためにも、この段階では、自力成長という選択肢も含めて、成長につながる最良の手段を幅広く検討しておくことが重要です。

　その上で「M&Aが有効だ」となれば、買収候補先の条件などを洗い出します。それらの条件をもとに、候補先となる企業名のリスト（ロングリスト）を作成し、自社の条件にマッチする企業を絞り込んでいきます。

　また、企業が主体的に検討するM&Aとは別に、投資ファンドやM&A仲介会社、銀行グループの投資部門などから、M&A案件が持ち込まれることもあります。これらの会社は、「売りたい企業」と「買いたい企業」をマッチングするサービスを提供しています。

②対象企業の買収精査（デューデリジェンス）

　次に「対象企業の買収精査（デューデリジェンス：Due Diligence）」の

プロセスが、いよいよ始まります。

　買収候補先を絞り込んだ後は、実際に候補先に声がけ（ドアノック）をして、M&A に対する意向を確認します。候補先も M&A に対して前向きであれば、買収して問題がないかどうか、想定したシナジーを生み出すことができるかどうかを、法務・税務・ビジネス・人事などの観点から精査していきます。

　この買収精査のプロセスは、外部のコンサルティング会社や弁護士・会計士事務所がサポートすることも多いです。また、米国では「組織文化デューデリジェンス（Cultural Due Diligence）」といって、買う側・売る側双方の組織文化が合うかどうかといった文化面の精査が行われるケースもあります。ただし、日本企業が関わる M&A では組織文化デューデリジェンスはまだまだ一般的ではなく、この段階で人と組織の統合について精査されることはほとんどありません。

　このように対象企業の状況を財務・法務などの観点から精査した上で、買う側は M&A を前に進めるかどうかを意思決定します。

③契約交渉

　買う側が M&A を前に進める意思決定をした場合は、売る側と買収条件（買収金額や事業・社員の取り扱いなど）に関する契約交渉を始めます。売る側に対する買収精査で見えてきた今後の収益力や、発生しそうな支出・投資を考慮しながら、買収金額を決定していきます。

　売る側は、できるだけ高値で売却したいので、強気な事業計画を作成し、買収金額を高めようとします。一方、買う側は買収コストを抑えたいので、より現実的な、業績が下振れするリスクを織り込んだ事業計画を作成し、買収金額をはじき出します。つまり、この段階では、買う側と売る側の双方が持っている情報に差があるのです。**この情報ギャップが PMI を難しくする一因**になっています。M&A 契約の締結後、PMI のプロセスが始まると同時に、買った側はこのギャップを埋めるべく、売った側と本音ベースの協議に取り組んでいく必要があります。

④買収手続き

　契約交渉が成立した場合は、買った側から売った側に対して、買収金額の払い込みや、株式の授受などを実施します。この段階からM&Aに関する情報は広く共有されるようになり、買った側・買われた側双方の社員を巻き込んだPMIの動きが本格化していきます。

⑤買収後の統合作業

　M&Aの最終プロセスは「買収後の統合作業」です。情報が広く公開された後は、買った側と買われた側が協働しながら、シナジー創出のために組織の統合作業を進めていきます。M&Aの目的や形態（子会社化、吸収合併など）によって、統合作業の中身は大きく変わってきます。買われた側が子会社になり法人格が残る場合は、独立性は比較的維持されやすくなります。一方、買われた側が吸収合併される場合は、法人格が消滅するため、独立性を維持するのは難しくなります。

　この統合作業のプロセスでは、買った側・買われた側の間で組織としての仕組みや制度を形式的に整えていくだけでなく、当初想定したシナジーが生み出せるように、重複した部門を一つにするなどの業務オペレーションの統合に取り組んでいく必要があります。

　また、新しい組織が大切にしたいビジョンや価値観をグループインした社員とも共有するために、経営理念の浸透や組織文化の融合にも取り組んでいく必要があります。こうした多岐の領域にわたる取り組みを、M&A後の統合（PMI：Post Merger Integration　ピーエムアイ）プロセスと呼んでいます。

　以上、私たちはM&Aのプロセスについて概観してきましたが、ここには一つの盲点があります。それは、M&Aとは多くの場合「秘め事」であるという事実です。すなわち、M&Aに関わる多くの管理職や社員は、前述のプロセスのほとんどを"知りません"。知っているのは、M&Aの立案に参画する経営者、マネジメント層、経営企画の限られた人たちである、

というケースがほとんどです。

　一般的には、前述の①〜④のプロセスには、買う側に適切なスキルを持った人材がいない限り、M&Aを専門に行うファイナンシャルアドバイザーや弁護士、会計士、ビジネスコンサルタントなどの外部専門家が関わることがほとんどです。ただし、⑤の統合作業に入った後は、外部専門家から支援を得るための予算も限られていることから、社内に組織づくりの専門部署がない場合は、現場部署のメンバーだけでPMIのプロセスを進めるケースが多いようです。そのことが、PMIプロセスの前進を阻む要因にもつながっています。

　なぜなら、組織に所属する多くの人々が"M&Aを知る"のは、ひそかに行われていた「秘め事」が終わった契約締結後となるからです。ここで初めてM&Aの事実を告げられ、専門家の協力もなくM&Aに関わっていかなければならないため、ある日突然の「巻き込まれ事故」のようになってしまうのです。

なぜ今、M&Aが増えているのか？

八谷「M&Aって、昔はダメになった企業を買収して、社員をリストラしたり、換金できる資産を売りさばいたりと、ハゲタカみたいなイメージだったよね。今はそうではないM&Aが増えているみたいだけど、どうしてM&Aが増えているのかな？」

三森「日本でM&Aが増えているのは、どうやら日本の社会環境に由来する構造的な問題があるようなの」

加速する日本企業のM&A

　日本企業が関わるM&Aは、今や加速の方向にあります。M&Aの実施件数は、図表8のとおり、リーマン・ショック（2008年）や東日本大震災（2011年）の影響による一時的な落ち込みはあったものの、**ほぼ一貫して増加傾向**にあります。2019年は4088件となり、8年連続で増加しました。2020年もコロナ禍による一時的な落ち込みはありましたが、3730件と高い水準を保っています。そして、2021年は過去最多の4280件を記録しました[6]。**大企業に限らず中小企業にとっても、M&Aが成長や事業継続の選択肢として一般化し始めています。**

　今後は、コロナ禍により経営が悪化した企業に対する救済型のM&Aやグループ再編が起こり、業界再編が進むことも予想されています。

---

[6]　レコフデータ（2022）「MARR Online（マールオンライン）：グラフで見るM&A動向」（https://www.marr.jp/genre/graphdemiru）

図表8　日本企業のM&A件数はどう推移しているか？

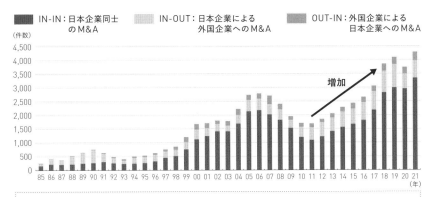

■ IN-IN：日本企業同士
　　のM&A　　　　　　■ IN-OUT：日本企業による
　　　　　　　　　　　　外国企業へのM&A　　　　■ OUT-IN：外国企業による
　　　　　　　　　　　　　　　　　　　　　　　　日本企業へのM&A

増加

東日本大震災があった2011年以降、日本企業が関わるM&A件数は右肩上がりで増加
し、「M&Aの日常化」が進んでいます

出所：レコフデータ（2022）「MARR Online（マールオンライン）：グラフで見るM&A動向」

図表9　日本国内のM&Aにはどんな代表事例があるか？

実施企業	対象企業	実施年	目的
昭和電工	日立化成	2020年	**業界内のシェア拡大**のため。約9460億円の買収金額は、国内事例では第2位
ヤフー	ZOZOTOWN	2019年	広告事業に加え、**EC（ネット通販）事業を収益のドライバーにすること**を目的として実施
Zホールディングス	LINE	2019年	**AI、コマース、フィンテック、広告・O2O、その他の新規事業領域における成長**を目的として実施
富士フイルム	日立製作所画像診断関連事業	2019年	**製品ラインナップの拡充、より品質の高いソリューションの提供、**両社の幅広い販売網を活用した**営業力の強化**を目的として実施
ドン・キホーテ	ユニー	2019年	**海外展開のノウハウ獲得**も目的の一つ。過去にもダイエーの海外店舗を買収

近年は、国内企業同士の大型M&Aが相次いでいます。国内における製品ラインナップの
強化はもちろん、海外展開を目指すための布石としてM&Aを行う事例も見受けられます

国内企業同士の「IN-IN型」のM&Aだけでなく、海外企業とのM&A、いわゆる**クロスボーダーM&Aも2011年以降、増加傾向**にあり、特に日本企業が海外進出を行う「IN-OUT型」のM&Aが進んでいます。

まずは図表9に、国内企業同士のM&Aの代表事例を示します。

例えば、ヤフーの親会社であるZホールディングスとLINEは、2019年に経営統合を発表し、ネット企業の売上高で国内首位に躍り出ました。統合の背景には米国GAFA（Google、Apple、Facebook、Amazon）への危機感があったともいわれますが、直接の目的は、AI（人工知能）、コマース、フィンテック（金融分野にIT技術を組み合わせた新商品・サービス）などの新規事業領域における成長を意図したものです。

図表10　**クロスボーダーM&Aにはどんな代表事例があるか？**

実施企業	対象企業	実施年	概要
アサヒグループHD	アンハイザー・ブッシュ・インベブ（ベルギー）の一事業	2020年	**海外売上比率を高めるため**、高級ブランドを買収し、海外展開の足掛かりとした
村田製作所	ヴァイオス・メディカル（米国）	2017年	**電子部品産業の多角化戦略**として、収益が安定している医療機器事業を買収
サントリー	ビーム（米国）	2014年	**海外での競争力強化と開発力強化**のために実施
日本電産	エマソン・エレクトリックのモーター事業（米国）	2010年	多分野における**モーター事業の強化**が目的。技術力重視のこれまでの買収と異なり、**収益性も考慮**した買収となる。日本電産はM&A巧者としても知られる
JT	ギャラハー（英国）	2007年	①**スケールメリットの獲得**、②**競争力の強化**、③**技術・インフラの強化**、④**人財の確保**の4点を目的として実施。クロスボーダー案件の成功例

クロスボーダーM&Aは、大型案件化しやすい傾向があります。組織文化の違いに加えて、国ごとの文化的差異も考慮したPMIが必要になるため、期待する成果を達成するための難易度は高まります

また、富士フイルムによる日立製作所の画像診断関連事業の買収は、日立が持つMRI（磁気共鳴画像装置）やCT（コンピュータ断層撮影装置）などの製造・販売事業を取り込むことで、成長が見込める医療事業の製品力・営業力を強化することを目的としたものです。

　次に図表10に、日本企業が海外企業に対して行った「IN-OUT型」のM&Aの代表事例を示します。

　「IN-OUT型」のクロスボーダーM&Aは、事業規模が大きい会社を対象にした買収が多く、買収金額も高額化する傾向があります。また、組織文化の違いに加えて、国ごとの文化的な違いも考慮したPMIが必要になるため、期待する成果を達成するための難易度も高くなります。

経営戦略としてのM&Aが一般化しつつある

　また、日本企業において、M&Aが経営戦略として一般化しつつある傾

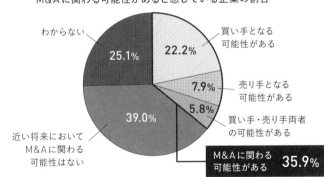

図表11　**M&Aは経営手法として一般化してきているのか？**

M&Aに関わる可能性があると感じている企業の割合

わからない 25.1%
買い手となる可能性がある 22.2%
売り手となる可能性がある 7.9%
買い手・売り手両者の可能性がある 5.8%
M&Aに関わる可能性がある 35.9%
近い将来においてM&Aに関わる可能性はない 39.0%

M&Aに関わる可能性があると感じている企業は約36％に達しており、企業の成長、事業継続の選択肢としてM&Aが一般化してきています

注：母数は有効回答企業9977社
出所：帝国データバンク（2019）「M&Aに対する企業の意識調査」

向も見られます。9977社の企業を対象とした、M&Aに対する意識調査を
ご覧ください（図表11）。

　この調査によると、「M&Aに関わる可能性がある」と感じている企業が、
全体の約36％もあります。事業成長・事業継続の一つの選択肢として
M&Aが一般化してきていることがわかります[7]。

　また、図表12に示したとおり、50人以下の中小企業でも約30〜36％が
買い手、または売り手となる可能性を感じている、という調査結果も出て
います。規模の大きな企業だけでなく、中小企業にとっても、M&Aの活
用が一般化してきていることが読みとれます。

　企業規模にかかわらずM&Aに対する日本企業の関心が高まっている背

図表12　企業規模によってM&Aの関心度は異なるのか？

M&Aに関わる可能性があると感じている企業の割合（従業員数別）

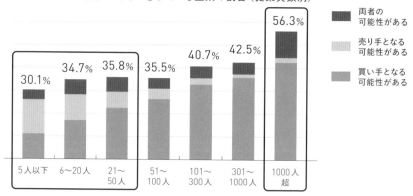

1000人超では56.3％が、50人以下でも約30〜36％がM&Aに関わる可能性を感じて
います。大企業だけでなく中小企業でも、M&Aに対する関心が高まっています

注：母数は有効回答企業9977社
出所：帝国データバンク（2019）「M&Aに対する企業の意識調査」

---

[7]　帝国データバンク（2019）「M&Aに対する企業の意識調査」（https://www.tdb.co.jp/report/watching/press/pdf/
　　p190705.pdf）

景には、前述のような国内企業同士、国内と海外企業との大型のM&Aが増えているだけでなく、中堅・中小企業における事業承継や人材獲得を目的としたM&Aが増えていることがあります。

事業承継を目的としたM&A

　図表13をご覧ください。事業承継の手段としてM&Aが活用される例も、近年増加しつつあります。2017年に年間300件強だった事業承継M&Aの件数は、2019年、2020年には600件強に増えています[8]。昨今では、低コストで利用できるM&Aのマッチングサービスなどが登場し、中小企業がM&Aを通じた事業承継に取り組みやすくなっていることも増加の一因となっているようです。中小企業で多く見られる後継者不足の状況を踏まえると、今後もその傾向は続くことが予想されます。

図表13　事業承継M&Aはどれくらい増えているのか？

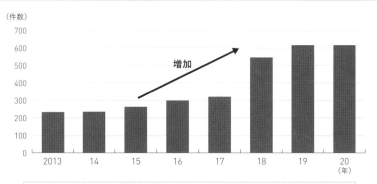

事業承継としてM&Aが活用される例は近年増加しつつあり、中小企業の後継者不足を背景として、今後もその傾向は続くと予想されます

注：事業承継M&Aとは、オーナーや社長などが一定程度の株式を売却することと定義されている。公表ベース
出所：レコフデータ

[8]　レコフデータ

人材獲得を目的としたM&A

また、最近の傾向として注目したいのが、前述のとおり、人材獲得のための企業買収、いわゆる「アクハイアリング型」のM&Aが増えていることです。

アクハイアリングの場合は、単に人材を獲得するというだけでなく、優秀なチーム、優秀な組織を丸ごと買収する、という意味合いがあります。

図表14の代表事例を見ても、IT人材や航空機のパイロットなど、転職市場で価値の高い人材獲得を意図していることがうかがえます。しかしながら、人材というものは、他の資源とは異なり、「自らの意思で動くことができる資源」です。人材獲得を目的にしたM&Aを行ったはずが、PMI

図表14　アクハイアリング型M&Aにはどんな代表事例があるか?

実施企業	対象企業	実施年	概要
DMM.com	AlgoAge	2020年	**テクノロジー領域における人材の確保と強化**を目的として実施
スマートニュース	Tombo（米国）	2019年	TomboはiOSアプリからWebアプリへの変換技術とサービスを提供していたが、現在はサービスを終了。**アクハイアリングの側面が強いものと思われる**
ANA（Peach Aviation）	バニラ・エア	2018年	**将来的に特にパイロットの不足が見込まれるLCC**において、人材の確保、育成制度の構築を目的として実施。救済的側面もある
ユニリーバ	セブンスジェネレーション	2016年	デジタル化に精通した人材を外部から獲得し、**事業にイノベーションを起こす**ことを目的として実施
小僧寿し	阪神茶月社	2016年	**①商品開発力の強化と②各社の人材共有化**を実現し、フランチャイズ事業体制を全国に網羅させる目的として実施

アクハイアリングは、買収（Acquisition）と雇用（Hiring）を組み合わせた造語で、人材獲得のために行う企業買収が増えてきています

がうまくいかず、優秀な人材がボロボロと離職してしまうケースも少なくありません。多額の投資を行ったにもかかわらず「空き箱を買っただけ」というような残念な結果に終わってしまう可能性もあるのです。このことは、経営戦略としてアクハイアリング型のM&Aを活用していくために、乗り越えていくべき大きな課題の一つといえるでしょう。

新型コロナウイルスがもたらす影響

新型コロナウイルス感染症（COVID-19）拡大の影響を受けて、2020年はM&Aの件数はやや減少しました。しかし、今後は、長引くコロナ禍によって業績が悪化した企業に対する救済型M&A（経営不振の企業に対するスポンサーからのM&A）が急激に増加していくことが想定されます。帝国データバンク（2021）の調査では、新型コロナウイルスによる業績悪化に関連した倒産件数は、累計で2601件（2021年12月28日現在）に達しています。大手アパレル企業のレナウンが民事再生手続きを申請するなど、大企業にも影響が出始めています[9]。

日本は人口減少によって深刻な人手不足に

M&Aが急増している背景について理解するために、まずは日本企業がどのようなビジネス環境に置かれているのかを見ていきたいと思います。現在の日本のビジネス環境には、ネガティブ・ポジティブ、両方の要素があります。

まずはネガティブな要素からの説明です。

日本企業のビジネス環境について考える際に、切っても切れないのが、日本が抱える最大の問題、**少子高齢化とそれに伴う人口減少の問題**です。日本の人口は2008年をピークに減少し始め、現在、世界最速のスピード

---

[9] 帝国データバンク（2021）「『新型コロナウイルス関連倒産』動向調査（12月28日16時現在判明分）」（https://www.tdb.co.jp/tosan/covid19/pdf/tosan.pdf）

で人口減少と高齢化が進んでいます。このまま進むと2095年には現在の1億2000万人から約半分の6000万人[10]へと、大正時代に近い水準まで人口が減少するとの予測もあります。

人口減少は、市場の縮小と労働人口の減少を引き起こします。市場が減少するということは「売上が減る」ということです。そして、労働人口が減少するということは「売り手もいなくなる」ということです。この2つは経済成長の妨げとなる深刻な問題を引き起こし、将来的な景気の悪化を招きます。

とりわけ深刻なのは「労働人口の減少」です。

パーソル総合研究所・中央大学（2018）の試算によると、人口減少にあいまって、2030年までに644万人の労働人口が不足するとされています。ビジネスを継続するために、いかにして働く人を確保するかは、多くの企業で重要な経営課題となっています。なかでも、**図表15**に示したように、**サービスや医療・福祉、卸売・小売といった業種では、人材不足が顕著であり、今後は働き手の確保が難しくなっていく**と想定されます[11]。

人材不足のなかでも深刻なのは、**少子化により、若い世代の就業者数が著しく減少する**ことです。特に、高度な技術や専門性を持った人材、ビジネスを牽引する経営人材など、ビジネスの中核となる若い世代の人材不足が急速に進んでいくことは大きな問題です。

中核人材が確保できない場合、新規事業の立ち上げや新市場への進出などでビジネスチャンスを広げることができず、持続的な成長が見込めなくなる可能性もあります。そうした事態を避ける手段の一つとして、M&Aによる人材確保を図る企業も増えているのです。

また、日本企業の99.7％を占めるといわれる中小企業では、前述のように、後継者不足の問題も深刻です。

[10] 国立社会保障・人口問題研究所（2017）「日本の将来推計人口（平成29年推計）」長期参考推計結果表（2066〜2115）出生中位推計（http://www.ipss.go.jp/pp-zenkoku/j/zenkoku2017/pp29_Report4.pdf）
[11] パーソル総合研究所・中央大学（2018）「労働市場の未来推計2030」（https://rc.persol-group.co.jp/thinktank/research/activity/spe/roudou2030/files/future_population_2030_4.pdf）

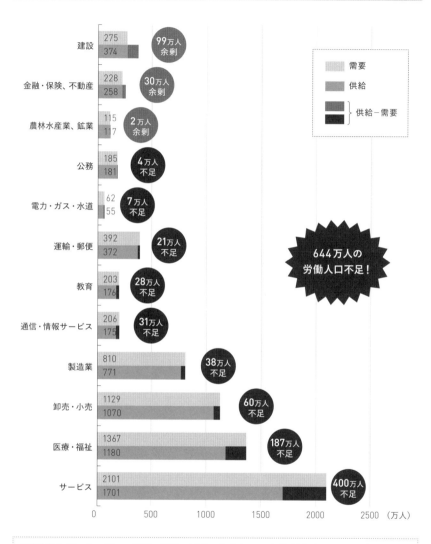

図表15　2030年に労働人口はどれだけ不足するか？（業種別）

凡例：
- 需要
- 供給
- 供給－需要

建設　275 / 374　99万人余剰
金融・保険、不動産　228 / 258　30万人余剰
農林水産業、鉱業　115 / 117　2万人余剰
公務　185 / 181　4万人不足
電力・ガス・水道　62 / 55　7万人不足
運輸・郵便　392 / 372　21万人不足
教育　203 / 176　28万人不足
通信・情報サービス　206 / 175　31万人不足
製造業　810 / 771　38万人不足
卸売・小売　1129 / 1070　60万人不足
医療・福祉　1367 / 1180　187万人不足
サービス　2101 / 1701　400万人不足

0　500　1000　1500　2000　2500　（万人）

644万人の労働人口不足！

2030年には、サービス、医療・福祉、卸売・小売といった業種を中心に、人材不足が顕著になることが予想されています

出所：パーソル総合研究所・中央大学（2018）「労働市場の未来推計2030」

中小企業庁（2019）によると、2025年までに、70歳を超える中小企業・小規模事業者の経営者は約245万人となり、うち約半数の127万人（日本企業全体の3分の1）が後継者未定としています。さらに、現状を放置すれば2025年までの累計で約650万人の雇用と、約22兆円のGDP（国内総生産）が失われる可能性があると指摘されています[12]。したがって、**後継者不在の企業では、M&Aによる「同族外」への事業承継を検討する必要性が高まっているのです。** M&Aを通じた事業承継がなされることで、社員にとっては、これまでとは異なる経営層や同僚とともに働く可能性も高まっているということです。

しかも、東京商工リサーチ（2021）の調査では、日本企業の休廃業・解散企業数は年間4万件台で推移し、2020年は4万9698件と、5万件に達する勢いです。倒産企業は、減少傾向にあるものの2020年は7773件を記録しました[13]。新型コロナウイルス感染症拡大による景気悪化の影響で、この数字は今後も増え続けることが予想されます。M&Aによる事業承継を円滑に進めるための対策を講じることは、将来的な景気の悪化に歯止めをかけるために不可欠な要素となっています。

財務的な安定性の高い日本企業

ここまでの説明で、人口減少による市場の縮小、労働人口の減少、後継者不足による休廃業・解散企業数の増加、景気の悪化など、ネガティブな要素を取り上げました。しかし、日本企業のビジネス環境にはポジティブな要素もあります。

財務面に注目してみると、**図表16**のとおり、日本企業の利益水準は、コロナ禍の影響を受けてはいるものの、リーマン・ショック前の2007年

[12] 中小企業庁（2019）「中小企業・小規模事業者におけるM&Aの現状と課題」（https://www.chusho.meti.go.jp/koukai/kenkyukai/hikitugigl/2019/191107hikitugigl03_1.pdf）

[13] 東京商工リサーチ（2021）「2020年『休廃業・解散企業』動向調査」（https://www.tsr-net.co.jp/news/analysis/20210118_01.html）

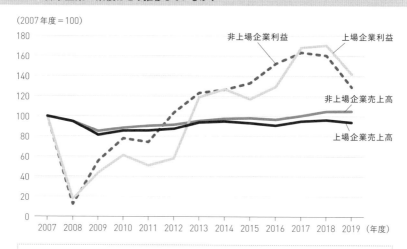

図表16　日本企業の業績はどう推移しているか？

（2007年度 = 100）

非上場企業利益　　上場企業利益

非上場企業売上高

上場企業売上高

2007 2008 2009 2010 2011 2012 2013 2014 2015 2016 2017 2018 2019（年度）

リーマン・ショック前年の2007年度と比べても、日本企業の利益水準は非常に高い状態を維持しています

出所：東京商工リサーチ（2020）「『リーマン・ショック後の企業業績』調査」

と比べても高い水準にあり、**総じて業績面での安定性は高い**ことがわかります[14]。

　また、法人企業統計調査によれば、コロナ禍の影響により減少している可能性はありますが、1998年に起こった不況以降、コストを削減した緊縮経営の取り組みがなされていることにより利益を積み上げ、**利益剰余金（内部留保）**も高いレベルを保持し、2020年度末で約484兆円と、9年連続で過去最高を更新しました。利益剰余金は、企業の投資余力につながるため、成長分野に投資していくことで事業を拡大していくことはまだまだ可能な状況にあります[15]。

[14] 東京商工リサーチ（2020）「『リーマン・ショック後の企業業績』調査」（https://www.tsr-net.co.jp/news/analysis/20201104_02.html）
[15] 財務総合政策研究所（2021）「年次別法人企業統計調査（令和2年度）」（https://www.mof.go.jp/pri/reference/ssc/results/r2.pdf）

また、株価についても、日経平均株価はこの約10年間にほぼ右肩上がりの傾向が続き、現在は2万8791円（2021年12月30日の年末終値）を維持しています。コロナ禍の影響は少なく、**市場からの資金調達もできています**。内部留保と合わせて、新分野への投資を今後の成長につなげていくチャンスと捉えることもできます。市場環境の変化が激しい今、新しい分野での事業を進めていく際に、他社の経営資源を効率よく取得できるM&Aを活用することは、ビジネスのスピードを速めるカギとなるはずです。

成長戦略としてのM&A

 八谷「国内市場が縮小しつつあるなか、人手不足、後継者不足に悩む日本企業は、M&Aするしか生き残る道がないっていうことなんだね。なんだか寂しい話だけど」

 三森「もちろん、そういう一面はあるけど、それだけじゃないわ。うちの会社の場合は、むしろ、成長を後押しするためのM&A戦略と前向きに捉えたほうがよさそうよ」

　将来的に、人口減少とともに国内市場の縮小が予想されている日本において、企業には成長する余地が残されていないのかといえば、そうともいえません。企業の成長の方向性を検討する際によく用いられる「アンゾフの成長マトリックス」をもとに考えてみます。

　次ページの図表17のように、既存の製品・サービスの国内市場が飽和状態になっている今、現時点で考えられる成長の方向性は、大きく分けて「新規事業の創出」「新規市場の開拓（海外進出）」、そして両者を掛け合わせた「新規事業の創出×新規市場の開拓（海外進出）」の3つです。M&Aはこれらすべてのカギを握っています。

▌M&Aによる「新規事業の創出」

　このうち、取り組みが遅れ、多くの企業で経営課題となっているのが「新規事業の創出」です。既存の製品を安く大量生産し続けるだけでは、陳腐化を免れず、また、競合が多くなり価格勝負になってくると、海外の

図表17　日本企業の成長にはどんな方向性が考えられるか？

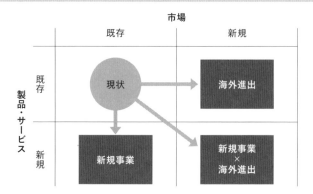

日本市場の拡大が見込めないなかで、日本企業が成長を目指すためには、既存市場の
シェア拡大か、新たな市場・製品群への進出が求められます

出所：「アンゾフの成長マトリックス」をもとに筆者作成

図表18　日本企業は新規事業にどの程度取り組んでいるか？

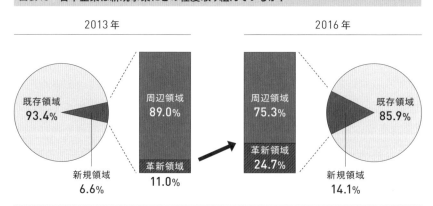

日本企業の新規事業への取り組みが積極化し、新規事業の売上シェアは3年間で2倍
以上となり、革新領域での売上も上がっています

注：周辺領域：自社にとって新しいが、市場ではすでに類似のものが存在する商品・サービス・事業から出た売上高
　　革新領域：自社にとっても市場にとっても新しい商品・サービス・事業から出た売上高
出所：田中聡・中原淳（2018）『「事業を創る人」の大研究』（クロスメディア・パブリッシング）より引用。田中・中原が、デロ
　　イト トーマツ コンサルティング（2013）「日本企業のイノベーション実態調査」、デロイト トーマツ コンサルティング（2016）「イ
　　ノベーションマネジメント実態調査」を改変

安価な製品が流入して競争力を失います。競争を避けるべく、いかにして新規事業を開発し、利益率の高い新製品・サービスを次々と生み出していくかというのは、多くの企業が頭を悩ませている問題です。

　実際、日本企業の新規事業に対する取り組みは積極化しています。図表18のとおり、全体の売上に占める「新規領域」の割合を見ても、2013年には6.6％だったものが、2016年には14.1％と、2倍以上になっています。さらに、新規領域のなかでもまったく新しい「革新領域」の割合は、同じく3年間で11.0％から24.7％に増えています。

M&Aによる「ノンコア事業の再編・売却」

　新規事業創出の重要性が認識される一方で進んでいるのが、ノンコア事業（中核ではない事業）の再編・売却、いわゆるダイベストメント〔Divestment： Investment（投資）の反対語〕です。図表19に示す、EY（2018）による調査では、「過去3年間に3件以上のダイベストメントを

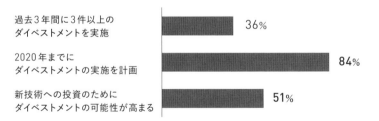

図表19　**ダイベストメントはどの程度進められているか？**

日本企業のダイベストメント（ノンコア事業の再編・売却）に関する意識調査

過去3年間に3件以上の
ダイベストメントを実施　36％

2020年までに
ダイベストメントの実施を計画　84％

新技術への投資のために
ダイベストメントの可能性が高まる　51％

国際的な競争力を強化するため、日本企業のダイベストメント（ノンコア事業の再編・売却）が増加傾向にあります。ノンコア事業の売却を通じて得た資金を成長分野に再投資するためです

出所：EY（2018）「企業のダイベストメントに関する意識調査」

実施」した企業が36％、「2020年までにダイベストメントの実施を計画」している企業が84％（2017年当時）、「新技術への投資のためにダイベストメントの可能性が高まる」が51％と、ダイベストメントに関する意識の高さがうかがえます[16]。

　1980年代以降、大手企業を中心に、他業界へ新規参入し、新しい事業を立ち上げては子会社化して経営規模を大きくしていく「多角化戦略」がブームとなった時期がありました。しかし、その後の1991〜2002年の「失われた10年」とも呼ばれる「平成不況」に伴う経営状況の悪化により、多くの企業で収益が伸び悩むノンコア事業を抱えることとなりました。コア事業による収益が確保できているときは、なんとか全社の収支を維持できていたとしても、経営状況が悪化すると、収益が伸び悩むノンコア事業が足枷となり、持続的な成長が難しくなります。

　こうしたことから、事業ポートフォリオの見直しの一環として**ノンコア事業の売却を決断するケースが増えている**のです。これには、収益性の低いノンコア事業の売却を通じて得た資金を、成長が見込まれる新分野、新事業に再投資することで、成長の可能性を高める意図があります。

　ノンコア事業のダイベストメントは、単に不採算事業を整理することだけを意味しているわけではありません。ある企業にとっては収益性が低いノンコア事業でも、それをコア事業として行っている企業に売却し、再投資することで、成長余地が出てくる可能性があります。業界全体の視野で見れば、ダイベストメントは、M&Aによって事業を再構築し、成長、活性化を促す前向きな動きと捉えることもできます。

M&Aによる「新規市場の開拓」

　それでは、もう一つの「新規市場の開拓」についてはどうでしょうか。

---

[16] EY（2018）「企業のダイベストメントに関する意識調査」（https://www.ey.com/ja_jp/news/2018/05/ey-japan-news-release-2018-05-31）

日本市場の将来的な拡大が見込めないなかで、まず考えられるのは、**海外市場への進出**です。この点については、すでに多くの日本企業が海外進出による「新規市場の開拓」に継続的に取り組んできています。図表20に示したとおり、日本企業の海外での売上高・生産比率は、今や35％程度に上ります[17]。

　新規市場は海外だけではありません。**新規事業で新たな製品群の市場へ**

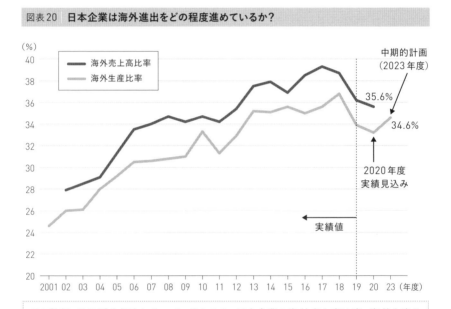

図表20　**日本企業は海外進出をどの程度進めているか？**

ここ数年、やや減少傾向になっているものの、日本企業の海外売上高比率・海外生産比率は35％程度を維持しています

注1：海外生産比率＝海外生産高／（国内生産高＋海外生産高）。海外売上高比率＝海外売上高／（国内売上高＋海外売上高）
注2：グラフ中の各比率は、回答企業の申告値を単純平均したもの
注3：2003年及び2005年の海外売上高比率は調査を実施していない
出所：国際協力銀行（2021）「わが国製造業企業の海外事業展開に関する調査報告：2020年度海外直接投資アンケート調査結果（第32回）」

[17] 国際協力銀行（2021）「わが国製造業企業の海外事業展開に関する調査報告：2020年度海外直接投資アンケート調査結果（第32回）」（https://www.jbic.go.jp/ja/information/press/press-2020/0115-014188.html）

参入する、という方向もありえます。既存商品で海外の新しいマーケットを開拓するのか、新しい製品で市場開拓するのか。どちらを取るにしても、先行きが不透明で将来の予測が困難な「VUCA」の時代といわれる今、スピード感を持って新規市場に参入していくことが求められています。

　また、新規市場への参入だけでなく、**既存市場におけるシェア拡大**を図っていく際にも、M&A は重要な選択肢の一つとなります。例として、ヤフー（Yahoo Japan Corporation）親会社の Z ホールディングスと LINE の経営統合について見てみましょう。2019年11月、両社の経営統合が発表され、2021年3月に完了しました[18]。本件は、スマホ決済やニュース配信ポータルなど、多くのサービス分野で競合する 2 社同士の合併です。ただし、ヤフーは利用者の年齢層が高く、また男性に偏っている一方、LINE は若年層の男女に支持されていたことから、利用者層に違いがあります。そのため、相互補完的にシェア拡大を狙った合併と見ることができます。今後は**グローバル市場での競争力を獲得するため、こうした M&A による「新規市場の開拓」「シェア拡大」の動きが加速**していくことが予想されます。

　さて、ここまで第 1 章では、M&A についての基本的な説明に加え、日本企業が置かれているビジネス環境や、M&A の目的にも触れながら、日本企業にとって M&A が求められる背景や活用状況について確認しました。日本企業が関わる M&A の件数は、2021年に過去最多を記録しました。ただ、その一方で、当初期待した成果が得られない「もったいない M&A」が増えているのもまた事実です。

　今後、日本では少子高齢化が進み、人口減少による市場の縮小や労働人口の減少など、企業は構造的に避けることができない大きな課題に取り組む必要があります。そのような厳しいビジネス環境のなかで、持続的な成

---

[18] Z ホールディングス HP「Z ホールディングスと LINE の経営統合が完了」2021年3月1日付プレスリリース（https://www.z-holdings.co.jp/pr/press-release/2021/0301b/）

長を図るためには、M&Aを有効活用できるかどうかが大きな分かれ道になります。すでに事業が確立している他社の経営資源を有効に活用することで、成長のスピードを速めるM&Aの重要性がますます高まっていくでしょう。「M&Aの日常化」は、もう始まっているのです。

2

M&A後の統合が
うまくいかない理由
<small>わけ</small>

「人と組織」に関わる厄介な問題とは?

　前章で、日本でM&Aが増えていること、日本企業の成長戦略として「M&Aが日常化」しつつあることをご理解いただけたかと思います。M&Aが増えるなかで、期待したシナジーを生み出せているケースは決して多くありません。その主な原因は、M&A後の統合（PMI）プロセスにおける「人と組織」に関わる厄介な諸問題にあります。

　この第2章では、PMIがなぜうまくいかないのか、現場ではどのような問題が起きているのか、なぜそうした問題が起きてしまうのか——そのメカニズムを、特に「人と組織」の観点から探っていきます。

--- CASE ---

八谷「日本でもM&Aが一般的になっていること、M&Aが企業の成長戦略として有効な手段なんだ、ということは理解できたよ。そのことは部員たちにもしっかり話そうと思う。そうしないと、メンバーのなかには、会社は俺らを見限った、裏切られた、と感じる人もいるだろうからね」

三森「そうね。うちの会社もさらに強くなるために、アリノスグループの傘下に入ることを選んだ、ということなのよ。そのことが理解できれば、前向きに考えやすくなるわよね。今の会社の状況だと……なぜM&Aしたのかをきちんと理解できているメンバーは、かなり少ないわ」

八谷「とはいえ、ここからが問題だよ。頭ではわかっても、心がさ、くっつかないんだよ。ベンチャー気質の強いうちの会社が、アリノスグループに入ってうまくやっていける気がしないんだよね」

三森「確かに。残念ながら、M&A後には大量に離職する人が出てきたりして、統合がうまくいかないケースも少なくないみたい。それを防ぐためには、M&A後の統合（PMI：Post Merger Integration　ピーエムアイ）プロセスで起きる人と組織に関わる厄介な問題に対処していかなくてはいけない、ということのようよ。人事としてできることは積極的にやっていきたいと思っているわ」

八谷「M&A後の統合は、ピ、ピ、ピーエムアイって、言うんだね。初めて聞いたよ。M&Aしました、というプレスリリースがM&Aのゴールじゃないってことだよね。現場の俺らにとって、

M&Aは『ゴール』じゃなくて『スタートライン』だからね。PMIがうまくいくかどうかは、やってみなくちゃわからないけど、どんな問題が起こりがちなのかは知りたいな。事前に知っておけば対処法がわかると思うんだ。マネジャーとして、せめて自分の部署の人たちにはつらい思いをさせたくないからね」

　本章の第1節「M&Aの成功を阻むPMIの課題」では、M&Aの成功を妨げているPMIプロセスにおける人と組織の課題について見ていきます。

　第2節「M&Aはなぜ葛藤を生み出すのか」では、PMIがなぜうまくいかないのか、その原因を探っていきます。

　第3節「PMIにおける日本特有の課題とは？」では、PMIにおける日本特有の課題と、その背景にどのような問題があるのかを見ていきます。

M&Aの成功を阻むPMIの課題

八谷「いきなり合併といわれても、アリノスゲームとうちの会社とは、業歴も違うし、社風も違いすぎるよ。お互いにプライドもあるし、統合してうまくいくのかな？ うちの会社は若くて自由な人が多いから、アリノスゲームみたいなお堅い会社と一緒にやっていくなんて、たぶん無理だよ」

三森「確かに簡単ではないわよね……。残念ながら、M&Aの成功率を下げている主な原因は、社風の違いやマネジメントスタイルの違いといった、人と組織に関わる課題にうまく対処できないところにあるそうよ」

M&A「成功」はわずか36％!?

第1章で示したとおり、日本ではM&Aの件数が急速に増えており、2021年は過去最多を記録しています。M&Aは、すでに企業の成長手段の一つとして日常化していて、新規事業や新規市場への進出、人材の獲得を目指したアクハイアリング、企業の存続を図るための事業承継など、様々な目的のM&Aが広がっています。しかし、残念ながら、それらの多くが「成功を収めている」というわけではありません。

少し古いデータになりますが、デロイト トーマツ コンサルティング（2013）の調査[19]によると（図表21）、過去に実施したM&Aを「成功」だと考えている企業は36％で、当初期待していた成果やシナジーを得られていると回答した企業のほうが少ないのが現状です。この調査で回答し

Q 過去のM&A案件を振り返って、目標達成度を評価するとどのようになりますか？

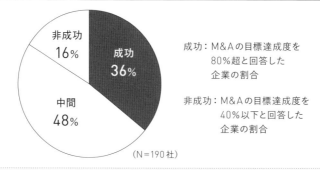

成功：M&Aの目標達成度を
　　　80%超と回答した
　　　企業の割合

非成功：M&Aの目標達成度を
　　　　40%以下と回答した
　　　　企業の割合

（N＝190社）

過去5年間に買収・売却を実施した日本企業のうち、期待した成果を得られている企業は36%に留まります

出所：デロイト トーマツ コンサルティング（2013）「M&A経験企業にみるM&A実態調査」

た企業の大半は、当初設定したM&A目標の「80%超」を達成できれば「成功」と考えていました。80%の目標達成すらハードルは高い、ということがおわかりいただけると思います。

　なぜM&Aの成功率は低いのでしょうか。シナジー創出を阻む要因として一番影響が大きいのは、実は「人と組織に関わる問題」です。

　図表22は、コンサルティング会社のウイリス・タワーズワトソンがフォーブス500社のCFO（最高財務責任者）に調査を行い、シナジー実現を阻害する要因について分析したものです。悪影響度の数値を見てもわかるように、「相容れない企業文化」「相手企業に対する管理能力の欠如」「変革実行力の欠如」「経営スタイル・自尊心の衝突」など、**M&A後の人と組織に関わる問題がシナジー創出を妨げている**ことがわかります[20]。

[19] デロイト トーマツ コンサルティング（2013）「M&A経験企業にみるM&A実態調査」（https://www2.deloitte.com/content/dam/Deloitte/jp/Documents/about-deloitte/news-releases/jp-nr-nr20131008-2.pdf）では、過去5年間に買収・売却を実施した日本企業190社についてM&Aの成功率を調査しました。回答した企業の約9割が、当初設定したM&Aの目標を80%超達成できれば、成功と考えていました。

[20] ウイリス・タワーズワトソン編（2016）『M&Aシナジーを実現するPMI：事業統合を成功へ導く人材マネジメントの実践』（東洋経済新報社）

ランキング	シナジー実現の落とし穴	悪影響度	人材マネジメントの関与
1	相容れない企業文化	5.60	大
2	相手企業に対する管理能力の欠如	5.39	大
3	変革実行力の欠如	5.34	中
4	シナジーの不在あるいは過大評価	5.22	小
5	将来事象の予見不足	5.14	小
6	経営スタイル・自尊心の衝突	5.11	大
7	過大な買収金額	5.00	小
8	相手企業の過度な不健全さ	4.58	中
9	過度なスピンオフあるいは清算の必要性	4.05	小
10	相容れないマーケティング・システム	4.01	小

> フォーブス500社のCFOへの調査によると、PMIにおける「人と組織に関わる問題」がシナジー創出を妨げていることが見てとれます

注：フォーブス500社CFOへの調査。7段階評価。2010年
出所：ウイリス・タワーズワトソン編（2016）『M&Aシナジーを実現するPMI：事業統合を成功へ導く人材マネジメントの実践』（東洋経済新報社）

　もうおわかりでしょう。このランキング上位に挙がっている要因は多くが、PMIにおいて浮上する人と組織に関わる問題です。慎重にデューデリジェンスを行い、交渉を重ね、ようやく契約に至ったM&Aであっても、人と組織に関わる問題がシナジー創出の妨げとなり、あっけなく「もったいないM&A」に堕してしまうのです。

　それにもかかわらず、「もったいないM&A」への組織的な対処がこれまで十分に行われてきたかというと、そうではありません。M&Aの検討段階では、人と組織に関して取得できる情報が限られていることに加え、評価が難しいこともあり、重視されているとはいえないのが実情です。

　また、買収までのプロセスでは、M&A後に行われるPMIプロセスについての検討が少なくなりがちです。M&Aが成立するまでは、経営者や経営企画などの限られたメンバーが秘密裏に話を進め、現場担当者が関わる

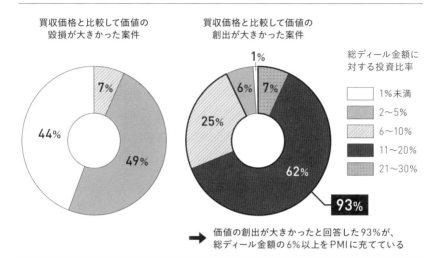

図表23　PMIにはどれくらい投資するべきなのか?

Q 総ディール金額に対し、統合活動 (PMI) のために投じた金額は何%ですか?

買収価格と比較して価値の
毀損が大きかった案件

7%
44%
49%

買収価格と比較して価値の
創出が大きかった案件

1%
6%
25%
7%
62%

93%

総ディール金額に
対する投資比率

- 1%未満
- 2～5%
- 6～10%
- 11～20%
- 21～30%

➡ 価値の創出が大きかったと回答した93%が、
総ディール金額の6%以上をPMIに充てている

M&Aの成立後、PMIプロセスにも総投資額の6%以上を投資することができれば、価
値創出につながりやすくなります

注：過去3年以内に大規模な買収・売却案件を経験している経営幹部600名が調査対象
出所：PwC（2019）「Value Creation in Deals：ディールの先の価値創造を見据えて」

のは M&A が開示されてからというケースが多いためです。また、買収の
検討や手続きを行う担当者と、PMI を行う担当者は異なるケースが一般
的です。その結果、PMI に関する検討は「後回し」にされ、「後のことは、
くっついたもの同士、現場で考えてください」になりがちなのです。これ
は、M&A にまつわる「構造的な問題」です。人と組織に関わる厄介な諸
問題は、「構造的」に生み出されているのです。

　M&A を成長戦略と捉え、狙いどおりにシナジーを生み出していくため
には、PMI プロセスで起こる「人と組織の課題」について、なんらかの
取り組みが必要です。実際、図表23のとおり、M&A の投資額の 6 % 以
上を PMI に投資することで、価値創出の度合いを大きく高められる、と

いうデータもあります[21]。PMI プロセスでは、人と組織の課題にどう対処するか、組織・職場づくりをいかに計画的に行っていくかが、M&A の成功率を高めるカギになります。

PMIにみられる人と組織の課題とは?

M&A を「もったいない M&A」にしてしまう一番の要因が、PMI プロセスにおける人と組織の問題にあるということは、前項で述べたとおりです。この「PMI プロセスにおける人と組織の問題」とは、具体的にはどのようなものでしょうか。M&A が日本に比べてより日常的に行われ、PMI に関する知見がたまっている海外(特に米国)の研究から、PMI の問題とその原因を探っていきたいと思います。

米国の研究者ミョング・セオと N・シャロン・ヒル(2005)[22] は、M&A に関する100件以上の書籍や論文を分析し、PMI で起こる人と組織の問題を次の6つのフレームワークに整理しています。そのフレームワークの観点を参考に、「PMI にみられる6つの課題」についてお伝えします。

①キャリアに対する不安

キャリアに対する不安とは、M&A にまつわる社員の不安です。現在の業務に対して M&A によるネガティブな影響がある場合、「このままでキャリアアップしていくことができるのだろうか」「今のキャリアを続けていくことができるのだろうか」などという心理的不安が、社員を襲います。その結果、自分の立場を守ろうと保身に走る傾向が高まり、生産性が落ちてしまいます。

---

[21] PwC(2019)「Value Creation in Deals:ディールの先の価値創造を見据えて」(https://www.pwc.com/jp/ja/services/deals/value-creation-deals.html)

[22] Myeong-Gu Seo & N. Sharon Hill (2005) "Understanding the Human Side of Merger and Acquisition: An Integrative Framework" The Journal of Applied Behavioral Science, Vol.41 No.4, December 1, 2005, pp.422-443

②“自分たちらしさ”の喪失

　“自分たちらしさ”の喪失とは、M&A に巻き込まれた社員の組織アイデンティティ（その組織のメンバーであるという思い）が失われることです。買われた側の企業やメンバーにも、組織・グループとしての“自分たちらしさ（アイデンティティ）”が、当然あります。この“自分たちらしさ”は、買った側の企業やメンバーが持つ“自分たちらしさ”と衝突することもあります。その結果、「自分たちは何者なのか」がわからなくなります。このような場合は、M&A 後の新しい環境において“自分たちらしさ”の再構築が求められるのです。

③組織文化の衝突

　PMI のプロセスでは、業務の様々な場面で、2 社の組織文化の衝突が起こります。そのストレスによって、社員の士気の低下、欠勤・離職、生産性の低下といった問題が発生します。買った側・買われた側、どちらの組織文化に合わせるのかが決まっておらず、両組織が自社の組織文化を採用したいと考え、争っている場合、ストレスはより大きくなります。

④役割の対立

　M&A により、業務オペレーションや組織体制、組織文化に変化が生まれてくると、これまで担っていた職場内での各社員の役割が、曖昧になる可能性があります。その場合、買った側・買われた側の、同じような職務を持つ社員間で対立が起こります。

⑤職務特性の変容

　M&A 後、業務オペレーションや求められる成果指標、職場環境の変化などによる職務特性の変容が、社員の態度や行動にネガティブな影響を与えます。例えば、顧客との関係性を重視している組織では、顧客のニーズにきめ細やかに応え、顧客満足度を高め、リピートを得ることを重視するかもしれません。一方、M&A 後の組織では、新規の営業開拓を重視し、

一件でも多く見込み客にアプローチし、営業件数を積み上げることを重視しているとします。その場合、M&Aの以前と以後で、求められる行動が大きく異なることから、買われた側の社員は混乱し、モチベーションが低下することも考えられます。

⑥不公平の発生

　M&Aに際して、会社や経営層が社員に対して不誠実な対応を取ってしまうと、社員の態度・行動にネガティブな影響を与えます。例えば、不誠実な基準・方法でリストラを実施するなどです。

　また、M&Aの影響で、賃金や福利厚生などの待遇がそれまでの条件よりも低くなってしまうと、不平・不満の気持ちが生まれ、不公平感を持たれてしまいます。経営状況が良くない場合に実施されるM&Aでは、社員にとって不利益な状況が起こることを避けられないこともあります。その場合でも、マネジメントは、できる限り明確な理由や基準を共有しながら、誠実さを持って、社員の理解を得る努力をしていく必要があります。

　実際には、すべてのM&Aで①から⑥の問題が発生する、というわけではありません。ただ、どれほど恵まれた条件が揃ったM&Aでも、M&Aが組織・職場や人に「変化」を強いるものである以上、なんらかの葛藤をもたらす可能性があります。そうしたリスクを理解し、常に頭の片隅に置いておけば、実際に問題が起きたときに気づきやすくなります。

組織文化とは何か

PMIのプロセスでは、「組織文化の統合」はM&Aの成否を分ける最大のカギといえるものです。しかしながら、「組織文化」という言葉が指すものは抽象的で、具体的に何を意味するのかがわかりづらく、誤解を招きやすい概念でもあります。本コラムでは「組織文化」という概念について整理しておきたいと思います。

米国の組織に関する研究者であるエドガー・シャイン（2012）は、組織文化には明示的なものから、前提になって機能する非明示的なものまで大きく「人工物」「標榜されている価値観」「背後に潜む基本的仮定」の3つのレベルがあるとしています（下図）。

「人工物」とは、組織構造や組織内で用いられている独自の仕事の手順（例：会議のやり方、議事録の取り方）など、わかりやすく目に見えるものを示しています。

組織文化とは何を意味するのか？

人工物	目に見える組織構造や手順
標榜されている価値観	哲学、目標、戦略（標榜されている根拠）
背後に潜む基本的仮定	無意識に当たり前とされている信念、認識、思考および感情

シャイン（2012）は、組織文化には明示的なものから、前提となっている非明示的なものも含め、上記の3つのレベルがあるとしています

出所：エドガー・H・シャイン著、梅津祐良・横山哲夫訳（2012）『組織文化とリーダーシップ』（白桃書房）に基づき筆者作成

「標榜されている価値観」とは、哲学、目標、戦略など、言語化され全員の目に見える形で掲げられている価値観を指しています。ミッション、ビジョン、コアバリューなどもこれに当たります。

「背後に潜む基本的仮定」は、言語化されることなく、無意識のうちに共有されている信念、認識、思考を指しています。

組織文化の違いを知る上では、目に見える「人工物」や「標榜されている価値観」のレベルをじっくりと観察しながら、その奥にある「背後に潜む基本的仮定」にどんなものがあるのかを、見極める必要があります。

例えば、「報告のための会議やメールのやりとりが少ない」といった、仕事のやり方、手順の違いが問題となっていたとしたら、それを単なる手続き的な問題として対応するのではなく、メンバー同士の信頼が厚く、権限委譲がしっかりなされているためなのか、逆にメンバー同士の信頼関係が希薄で、それぞれが自分勝手に仕事をしているためなのか、より深いところまで探る必要があるというわけです。

組織文化の統合を図っていく際には、単に組織構造や仕事のやり方（人工物）、ミッション、ビジョン、コアバリューなど（標榜されている価値観）、目に見える違いだけに着目するのではなく、組織内の人々の行動の前提となるような「お客様にはこういった態度で臨むべきだ」「何でも上司に相談するべきだ」などといった価値観、考え方（背後に潜む基本的仮定）を言語化し、違いを明らかにすることが大切です。その上で、今後の組織にとって理想的な姿を言語化することで、効果的な統合の方法を探ることができます。

M&Aによって組織文化はどう変わるか

　M&Aにより、組織文化はどう変わるのでしょうか。M&A時に異文化が接触することによって生じる「組織文化の変容」に関しては、大きく3つの型があることが、M&Aの先行研究で指摘されています[23]。それらは、①乗り換え型、②借用型、③同化型の3つです。それぞれの特徴について見ていきましょう。

①乗り換え型（A or B）：一方が既存の文化を放棄

　どちらかの企業の組織文化が大きな強みであり、事業運営の推進力となるような場合は、強みとなる組織文化を持つほうに合わせる、という方法が取られます。M&Aでは、買った側・買われた側という立ち位置が構造的に生まれます。乗り換え型の多くは、買われた側が従来の組織文化を放棄する形で、買った側に合わせることが多いのが実情だと思います。ただし、この場合も、組織文化はそう簡単に変わるものではありません。従来の組織文化と新しい組織文化が大きく異なる場合は、機能不全に陥る可能性もありますので、注意が必要です。

②借用型（A and B）：両文化の混合・合成

　お互いの組織文化に配慮し、双方にある強みを活かすという意味で、それぞれの組織文化の良いところを一緒にするような方法です。M&Aを行う会社同士の規模にもよりますが、現実的にはこの方法が取られることが多いようです。お互いの組織文化の共通点や相違点を丁寧に紐解きながら、現在のような組織文化になった背景（歴史的な経緯）についても共有し合うことで、両社に対するより深い理解が生

---

[23] 森本三男（2007）「M&Aと組織文化の相性」千葉商科大学, CUC View & Vision (24), 6-9, 2007-09

まれてきます。

③同化型（C）：新しい文化の創出

　それぞれの組織文化を踏襲するのではなく、統合作業を進めるなかで、どのような組織文化をつくっていくことがいいのか、考え、話し合い、新たな組織文化をつくるという方法です。現実的には、新しい組織文化をつくることは、簡単ではないと思います。しかし、実現した場合は、新しい組織としての一体感を生み出しやすくなります。

　どのような型がフィットするのかはケース・バイ・ケースで、一様に述べることはできません。ただし、どの型を目指すのか、どのパターンを想定しているのかについて、関係者間でコミュニケーションの機会を持ち、合意形成を取りながら意識して進めていくことが、PMIをスムーズに進めていく上で必要だといえます。

M&Aはなぜ葛藤を生み出すのか

 八谷「先ほど、何人かの部下と話してきたけど、みんな経営統合の
ことが気になっているみたいで、仕事にならないよ。『大丈夫、
前向きな統合で、働き方については大きくは変わらないから』と
言っても、全然ダメだ。どうしてこうなっちゃうかな……？ な
んとかならないかな？」

 三森「M&Aは、大なり小なり、なんらかの変化を伴うものだから、
変化がある以上、不安になったり、様々な問題が起きてしまった
りするのは仕方のないことだと思うわ。避けては通れないことだ
と捉え、受け入れるしかなさそうよ」

PMIは「トランジション」である

前節の「PMIにみられる6つの課題」を通して、PMIプロセスにおけ
る人と組織の課題がどのようなものか、なんとなくイメージしていただけ
たのではないでしょうか。

当然ながら、実際にはこれらの問題がいくつも、場合によってはすべて
が組み合わさった形で組織の統合を阻害する原因となります。しかも、こ
うした人と組織に関わる諸問題は、例外なくほぼすべてのPMIプロセス
で起きてしまうものです。

なぜM&A後の統合作業で、このような現象が表れてしまうのでしょう
か？

その理由は、M&A/PMIが、組織・個人の両方にとって社会的な役割の

変化を促す「トランジション（移行：Transition）」のプロセスを伴うからです。

　人は、そもそも「**変わる**」ことが苦手です。変わることには、必ず「学ぶこと」が含まれます。そして、学ぶことには「痛み」「ストレス」「不安」がつきまとうものです。たとえ、自分にとって都合の良いほうに変わる可能性があっても、それは起こります。

　M&Aによって発生する移行期にも、こうした「変化」とそこに対応するための痛みや不安を伴う「学び」「学び直し」が求められるのです。

　このようにトランジション期は、周囲から変化を求められ、変化への適応を始める「宙ぶらりん」な時期です。これから来る新しい生活に「期待」を持つ一方、ともすれば、「不安」といったネガティブな感情を抱えやすくなってしまいます。

　学生から社会人になる時期のことを思い浮かべてみてください。入社前は、初めての仕事、新しい職場、新しい人間関係に、期待を抱きつつも、「自分に務まるだろうか」「うまくやっていけるだろうか」といった不安のほうが大きいものです。そしていざ、新しい生活が始まってみると、事前の理想と現実のギャップにショック（リアリティショック）を受けます。また、頭ではイメージできていたとしても、実際の組織文化の大きな違いに「カルチャーショック」を受けることもあります。そんないくつかの"ショック"が重なり、「こんなはずじゃなかった」と落ち込んだり、できない自分に腹を立てたりします。これは新入社員だけに起きることではありません。転職時にも、会社が別の会社と合併・統合する際にも、同じような経験をするものです。

　人が、ある一定の時間軸のなかで経験する「変化」に関する研究に、「トランジション研究」があります。この研究によると、どんな人も移行期には不安や葛藤を感じるものであり、移行後にはリアリティショックを受けるものである、ということがわかっています。また、トランジション期に未来がわからない「宙ぶらりん」な期間が長く続けば続くほど、自分は何者なのか、自分はどこに向かっているのかがわからなくなり、アイデ

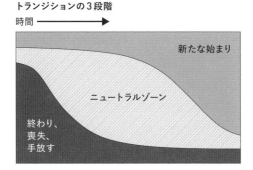

トランジションの3段階

時間 ⟶

新たな始まり

ニュートラルゾーン

終わり、
喪失、
手放す

ブリッジズはトランジションを、①以前の状況が「終わり」、②「ニュートラルゾーン」を経て、
③「新たな始まり」へと至る流れを、心理的に受容していくプロセスであると指摘しました

出所：ウィリアム・ブリッジズ&スーザン・ブリッジズ著、井上麻衣訳（2017）『トランジション マネジメント：組織の転機を活か
　　　すために』（パンローリング）

ンティティの喪失やモチベーションの低下につながるとされています。

　M&Aに巻き込まれた「人」の目線で考えてみると、PMIとは、職場環
境に関する物理的な変化だけでなく、所属している組織に対する愛着など
の心理的な変化も伴う"トランジション"にほかなりません。このことを
理解し、トランジションをどのようにマネジメントするのか、という意識
を持って対処することが、PMIの成功につながります。

　ちなみに、トランジション期をスムーズに乗り越えていくための「トラ
ンジション・マネジメント」の考え方を提唱したのは、ウィリアム・ブ
リッジズです。

　図表24に示したように、ブリッジズはトランジションを3段階を経る
ものとしています[24]。大きなトランジションは、いきなり始まるのでは
なく、自分の周囲の環境が大きく変化する前の状況を心理的に終わらせ、
ニュートラルゾーンを経て、ようやく始まるのです。

トランジションの３つの段階

それでは、トランジションの３段階を具体的に見ていきましょう。

第１段階の「終わり」では、起こった出来事に対して前向きに向き合うことができません。以前の状況が突然終わってしまったことに対する「喪失感」を強く感じてしまいます。

この段階では、起こった出来事によって失ったものを、しっかりと認識する必要があります。そして、悲しみを感じながらも、次の段階であるニュートラルゾーンへと、目線を向けやすくする支援が重要になります。例えば、買われた側の企業がこれまでに達成してきた成果や業績を棚卸し、たたえ合うことも大切な行動です。メンバー同士が過ごした時間のなかで得られた思い出を共有し合う時間も必要です。人が亡くなったときに、お葬式を行い、故人を悼むように、M&Aによって買われた側の状況が大きく変化することを踏まえて、同様の「儀式」が必要になるのです。

第２段階は「ニュートラルゾーン」です。この段階では、出来事が起こる「前」の状況に対する喪失感を感じながらも、出来事が起こった「後」に待っている新しい可能性を徐々に感じ始める時期です。ただ、この時期は、どっちつかずの「宙ぶらりん」な状態になりやすいので、大きなストレスを感じやすい時期でもあります。買われた側の社員は、新しい組織のメンバーと関係性を築いたり、業務の進め方に適応しなければいけないと思いながらも、失われてしまった過去の組織やチームに対する想いや業務の進め方に囚われてしまっている状態です。

こうしたニュートラルゾーンの時期には、買われた側の社員の視点を、徐々に未来に向けていく必要があります。買われた側が成しとげたことはしっかりと承認しつつも、単体では成しとげられなかったであろう、今後

---

[24] ウィリアム・ブリッジズ&スーザン・ブリッジズ著、井上麻衣訳 (2017)『トランジション マネジメント：組織の転機を活かすために』（パンローリング）では、「『段階』というと、それぞれが個別に存在しているように聞こえるかもしれない。むしろ、これら三つを一連のプロセスととらえ、そのすべてが起こってしまうまではトランジションは完了しない、と言うべきなのかもしれない」と語っています。つまり、各段階はグラデーションのように重なり合いながら、その時々によって３段階のうちの強くみられる要素が変わってくるものと捉えることもできます。

期待される成果について、説明したり語り合ったりすることも重要です。すなわち、買った側の経営資源を活用することで、組織としてどのような可能性が開かれているのかを、確認するのです。また、このM&Aが、個人にとってどのような機会をもたらすのかを話すことで、社員一人ひとりが自分ごととして意味づけしやすくなります。

第3段階は「新たな始まり」です。ここにきて、ようやく、新しい環境が始まることを受容し、新たな可能性を積極的に模索していける心理状態が整い始めるのです。

買った側としては、M&Aを開示した段階から、M&Aの目的やゴール、ビジョンについて、繰り返し伝えてきたように思うかもしれません。しかし、情報の受け手となる社員の心理状態が、M&Aに対して後ろ向きであれば、買った側が意図した形で情報が伝わっていない可能性があります。したがって、社員の状況を観察しながら、大切な情報を繰り返し、繰り返し伝えていく必要があるのです。

この時期は、社員の気持ちが少し前向きになり、M&Aを組織や個人の成長に活かしていこうと考える人が増えている時期です。ただ、買った側・買われた側の2社が協働することで得られると想定したメリットが、すぐに得られるとは限りません。その実現に向けて動き出せば、発生する課題も多々あります。そうした課題に対して、組織的な支援が必要となるのはいうまでもありません。社員が変化に向けたプロセスを前向きに進んでいけるように、経営層やマネジャーは、発生する課題の一つひとつに向き合っていくことが重要です。

また、M&Aを実施したからこそ実現できた成果を、しっかりと情報発信していく必要もあります。M&Aという不確実性が高い手法では、どんな社員も、「本当に想定していた成果を実現できるのか」という不安感を持っているものです。そうした不安感を弱め、期待感を強めていくためにも、M&Aから生まれた成果については、積極的にアナウンスしていくことです。ポジティブな情報は、思った以上に、ネガティブな情報の陰に隠れ、伝わらないことが多いものです。

ブリッジズによれば、環境の大きな変化に伴う「トランジション期」には、多かれ少なかれ、この3つの段階を経ます。各社員が、3つの段階のどの時期にあるのかを注意深く観察し、そのときどきで適切な支援を行えるように準備しておく必要があります。

情報共有の「時差」が心理的対立を生む

　実際に「トランジション・マネジメント」を進める際には、情報が共有される「時差」にも注意が必要です。M&Aは守秘性が高い施策のため、全社に情報が伝わっていく際には「時差」が生じるからです。図表25で示すように、マネジメント層から始まり、プロジェクトを主導するリーダーや、ミドルマネジメントを経て、やがて現場マネジャーや社員に伝わっていき

図表25　M&A/PMIの情報は社内にどう共有されていくか?

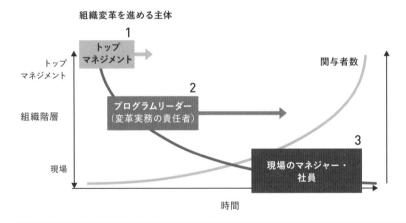

M&Aのような組織変革に関わる情報は、トップマネジメントからプログラムリーダーを経て、現場のマネジャーや社員に伝わっていきます。情報を受け取るタイミングに時差があるため、納得感が醸成される時期にも差が生まれます

出所：Strategy & (2004) "Ten guiding principles of change management" をもとに筆者作成

ます[25]。

　このように、多くのM&Aには「時差」があります。この「時差」のことを忘れてしまうと、M&Aに関わる人々の心理的障壁を乗り越えることができません。

　一般的に、マネジメント層のほうが「自社の合併」や「統合後の再編方針」など、「大きな変化」に関する情報を入手するタイミングは早いものです。そのため、M&Aの情報がオープンになった後に、遅れて情報を知らされた現場との間には、情報の理解や心理的な納得度に時差ができてしまうことがしばしば起こります。

　すでに「新たな始まり」の段階にあるトップ側は、M&Aを前向きに捉えられていない現場の状況を目にすると、「現場はなぜいつまでもM&Aに否定的なんだ」といった気持ちになりがちです。その結果、共感に欠いた態度でコミュニケーションを行ってしまい、現場との対立を生んでしまうことがあるのです。マネジメント層が、こうした情報共有の時差が生む意識のズレを理解しておけると、PMIのトランジション・マネジメントをスムーズに進めることができます。

　PMIプロセスの最中に新型コロナウイルスの影響を受けたある企業のメンバーが、情報共有の難しさを語ってくれました。

「経営層は、統合前、コロナ禍が起きる前に合宿をして、統合の進め方や統合後の経営方針、組織体制について、議論を深めていました。現場に対して統合が発表されたのは、コロナ禍以降の話なので、リモートワークが基本だと、現場では雑談もできていません」

　M&Aの情報にアクセスできるマネジメント層は、統合前に十分な情報

---

[25] Strategy & (2004) "Ten guiding principles of change management" (https://www.strategyand.pwc.com/gx/en/insights/2002-2013/ten-guiding-principles/strategyand-ten-guiding-principles-of-change-management.pdf)

に触れ、コミュニケーションを取り、自身のなかで納得度が高まっているかもしれません。しかし、M&A情報へのアクセスが限られる現場メンバーは、統合が発表されるタイミングでは、周囲のメンバーとM&Aに関するコミュニケーションがまったく取れていません。そのギャップをマネジメント層はしっかりと理解しておく必要があります。

　加えて、現在は、コロナ禍により多数のメンバーが対面で集まりにくい状況が続いています。オンラインでも情報共有やコミュニケーションの場をつくることはできますが、対面のほうが表情や身振り手振り、感情や想いなども含め、取り組みの意図が伝わりやすいのは事実です。よって、今後しばらくの間に取り組まれるM&Aは、コロナ禍の影響も加味し、情報共有・浸透がしにくくなるという前提で、コミュニケーション・プランを考えておく必要があります。

「死の受容」5段階モデル

　M&Aは、「アイデンティティの変容」を個人に迫ります。それは、大げさな言い方をすれば、「A社の自分」から「B社の自分」に生まれ変わること、ともいえるでしょう。「A社の自分」がある日突然「死」を迎え、「B社の自分」という「生」を受け入れるときには、やはり大きな心情の変化が伴います。

　人は、こうした変化を受け入れる際、どのような心理状態に陥るのでしょうか。変化への抵抗から受容へと至る心理を考える際に参考になるのが、エリザベス・キューブラー・ロスによる「死の受容」5段階モデルです[26]。

---

[26] エリザベス・キューブラー・ロス著、鈴木晶訳（2001）『死ぬ瞬間：死とその過程について』（中公文庫）

キューブラー・ロスは、死を告知された患者200人にインタビューを試み、死に向かう人々が経験する心理状態には、**否認と孤立、怒り、取引、抑うつ、受容**の5つがあること。それは段階を経て変化していき、最終的には死を受け入れるようになるのだと主張しました。

　実際には、誰もが必ずこの5段階を経るものというわけではなく、こうした5段階の心理状態がグラデーションになって立ち現れるもののようですが、変化を受け入れる人間の心理を理解する助けになる考え方のように思われます。

第1段階：否認と孤立（Denial & Isolation）

　自らの死が近づいている、という事実に衝撃を受け、「何かの間違いだ」とその事実を受け入れられずにいる段階。「他の人のカルテを読み間違ったのではないか」などと反論し、周囲からも距離をとるようになり、孤立します。

　M&Aでいえば、今まで愛着を感じてきた会社が、突然なくなることを聞いて動揺し、「まさか」と信じられない気持ちであちこちに確認を取ってみたりするような段階でしょうか。変な噂話を耳にして疑心暗鬼になったり、経営層や上司が信じられなくなり、距離をとったりするなどのことが起こりえます。どんなに戦略として優れたM&Aであっても、そのプロセスにおいては、人々の心のなかに葛藤や否定的な感情が生まれることはやむをえません。経営層や上司としては、そういうものだと思って、乗り越える必要があります。

第2段階：怒り（Anger）

　自らの死が近づいていることは受け入れつつも、「なぜ死を迎えるのが自分なのか」ということに怒りを覚える段階。「何も悪いことをしていない自分が、なぜこんなことになるのだ」と憤ったり、健康な人を恨んだりします。

M&Aでいえば、「自分の部署に関しては今期の営業成績も悪くなかったし、新規プロジェクトも始まったばかりだったのに……」と憤ったり、勝手にM&Aを進めた経営層に対して憤りを覚えたりする段階です。「なぜうちの会社が……」「よりによって、なぜうちの部署が……」などと、怒りがわいてきます。

第3段階：取引（Bargaining）

　死なずにすむ方法はないか、死を遅らせる方法はないかと、何かにすがろうとする段階。神仏にお願いをしたり、「願いが叶うなら自分の財産を差し出します」といった取引をするなど、様々な物事に働きかけ、死を回避する方法を模索します。

　M&Aでいえば、なんとかこのM&A契約を撤回させる方法はないかと探ったり、自分の所属する部署や事業はそのままの形で残してもらえるように画策しようとする人も出てくる段階です。

第4段階：抑うつ（Depression）

　どうやっても死を回避することはできないと悟り、絶望に打ちひしがれ、ふさぎこむ段階です。

　M&Aでいえば、このM&Aはどうにも回避できないものであり、条件なども変えられそうにないとわかり、自身の今後のキャリアや職場、仕事内容、環境の変化などを想像して絶望的な気持ちになる人もいるでしょう。いったんは、この段階を通ることで、そこから逆境をはねのけて受容できる人もいますし、そうでない人もいます。

第5段階：受容（Acceptance）

　消えゆくものが消えるのは「自然なことだ」という達観が生まれ、死ぬことを受け入れる段階。自分の人生の終わりを受け入れる覚悟ができ、心に平穏が訪れます。

M&Aでいえば、M&Aが起こったことを受け入れ、新しい環境で働くことへの覚悟と前向きな気持ちが生まれ始める段階です。新たなアイデンティティは、かつてのアイデンティティの「前向きな死」から生まれるのです。

　M&Aによって、ある日突然、自分の意図とは関係なく、自分の所属する組織がなくなってしまう、ということは、ビジネスパーソンとして簡単には受け入れがたいことです。本書の「はじめに」で「M&Aは『巻き込まれ事故』のようなもの」と述べているように、ある日突然、終わりを迎えるという意味では、「M&Aを受容するプロセス」が「死を受容するプロセス」と重なる部分があるというのも、不思議なことではありません。

　M&Aという「巻き込まれ事故」に遭った部下や同僚が、今、心理的にどの段階にあるのかを意識すると、コミュニケーションの取り方の参考になります。場合によっては、自分自身の状態を確認する際にも役立ちます。人が大きな変化を受け入れるには、ある程度の時間が必要であるということを理解するとともに、部下や同僚の「心理的な変容プロセス」に寄り添っていく姿勢も、マネジメント層やマネジャーには求められます。

PMIにおける日本特有の課題とは?

 八谷「PMIプロセスで起こる人と組織の問題は、M&Aによって組織や個人の社会的役割が切り替わる移行期特有の問題なんだね。誰もが必ず通る道だと思えば、少しは落ち着いていられる気がするよ」

 三森「そうなの。そういうものなんだ、と思えば気がラクになるし、これから何が起こるかをあらかじめ知っておけば、心の準備になる。だからM&Aをプレビューすることは重要なのよ。

　うちの会社にとって初めてのM&Aだから、やっぱり不安にも、疑心暗鬼にもなるわよね。不安になる背景には、M&Aに慣れていない日本企業ならではの課題もあるようよ。M&A慣れしていないから、余計に不安になるのよね」

┃ M&A先進国の米国企業から学ぶこと

　海外企業に比べて、日本企業はあまりM&Aに慣れていません。経験が少ないというのもありますし、その経験値が、組織内に蓄積されていないということもあります。何より、M&Aを専属で行うスタッフや、人と組織の観点からM&Aを支える専門知や実践知を持っている人が圧倒的に少ないのです。

　まず、図表26から見ていきましょう。米国企業のM&A件数を日本のそれと比較すると、4倍ほどの差があります。米国では、日本以上に「M&Aの日常化」が起こっているといえます。

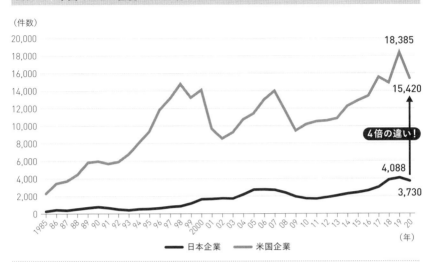

注：それぞれ米国企業、日本企業が関与したM&A案件（国内・国外含む）
出所：IMAAホームページ（https://imaa-institute.org/）、レコフデータ

　こうした差は、M&Aに対する米国企業の準備状況にも見てとれます。

　経済産業省（2019）は、日本企業のクロスボーダーM&Aに関する調査を行いました。そのなかで、日本企業と海外企業のM&Aに対する取り組みについて、それぞれの特徴を記しています。クロスボーダーM&Aの取り組みが中心的なテーマではありますが、日本企業の国内案件でも十分参考になるものです[27]。

　報告書のなかには、M&Aに積極的に取り組む海外企業のM&A/PMIに対する姿勢が述べられています。

---

[27] 経済産業省（2019）「海外M&Aと日本企業〜M&Aの最前線に立つ国内外の企業の声からひもとく課題克服の可能性〜」（https://www.meti.go.jp/policy/external_economy/toshi/kaigaima/image/20190409003-1.pdf）

「M&A経験豊富な海外企業のほとんどが、M&A専門部署を設置しており、専属で働く人数は様々であるが、5〜20名程度の体制が多かった」

「ディールチーム（筆者注：案件の検討を進めるチーム）に加えてPMI専属チームを有している企業も多く、PMIを会社として重視していた」

このように、M&Aをイベントではなく、**日常的なルーティンの施策として事業戦略に組み込んでいる**ことが見てとれます。

また、日本企業のM&A担当者からは「大きな買収をする際に、もう人材がいない。買うところまではアドバイザーの力を借りることはできるが、買った後は自社でやらなければいけないが、社内に人材がいない」といった声が聞かれ、M&A後の組織をマネジメントできる人材の不足がM&A実施のボトルネックになっている様子が見えてきました。

さらに、M&Aに関する経験・ノウハウの形式知化という文脈では、「デューデリジェンスとグローバルコミュニケーションのためのプレイブック[28]を作ることにより、企業統合のための能力を構築してきた。デューデリジェンスを実行する際や統合を手掛ける際にプレイブックを参照し、何に注目すべきかを特定するために役立てている。このアプローチはとてもうまくいっている」（サービス業界の米国企業）と述べています。

M&A/PMIを経験するたびに、良かった点や課題を振り返り、文言化して、重要な点を共有することで、社内には経験やノウハウが貯まっていきます。このプロセスを行わなければ、何度M&Aを経験しても、その都度、初めてM&Aを経験するかのような苦労をすることになります。

加えて、「特定された課題をチームメンバーが記録することができるシステムも準備している。デューデリジェンスチーム自体が異なる場所にいる多くのメンバーで構成されているので、こうしたツールは様々な機能チームを調整するために役立っている」（サービス業界の米国企業）と話し、デューデリジェンスチームで確認された課題が、その後のPMIを主

---

[28]「プレイブック」とは、もともとアメリカンフットボールで用いられた戦略集を意味していました。そこから、ビジネスの文脈において、ある状況下で戦略的に行動を起こしていくための手引書という意味合いで使われるようになりました。

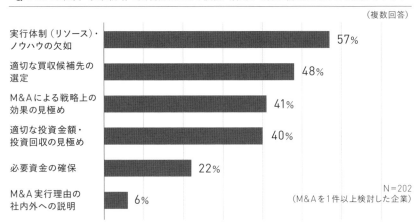

図表27　M&Aを経営・事業戦略として活用するための課題とは?

Q　M&Aを経営・事業戦略の実現方法として検討・活用する際に課題となるものは何ですか?

（複数回答）

項目	割合
実行体制（リソース）・ノウハウの欠如	57%
適切な買収候補先の選定	48%
M&Aによる戦略上の効果の見極め	41%
適切な投資金額・投資回収の見極め	40%
必要資金の確保	22%
M&A実行理由の社内外への説明	6%

N=202
（M&Aを1件以上検討した企業）

M&Aを経営・事業戦略として活用する上で「実行体制（リソース）・ノウハウの欠如」が大きな課題になっています。M&Aを成果につなげるためには社内体制の整備が求められます

出所：デロイト トーマツ コンサルティング（2013）「M&A経験企業にみるM&A実態調査」

導するチームにしっかりと共有され、PMIに活かされていることがわかります。

　米国は日本に比べて、ビジネススクールやセミナーで、M&Aの全体像を学習する機会も充実しています。また、人と組織の専門知や実践知を持っている大学院レベルの専門家も格段に多いので、人材に恵まれています。さらに、米国では企業内の人事異動も少ないので、M&A/PMIに関する知見が組織のなかに貯まりやすいということもあります[29]。

[29] 日本でも人材開発・組織開発の大学院レベルの教育が始まっています。編著者の一人である中原淳が教員を務める立教大学大学院 経営学研究科 リーダーシップコースでは、人材開発・組織開発の専門知・実践知を、金曜日夜・土曜日のフルオンライン授業で学ぶことができ、2年間かけて修士（経営学）を取得できます。参考サイト：立教大学大学院 経営学研究科 リーダーシップコース（https://ldc.rikkyo.ac.jp/）

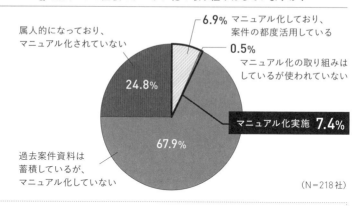

図表28　M&A経験のマニュアル化はどの程度なされているか?

Q　過去M&A経験のナレッジ化の取り組みはしていますか?

属人的になっており、
マニュアル化されていない

6.9%　マニュアル化しており、
案件の都度活用している

0.5%
マニュアル化の取り組みは
しているが使われていない

24.8%

マニュアル化実施　7.4%

67.9%

過去案件資料は
蓄積しているが、
マニュアル化していない

（N=218社）

せっかくのM&A経験も、組織の知見につなげるマニュアル化まで行っている企業は限られています。自社なりにM&Aの方法論を確立できれば、M&Aを進める際の大きなアドバンテージとなります

出所：デロイト トーマツ コンサルティング（2013）「M&A経験企業にみるM&A実態調査」

　デロイト トーマツ コンサルティング（2013）の調査結果によれば、日本企業がM&Aを経営・事業戦略として活用するための課題は、図表27に示したとおりです。回答企業のなかで、課題感として最も大きかったのは、「実行体制（リソース）・ノウハウの欠如」（57%）であり、M&Aを進めるための、組織的な準備・仕組みがまだ十分ではないことが読みとれます[30]。

　また、図表28のように、M&Aから得られた経験をナレッジとして社内に蓄えている企業の割合は7.4%と、ごく少数に限られていました[31]。今後、M&Aが日常化し、成長戦略として活用される機会が増えていくとしたら、社内に知見を蓄えていく必要性はますます高まっていきます。し

[30, 31]　デロイト トーマツ コンサルティング（2013）「M&A経験企業にみるM&A実態調査」（https://www2.deloitte.com/content/dam/Deloitte/jp/Documents/about-deloitte/news-releases/jp-nr-nr20131008-2.pdf)

かし、現状では、前述の「実行体制（リソース）・ノウハウの欠如」と相まって、組織内に知見を蓄える仕組みができていないことが推察されます。単にM&Aを行うだけでなく、経験するごとに取り組みをブラッシュアップしていけるような仕組みづくりも重要です。

　経済産業省（2019）も、「M&A業務はファイナンスや法務等の専門知識に加え、交渉スキルやプロジェクトマネジメント力が要求され、他の業務と比較して広範かつ高度な知識・スキルが求められる。そのため、日本の短期間の人事ローテーションになじみにくい側面がある」と、日本の労働慣行が、M&A人材の育成や、組織・チームとしての知見やノウハウの定着を阻む要因になっていることを指摘しています[32]。

日本企業にありがちな残念なM&Aパターン

　ここまで見てきたように、日米企業のM&Aの取り組みを比較すると、日本企業が乗り越えなければならない課題は多いといえます。

　では、日本企業がM&A後に直面する人と組織の課題には、いったいどんなものがあるのでしょうか。日本特有の文化的背景から起こりがちなPMIの課題をパターン別に集約してみると、次の8点にまとめられます。自社のM&Aがこのケースに陥らないよう、ぜひ注意しながら読んでみてください。

①なんとなく買っちゃったパターン：M&Aの目的・成果が不明確

　最初から冗談みたいな話ですが、本当に起きていることです。端的にいえば、「その場のノリ」でM&Aという高い買い物をしてしまうケースです。このケースでは、M&Aの目的や目指す成果がしっかり言語化されておらず、周知のための説明も不十分なことが多い傾向があります。

---

[32] 経済産業省（2019）「海外M&Aと日本企業　～M&Aの最前線に立つ国内外の企業の声からひもとく（課題克服の可能性～）」（https://www.meti.go.jp/policy/external_economy/toshi/kaigaima/image/20190409003-1.pdf）

具体的には、投資ファンドや投資銀行などの M&A サポート会社から話が持ち込まれ、案件が進んでいく場合に多いでしょう。その後、戦略的な合理性や、M&A のゴールが明確にされないまま、「買収ありき」で話が進んでしまいます。PMI の段階になって初めて、そもそも何を目指したディールだったのかが曖昧なままであることに気づきます。

　特に M&A サポート会社から案件が持ち込まれる場合は、複数の買い手候補が立てられたり、コンペ形式になったりすることも多いので、ディールが始まってしまうと、デューデリジェンスにかけたコストや時間もあり、なおさら「買収ありき」の流れが生まれやすくなります。

②進め方が場当たり的パターン：PMI のプランが不明確

　M&A の「戦略」については練られているものの、その後のことがほとんど考えられていないケースです。どのようなプロセスで PMI を進めていくのかというグランドデザインが不明確で、周知のための説明も不十分なことが多いです。

　具体的には、買う側の M&A 経験が少なく、全体像がイメージしきれていない場合に起こりがちです。プロセス全体を見通せるような経験豊富な外部の専門家が関われば、また状況は違ってきます。社内に M&A/PMI に関する知見がある程度貯まるまでは、外部の専門家を有効に活用するのが無難です。ただ、あまりに依存しすぎると、社内に経験やノウハウが貯まりにくくなりますので、丸投げせず、二人三脚の協業体制をうまく築いていくことが重要です。

　場当たり的な対応が多く、必要なアクションが後手後手に回ると、買った側・買われた側の社員がともに不満を抱えることになります。そうなると、モチベーションの低下や退職にもつながりかねないため、PMI の全体像を踏まえた対応が重要です。

③気合いで乗り越えろ！パターン：心理面や組織文化に関心がない

　端的にいうと、「買ってしまったのだから、あとは現場に任せる。気合

いでなんとかしろ」というケースです。現場は当然、事業や業務オペレーションを早く統合しようと頑張ります。

しかし、そのスピードが性急になりすぎるきらいがあります。シナジーを早期に生み出そうと焦り、事業や業務オペレーションの統合が優先され、メンバーの心理面や組織文化の衝突に対するケアに関心が払われないケースも少なくありません。組織づくりの知識を持った担当者がおらず、人と組織の問題が認知されていない会社で起こりがちです。買われた側社員は心理的についていけず、退職者が多数生まれてしまうことが想定されます。

④人事は蚊帳の外パターン：人事担当者が関わるタイミングが遅い

M&Aは経営層や経営企画主導で進められることが多く、バックオフィスで重要な役割を担う人事担当者でさえも、M&Aを知るタイミングが遅くなることがあります。そうなると、人事関連のPMI施策を検討しにくくなってしまいます。経営層や経営企画にしても、人と組織の課題は理解していると思いますが、どうしても戦略面や業務オペレーション面の統合を優先してしまいがちです。また、PMIに関わる人事担当者の数が少なく、PMIの進捗に合わせた人事・組織づくりの施策が間に合わないといった事態も起こりえます。

買われた側の社員にとっては、担当業務にどのような影響があるのかも気になりますが、自分たちの給与や福利厚生は維持されるのかなど、処遇についても気になるものです。人事担当者が窓口となり、買われた側の社員とコミュニケーションを取ることで、不安を軽減しやすくなります。

⑤バトンの受け渡し失敗パターン：投資担当とPMI担当の連携不足

買った側の投資担当者とPMI担当者が異なり、両者のコミュニケーションが不足しているため、PMI施策を検討するタイミングが遅れるケースもよく見られます。仮に両者の情報共有ができていても、投資を目的とする投資担当者と、組織の統合やシナジー創出を目的とするPMI担当者は、求められる成果が異なるため、協調した動きが取れない場合もあります。

買った側企業のセクショナリズムが強く、部署間のコミュニケーションが取られていない場合や、成果を特定の部署が囲ってしまいがちな組織風土の場合に、こうしたパターンは起こりがちです。投資担当者からすれば「バトンは渡した、あとは知らない」となり、PMI担当者からすれば「そんなバトンは受け取れない」になるのです。バトンは宙に浮き、地に落ちることになります。

⑥買った魚に餌をやらないパターン：PMIへの投資が少ない

　「人と組織の統合は、ハコ（オフィス）さえ一緒にしてしまえば自然と進んでいく」「業務内容が近いのだから統合は難しくない」などと思い込み、PMIの投資（予算面だけでなく、経営層からのサポートも含めて）がごく限られてしまうケースもあります。

　現実的には、業務内容が近いからこそ、お互いのこだわりに対して相容れない感情が生まれたり、競合関係にあった経験が心理的な障害になり、PMIを難しくする場合もあります。また、投資担当者からPMI担当者に主担当が移ると、各現場の予算でPMIを進めていくことになります。限られた現場予算のなかからPMIに関わる外部専門家の費用を捻出することは容易ではありません。そのため、外部専門家のサポートを得ることも難しくなり、問題が深刻化しやすくなります。前述（063ページ）のとおり、PMIの段階でも一定の予算を割くことで、価値創出がしやすくなることがわかっています。

⑦家庭内別居パターン：両社メンバー間のコミュニケーション不足

　出身企業の壁を残したままPMIを進めてしまい、両社メンバー間のコミュニケーション不足に陥る状況がよく見られます。出身企業の歴史や組織文化に敬意を払うことは大切ですが、執着やこだわりが強くなりすぎると、新会社としてのアイデンティティが生まれにくくなってしまいます。業歴が長かったり、業界内でも高い存在感を持っていた企業同士が合併した場合に、よく起こるケースです。統合する2社だからこそ実現できる価

値や、新会社のビジョンを明確に伝えるなど、社員への働きかけが不十分であることが考えられます。

　業歴に違いがある企業を買収した、ある企業の人事担当者は、買収先に対する先入観がPMIの進捗を妨げているという話をしてくれました。「相手企業は私たちをオワコン（終わったコンテンツ）と見ているが、私たちは相手企業を未熟な会社と見ている」など、相手先の企業や社員に対して先入観を持ってしまったそうです。こうした"意識の壁"ができると、建設的な対話を行うことが難しくなってしまいます。

⑧遠慮しすぎて進まないパターン：相手企業への忖度（そんたく）

　買われた側に対する遠慮から過度な忖度が生まれてしまい、PMIのプロセスにうまく巻き込めないケースもあります。日本企業は、お互いの面子（メンツ）を大事にし、「対等合併」を謳（うた）ってM&Aを進めることがよくあります。こうしたケースでは、「対等」という建前を重視するあまり、なぜM&Aを行ったのか、新しい組織はどのような成果を目指したいのか、といった踏み込んだ議論が欠けている場合があります。

　以上の8パターンは、これまで筆者らが目にしてきたPMIの典型的な失敗ケースです。実際には、どれか一つのパターンに絞られるものではなく、複数のパターンが組み合わさることで、統合が進まなくなり、シナジー創出を阻害していると考えられます。

残念なM&Aをもたらす日本的な事情

　これらの課題の背景として共通しているのは、どのような問題なのでしょうか。日本の雇用慣行にまつわるものとして、「コミュニケーション不足」「ダイバーシティ・マネジメントの経験不足」「M&A/PMIの経験不足」といった問題が考えられます。

コミュニケーション不足

　従来の日本企業は、社員の多様性が比較的低く、同質性が高かったので、多くを語らずとも通じ合えるハイコンテクストなコミュニケーション（現場の文脈や状況に寄りかかったコミュニケーション）が成立していました。社員同士、言わなくても「わかり合えている」と、察することを前提として物事が進められてきました。こうした組織では、「以心伝心、背中で伝えたことを、あうんの呼吸で、空気を読み、忖度する」文化が醸成されていきます。そのような環境では、あえて違いを明らかにして言葉を尽くして議論をしたり、じっくりと対話を重ねたりするコミュニケーションは敬遠されがちです[33]。

　多様な人種、国籍、文化的背景の人が集まっている多国籍企業などでは、シンプルで明確、ストレートな物言いのコミュニケーションが必要とされます。そもそも「わかり合えない」ことが前提で成り立っているからです。そのため、両者の立場の違いを明らかにし、どこまでが理解できて、どこからが理解できていないのかを探し当てるまで、時間をかけてコミュニケーションを重ねていきます。

　M&Aを通じて、異なる組織文化の企業と協働していくためには、従来の日本企業で多く見られた「ハイコンテクストなコミュニケーション文化」を見直し、「言葉で伝えるコミュニケーション」を実践していく必要があります。

ダイバーシティ・マネジメントの経験不足

　これまでの日本企業は、前述のようにメンバーの多様性が低く、多様性を活かすマネジメント、すなわち「ダイバーシティ・マネジメント」の経験が乏しかったともいえます。M&Aを通じて、別の組織出身の人たち（組織におけるマイノリティな方々）とどうやって一緒に仕事をしていけ

---

[33] 日本社会における対話の状況や捉え方については、北川達夫・平田オリザ（2008）『ニッポンには対話がない：学びとコミュニケーションの再生』（三省堂）に詳しいです。

日本企業が今後さらに取り組むべき課題（2018年）

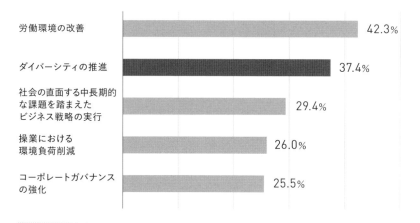

労働環境の改善　42.3%

ダイバーシティの推進　37.4%

社会の直面する中長期的な課題を踏まえたビジネス戦略の実行　29.4%

操業における環境負荷削減　26.0%

コーポレートガバナンスの強化　25.5%

日本企業が今後さらに取り組むべき課題として、「ダイバーシティの推進」は「労働環境の改善」に次ぐ、2番目の位置を占めています。日本企業のダイバーシティ・マネジメントに対する課題感は強いです

注：2018年10月に、一部上場企業に勤める2471名が回答
出所：PwC（2019）「コーポレートサステナビリティ：日本企業の長期的価値創造に向けて」

表層の多様性

外見的な特徴で確認がしやすい差異

年齢、性別、人種・民族など

深層の多様性

外見的な特徴から確認がしにくい差異

態度や信条、価値観、考え方など

近年日本でも働き方や労働観が多様化し、「深層の多様性」が高まっています。異なる組織文化を持つ企業が協業するM&Aでは、「深層の多様性」に対して配慮することがPMIをうまく進めるために重要です

出所：Harrison et al. (1998) "Beyond Relational Demography: Time and the Effects of Surface and Deeplevel Diversity on Work Group Cohesion" The Academy of Management Journal, Vol.41, No.1, pp.96-107

ばいいのかわからない人が多い、という問題もあります。**図表29**のように、PwC（2019）の調査によれば、「ダイバーシティの推進」は日本企業が直面する大きな経営課題の一つになっており、「労働環境の改善」に次ぐ、2番目に多い課題として挙げられています[34]。

多様性（ダイバーシティ）には、**図表30**のように、表層（年齢、性別、人種など、目に見えやすい特徴）と深層（価値観、考え方など、目に見えない部分）があるとされています[35]。表層は同じような特徴でも、深層が大きく異なっている場合も多くなってきました。しかし、深層の多様性については、目に見えないぶん、ダイバーシティ・マネジメントへの意識がどうしても薄れがちです。

PMIのプロセスでは、異なる考え方や文化背景の人々と一緒に働かなければならない状況が発生します。マネジメントやマネジャーは、ダイバーシティ・マネジメントの経験に乏しいことから、あえて違いに目を向けようとせず、放置してしまう傾向があります。違いが表面化したときに、マネジメントする自信がないともいえます。

しかし、残念ながら「村のなかに入ったのだから、放っておけば、そのうち村人になる」といったやり方はもはや通用しません。そもそも、**短期間で統合しシナジーを生み出せなければ、「時間を買う」ためにM&Aを行った意味がなくなります**し、多くの場合は放置する時間が長くなればなるほど、業績は悪化し、統合も難しくなります。

そして、文化や業務の進め方の違いを感じながらも、それらを扱わずに放置しておくことは、部下から見ると「問題解決に向けて取り組もうとせず、現場に丸投げしている！」という判断につながってしまいます。

---

[34] PwC（2019）「コーポレートサステナビリティ：日本企業の長期的価値創造に向けて」（https://www.pwc.com/jp/ja/knowledge/thoughtleadership/2019/assets/pdf/corporate-sustainability1907.pdf）

[35] Harrison et al. (1998) "Beyond Relational Demography: Time and the Effects of Surface and Deeplevel Diversity on Work Group Cohesion" The Academy of Management Journal, Vol.41, No.1, pp.96-107

M&A/PMI の経験不足

日本企業には M&A/PMI に慣れている人が少ないという点も、PMI プロセスを難しくしている要因です。特にマネジメント層や人事担当者に、M&A/PMI の経験がある人や、組織づくりの知識を持った人がいるかどうかは、PMI プロセスをスムーズに進める上で大きな違いを生みます。社内の実情をよく知る人材が、外部の専門家と連携して PMI を進めていくことができれば、M&A の成功率は大きく上がります。

また、日本企業では、人事担当者もジョブ・ローテーションで入れ替わることが多いため、PMI 経験者の知見が活かされないこともしばしばあります。貴重な経験を属人化させずに知識の継承につなげられるように、社内に PMI 担当部署を設け、専門性の高い人材を育成することも、M&A を経営戦略として機能させるためには重要です。こうした仕組みを整えることで、M&A や PMI を通じて発生する問題への免疫を高めることにつながり、PMI の精度が高まっていきます。

M&A/PMI は組織的な学習や、経験からの学習が活かせる領域です。実際、多くの M&A を行っている企業では、PMI や組織づくりの専門部署が設けられており、人と組織の統合を後押しする役割を担っています。例えば、楽天グループには楽天ピープル＆カルチャー研究所があり、人と組織の面から M&A 後の統合をサポートしています[36]。

本章では、M&A の成功を妨げている、PMI プロセスの「人と組織」に関わる課題について整理しました。PMI を成功させるために必要な、人と組織の観点からのアプローチが十分ではない状況が見えてきました。裏を返せば、PMI のクオリティを高めていくための、伸びしろが多いともいえます。次の第3章では、"組織づくりのレンズ"を通して、PMI を進めるために留意すべき基本的な考え方について見ていきたいと思います。

---

[36] 楽天ピープル＆カルチャー研究所の活動については、本書第7章で代表の日髙達生氏にインタビューを行っています。

人と組織の視点で進める
「M&A後の組織・職場づくり」

"組織づくりのレンズ" を通して見る

　前章では、なぜ「人と組織」に関わる問題が M&A の成功を阻む要因となっているのか、PMI プロセスの課題とはどのようなものなのかを見てきました。

　この第3章で、私たちは視点と立場を大きくずらします。今度は、企業の人事担当者、ないしは現場マネジャーなどの立場から M&A を見つめていきましょう。M&A 後の組織・職場づくりを進めるために、「人と組織」の課題にどのようなアプローチで解決を試みるのかを、前提となる理論とともに解説していこうと思います。いよいよ現場での実践編です。さあ、M&A の現場をのぞいてみましょう！

CHAPTER 3
人と組織の視点で進める
「M&A後の組織・職場づくり」

CASE

 八谷「M&Aが会社の成長を加速させるということは理解できたし、PMIの進め方が重要だということもよくわかったよ。面倒くさそうだけど、末永く勝つためには仕方がないよな。腹をくくったよ」

 三森「そうね。そのまま放っておいても組織は一つにならないし、時が解決してくれるとは、あまり期待できないと思っておいたほうがよさそうね。ところで、八谷さんは、M&A後はグローバル営業部の部長に、就任したのね。よかったじゃないの」

 八谷「おかげさまで、リストラにはならなかったよ（笑）。新設部署ということで、部員はアリノス、ビーネスト両方から来ているから、今後はタイプの違う2社の営業スタイルのいいところを残しながらやっていければと思っているんだ。でも、出身組織が異なる2つの会社のメンバーを、どのようにマネジメントしたらいいんだろう。現場のメンバーにM&Aの専門用語をひけらかしてみても、ドン引きされるだけだろうし……。彼らにとって大事なことは、統合の成果を実感できて、みんなが働き続けたくなるような組織・職場づくりができるかどうかってことだけだ」

 三森「そうね。私たちは、もう少し解像度を上げて、PMIを知る必要がありそうね」

　本章では、PMIのプロセスで発生する人と組織の課題を、"組織づくり（組織変革・組織開発）のレンズ"を通して見ることで、どのようなアプローチが可能になるのかを説明していきます。それにより、従来の施策に

どのような視点を加えていけばよいのか、M&A後の人と組織の統合に求められるものは何かを、読者のみなさんにご理解いただけると思います。

第1節「PMIの一般的なプロセス」では、そもそもM&A後の統合（PMI）プロセスはどのように進められるのか、PMIの一般的なプロセスと、本書で取り扱う領域についてご説明します。

第2節「M&A後の組織・職場づくりの視点」では、M&A後の組織・職場づくりのベースとなる、組織に対する"意図的な働きかけ"について述べていきます。

第3節「M&A後の『参加型組織づくり』の視点」では、特に買われた側の社員を巻き込みながら進める「参加（巻き込み）型の組織づくり」について考えていきます。

第4節「日本と海外のPMIはどう違うのか」では、米国のPMI研究のなかから参考となる事例をご紹介していきます。

PMIの一般的なプロセス

 三森「PMI というのは契約締結後、100日が勝負だといわれている そうよ」

 八谷「ひゃー、たった100日？」

 三森「100日以内に、企業を統合する準備をしていかなきゃならな いってことみたいね。鉄は熱いうちに打て、かしら」

 八谷「100日ということは3か月ちょっとだよね。今から3か月後、 俺らは、アリノスゲームの人たちと仲良く仕事をしているのか な？ 想像がつかないよ……」

 三森「まぁ、その先には長い道のりがあるから、まずは100日をめ どにくっつく準備をしなさい、ってことじゃないかしら」

PMIの「5つのステップ」

PMI（Post Merger Integration）とは、「M&A 後の企業同士の統合」を 意味します。M&A の成立後に、企業が統合した結果生まれる「シナジー （相乗効果）」を早期に実現し、業績を高め、企業価値を向上させることを 目的として、体系的に、かつ戦略的に企業同士を「結びつけること」に着 手します。

図表31のように、一般的に PMI は「準備ステップ」「変革実施ステッ プ」「定着ステップ」「発展ステップ」「クロージング・ステップ」の5つ のステップで進められます。

図表31　**PMIのプロセスはどのように進むか？**

Day 0 契約締結

| ～100日 | ～1年 | ～3年 | それ以降 |

準備
ステップ　→　変革実施
ステップ　→　定着
ステップ　→　発展
ステップ　→　クロージング・
ステップ

PMIのプロセスは、大きく5つのステップに分けることができます。Day 0と呼ばれる契約締結日の前から、PMIのアクションにすぐに取り組める準備を整えておくことで、必要な施策をスムーズに展開することができます

　最初の「**準備ステップ**」では、Day 0と呼ばれる契約締結日の前から、M&Aを通じて実現したいゴールやビジョン、PMIを進める際の方針や、どんなメンバーとどんな体制でやっていくかなどの統合プラン（100日プラン）を用意しておき、契約締結後すぐにPMIのアクションに取り組める準備を整えておきます。準備ステップは、M&A前の「準備体操」のようなものだとお考えください。

　締結日から100日までの「**変革実施ステップ**」では、M&Aの目的やゴールを関係者に丁寧に説明し、どのように統合を進めていくのか、PMIプロセスの全体像と統合プラン（100日プラン）を共有します。それぞれの企業のメンバーに「今後は、何を目的に、どのような組織を実現していくのか」を提示し、M&A後の新しい組織の形成に着手するのがこの時期です。

　その上で、まずは、事業が最低限維持できるよう、既存のやり方をある程度維持しながらも、統合プランに基づき、優先的に統合するべき領域から取り組みを始めていきます。

　100日以降、1年目までの「**定着ステップ**」では、変革実施ステップで取り組んだPMIを効果的・効率的に進めるためのアクションを、組織のルーティンとして定着させていく時期です。また、統合直後のアクションプランを行動に移した後、優先度はやや落ちるものの重要な領域、時間の

かかる領域の統合に取り組んでいきます。

　3年目までの「**発展ステップ**」では、初期的な統合を超えて、両社の経営資源を合わせた上で、より良い取り組みができないかを検討し、改善を重ねていきます。ここまでの PMI の進め方を振り返りながら、もう一段、高みを目指した PMI 戦略を考えることも必要になります。

　発展ステップ以降は、「**クロージング・ステップ**」として、PMI での必要な取り組みにめどを付けていく時期です。特に、合併を伴わない PMIの場合は、徐々にグループ経営的な視点が重要になってきます[37]。

PMI は「統合後 100 日」が勝負!

　PMI の 4 つのステップのうち最も重要なのは、統合前の「準備ステップ」と統合後100日までの「変革実施ステップ」だといわれています。**統合後 100 日が重視されるのは、一般的に社員が心理的に、システムや環境の大きな変化に耐えられるのが100日間だとされているからです。**それ以上の時間がかかると、疑心暗鬼に駆られたり、不安が増したり、あるいは「変わらなくてもいいんだ」というマンネリ感が生まれてくるのです。

　第2章で紹介したブリッジズの「トランジション」の考え方に照らしても、ニュートラルゾーンの期間があまりに長くなると、以前の所属組織と新しい組織の間で、心理的に「宙ぶらりんな状態」が長く続きます。これは、社員にとって多くのストレスを感じる期間になってしまうため、様々な問題を生み出します。変化についていけない人や、燃え尽きてしまう人が出てくるリスクが高まり、退職者が出たり、成果も出にくくなってきます。あたかも、ゴール地点を知らされずにマラソンを走るようなものです。ゴールが曖昧だと、体力に余裕があったとしても、いつまでこの状況が続くのだろうと、心が折れてしまいます。

　また、統合直後の時期は大きな変化が予想されるため、社員には心理的

---

[37] 第8章にインタビューを掲載した岡俊子氏（明治大学グローバル・ビジネス研究科 専任教授）からの示唆。

な葛藤はあれど、変わらなければならないという"危機感"もあるため、様々な変更を受け入れてもらいやすいということがあります。

　激しい変化があっても、変化の全体像や進むべき方向性を明らかにし、短期間のうちに一定の成果を上げることができれば、達成感や安心感が得られます。そうした小さな成功体験が、「M&Aをやってよかった」という前向きな意識を高め、その後の「定着ステップ」へのスムーズな移行につながります。そのため、100日間を目安に統合作業が行われることが多いのです。

　とはいえ、統合直後の「何がどう変わるかわからない」「自分の仕事がなくなってしまうかもしれない」といった不安な状態は、ストレスが大きいものです。この時期には、少しでも安心感を持ってもらえるよう、M&Aを通じて「変わるところ、変わらないところ」をきちんとアナウンスしておくことが何よりも重要です。

「最初の100日が重要」とはいっても、その間に統合作業を始められないこともあります。しばらくはグループ企業として以前と変わらない形で事業を継続し、何年か経って落ち着いたところで統合作業を始めざるをえない、というケースも少なくありません。また、統合までに時間をかけることが戦略的に適切というケースもあります。そうした場合は、M&A直後の時期に、今後どのようなステップで統合を進めていくのかなど、おおよその青写真を社員と共有しておくことで、その後の不安を軽減することができます。

　大切なのは、**明確な意図を持ってPMIに臨んでいくこと**です。買収したものの、統合後のプランがないためにPMIを「なんとなく」先延ばしにしたり、「M&Aの前後でまったく変化はありません」などの場当たり的な発言をしたりして社員を一時的に安心させたりしても、組織の統合はうまくいきません。M&Aが成立する前の「準備ステップ」の段階で、どのようにPMIを進めるのかを、入念に検討しておくことが大切です。

PMIのプロセスで扱われる8つの領域

　PMIでは、M&Aによって協働することになる2社（場合によっては複数社）の持つ経営資源が有効に作用し合い、新たな価値を生み出せるようにするため、様々な領域について統合作業を進めていきます。ここでは、PMIプロセスで扱われる主な領域について整理しておきたいと思います。

　PMIで特に検討が求められるものには、大きく分けて、①ゴールやビジョン、②経営・事業戦略、③財務目標、④組織体制・ガバナンス方法、⑤人事制度、⑥事業・業務オペレーション、⑦コミュニケーション・プラン、⑧組織文化の8つの領域があります。

　M&Aは、投資の規模が大きく、企業全体に影響を及ぼすものなので、PMIで検討が求められる領域も多岐にわたります。実際には、各領域ごとに買った側・買われた側のメンバーが集まり、分科会を組成して、具体的な検討を進めていくケースが一般的です。

①ゴールやビジョン

　M&Aを通じて達成したいゴールやビジョン、具体的な成果を言語化し、組織に浸透させる方策を検討します。具体的には、両社の経営層やM&A担当者、経営企画の担当者などが集まり、M&Aを活用して業界内でどんなポジションを獲得したいのか、自社の製品・サービスを通して顧客にどんな価値を届けたいのか、などを詰めていきます。

　ここで話し合われたゴールやビジョンが具体化され、経営・事業戦略や、業務オペレーションへとつながっていきます。大元のゴールやビジョンが曖昧だと、それに連なる戦略や業務オペレーションも曖昧なものになってしまいます。その意味でも、できる限り明確にすることが必要です。

②経営・事業戦略

　M&Aによって実現可能になる経営戦略や事業戦略を立案し、実行に移すための方策が検討されます。具体的には、両社の経営層や経営企画の担

当者らが、2社の経営資源を活かしてどのようなシナジーを創出するか、それを実現するためにはどんな戦略が必要か、などを話し合い、詰めていきます。ゴールやビジョンを実現するための、具体度を高めた打ち手を提示することになります。

2社が一緒になるからこそできることを、しっかりと戦略に落とし込み、シナジーを生み出すというメッセージを発信することが重要です。戦略面で2社間の調整が必要なことについても、十分に議論した上で、方向性を明確に示さなくてはなりません。

③財務目標

M&Aによって生み出されるシナジーが財務目標とどう紐づくのかを検討します。具体的には、両社の経営層や経営企画、財務部、現場の関連部署のメンバーが中心となって、シナジーを損益計算書に落とし込んでいく必要があります。明確な数値目標が設定されなければ、M&Aによって期待した成果を達成しにくくなり、成果が達成できたかも検証しにくくなります。財務目標と紐づけながら、結果を出すための行動目標も指標として見える化しておくと、実現可能性が高まります。

④組織体制・ガバナンス方法

2社が合併すると組織の体制が大きく変わるため、組織のマネジメントやガバナンス（組織運営の方針やルール）を構築しなおす必要も出てきます。両社の経営企画や総務部のメンバーが中心になり、必要な情報が過不足なく組織に共有されるように設計していきます。また、権限委譲を進めることで、M&Aによって生まれる変化に、現場が柔軟性を持って取り組んでいくことができます。

組織の体制をわかりやすく示すために組織図が作成されますが、その組織図と、実際の情報の流れが一致しないケースがあります。そうなると、組織図が有名無実化してしまいますので、現場の実情を踏まえながら、できるだけ情報の流れと一致するように注意します。

⑤人事制度

　給与体系の差異をどう埋めていくのか、人事評価制度や研修体制をどう再構築するかなど、2つの組織で異なる人事制度をどのように調整するかを検討・実行していきます。実際には、両社の人事部のメンバーが中心になり、それぞれの人事制度の特徴を踏まえて、どちらかに合わせる形になるでしょう。その際、給与や福利厚生については、著しい不利益変更が起きないように注意します。また、キャリア開発や研修体制などについても、両社で目線を揃えておく必要があります。

⑥事業・業務オペレーション

　2社の事業・業務オペレーション（事業や業務の進め方）が異なる場合、どちらに寄せるのか、新しくするのか、といったことを話し合い、オペレーションの重複を解消していきます。具体的には、両社の経営企画や関連部署のメンバーが集まり、それぞれのオペレーションを見える化した上で、最適な方法を検討していきます。

　オペレーションには、両社が大切にしている価値観や思いが反映されています。各社のオペレーションには一長一短があり、単純にどちらが良い悪いという議論で片づけることが難しい部分もあります。まずは、お互いがどのような価値観を大事にしながらオペレーションを策定しているのか、耳を傾け合うことが重要です。その上で、M&Aを通じて実現したいビジョンやゴールを達成するために、どのようなオペレーションが最適なのかという視点に立って、検討を進めるべきです。

⑦コミュニケーション・プラン

　M&Aは守秘性が高いため、M&Aが開示された直後に、一気に情報発信される形となります。そのため、社員や取引先などのステークホルダー（利害関係者）にM&Aについてどう伝えるのか、開示前からコミュニケーション・プランを練っておかなければなりません。

　具体的には、経営層やM&A検討チームが中心になり、どのタイミング

で、誰に、どのような情報を伝えるのかをあらかじめ明確にしておきます。特に社員は、突然 M&A を知らされ、混乱し、不安を感じているため、そうした不安感を軽減することがきわめて重要です。その際、マネジメント層からの全社に対する情報発信や、マネジャー層からの所属部署に対する情報共有など、段階的に、複数の方法で重層的に情報を伝えていくことで、抜け漏れなく、情報が浸透しやすくなります。

⑧組織文化

2社の組織文化の特徴を明らかにし、異なる文化をどのように融合していくかを検討・実行していきます。具体的には、両社の経営層や経営企画、人事部のメンバーが中心になって、まずは両社の組織文化の共通点や違い

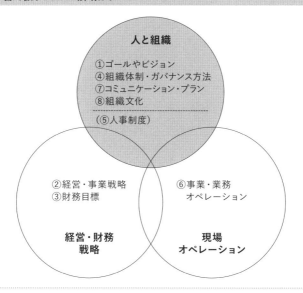

図表32　本書で扱う PMI の領域は？

人と組織
①ゴールやビジョン
④組織体制・ガバナンス方法
⑦コミュニケーション・プラン
⑧組織文化
（⑤人事制度）

②経営・事業戦略
③財務目標

経営・財務戦略

⑥事業・業務オペレーション

現場オペレーション

本書では「人と組織」の領域に含まれるコミュニケーションや組織文化といったソフト面のトピックを中心に扱います。ただし、人事制度についてはハード的な要素が強いことから、本書では扱いません

を明確にする必要があります。その上で、M&A後の新しい会社には、どのような組織文化が求められるのか、社員を巻き込みながら対話の機会を持っていくことで、納得感を醸成しやすくなります。組織文化の"ポジティブ面"は、企業のビジョンやミッション、大切にしている価値観などに明文化されていることが多いでしょう。しかし、組織文化の"ネガティブ面"は明文化されておらず、日々の業務における仕事の進め方や人間関係から垣間見えてくることがほとんどです。一度、棚卸をした上で、ポジティブな方向に変えていくことも必要です。

　以上、PMIプロセスで検討が必要とされる8つの領域について見てきました。本書ではこのうち、PMIで特につまずきやすい「人と組織」の問題、すなわち、①ゴールやビジョン、④組織体制・ガバナンス方法、⑦コミュニケーション・プラン、⑧組織文化、について主に扱っていきたいと思います。図表32にイメージを掲載します。

　なお、その他の領域については専門家が著した書籍も多く出版されていますので、ご興味のある方はご参照いただければと思います。

M&A後の組織・職場づくりの視点

八谷「統合後の目標や戦略、大まかな方針は経営層から説明がある
とは思うけど、現場で行う統合作業といったら、仕事の進め方を
どうするかとか、どうしても実務的なことになるよね。働きやす
い組織づくり、職場づくりのためには、何をすればいいんだろ
う？」

三森「組織づくり、職場づくりのために何か特別なことをする、と
いうことも重要だけど、その前に知っておいたほうがいいことが
あるわね。それは、どんな視点を持って、組織・職場でPMIを
進めていくのかってことよ」

八谷「えっ、難しそうだな」

三森「大丈夫よ。M&Aのような大きな変化に際しては、組織や職
場がどういう形で変わっていくかの見取り図を持っておいたほう
が安心でしょ」

　前章でも指摘したとおり、PMIとは、社会的役割が移行する際の移り
変わりの時期＝トランジション期にあたります。人は「変わる」ことが苦
手です。「宙ぶらりん」で「不安定」なトランジション期には、変化に対
する抵抗感から、不安や葛藤といったネガティブな感情が起きやすくなり
ます。どのようなPMIであれ、ほぼ例外なく「人と組織の問題」が起き
てしまうものです。PMIという組織の大移行期を乗り越え、新たな組織
としてさらに発展させていくためには、どうすればいいのでしょうか。

組織に対する計画的な働きかけ

　ここで参考にしたいのが、組織としての成果を高めるために、組織の制度や文化・風土、仕事のプロセス、メンバー間のコミュニケーションなどを意図的に変えていく「組織づくり」[38]のアプローチです。

「組織づくり」のアプローチについては、1940年代以降、社会を構成するメンバーの多様性が高かった米国を中心に研究が深められてきました。なかでも、「組織づくり」の基盤となる考え方として広く知られているのが、社会心理学者クルト・レヴィンによって提唱された「組織に対する計画的な働きかけ（Planned Change）」という考え方です。

　レヴィンは組織を「静的。固定化されたもの」ではなく、「動的。変化するもの」と考えました。組織というものは多様な考え方、価値観を持った人が集まって構成されています。組織は常に変化を続けながら、様々な価値観や考え方、経験を持った人々が協働し、成果を上げていくダイナミックな存在なのです。そんな問題意識で、レヴィンは「組織づくり」に向き合いました。

　そして、この、組織を変えるときには、どうしてもそこに混乱や葛藤が生まれます。そうした混乱や葛藤をそのまま放置していては、組織のパフォーマンスが落ちていくこともありえます。よってレヴィンは、組織変革を「計画的」に行うことを狙いました。**組織変革を「場当たり的」に行うのではなく、組織の状態を見える化し、課題を特定した上で、必要な施策に計画的・意図的に取り組むことを Planned Change（計画的変化）と**いいます。「Change（変化）」自体は、そもそも「計画的とはかけ離れた

---

[38]　本書は初学者向けということもあり、組織開発や組織変革に関するアプローチを「組織づくり」と簡易的に記しています。厳密には両者を使い分ける必要がありますが、概念をシンプルにすることで全体感をつかんでいただけるよう留意しました。ちなみに、組織開発とは「計画的な変革に際し、行動科学の知識を用いて、組織のなかで起こるメンバーのやりとりを対象にし、組織が適応し、革新する力を高めること」（Wroley & Feyerherm（2003）を参考に記載。中原淳・中村和彦著（2018）『組織開発の探究：理論に学び、実践に活かす』ダイヤモンド社などを参照）です。一方、組織変革とは安藤史江他（2017）『組織変革のレバレッジ：困難が跳躍に変わるメカニズム』（白桃書房）によると「組織の既存資源や要素を最大限生かしつつ、その結合の仕方を変えることによって新たな価値を生み出すべく（中略）不連続な変化を遂げること。その上で、変化を定着させること」です。組織開発・組織変革の内容については、本章コラム（116ページ）をご参照ください。

概念」であり、「混沌」であり「葛藤」そのものです。そこに「計画的」という言葉を付け加えることによって、レヴィンは、「組織を変えること」を意図的に、かつスムーズに行う意志を示しました。

M&Aに関しても、同様のことがいえます。それぞれの組織で大切にされている価値観や考え方、積み上げてきた経験も異なれば、M&Aに対しても、前向きな人、後ろ向きな人、これまでどおりの働き方を望む人、新しい組織で可能性を試したいと考える人など様々な考えの人がいますし、その考えも日々変わっていきます。組織のなかには、方向性が異なる、移ろいやすい、多様な人々が日々うごめいているわけです。そんなメンバーが、**M&Aを通じて実現したいゴールやビジョンを達成していくためには、場当たり的ではない、計画的、かつ意図的な働きかけが必要になってきます。**

前述のとおり、従来のPMIに対する取り組みでは、**現場で関わる人々の「心理的な納得感の醸成」という観点が希薄**だったように思います。経営戦略としては合理的なM&Aであっても、ある日突然巻き込まれ、当事者として向き合うことを余儀なくされた現場のメンバーからすると、そんなに簡単には気持ちを切り替えられるものでもありません。これまでの会社や職場、扱っていた製品やサービス、オフィスの雰囲気、自身の業務等々、愛着を持っていたものが急に失われてしまう不安や恐れが浮かんでくるのも当然です。こうした人と組織が抱える不安や恐れを、みんなが感じていたにもかかわらず、そこへの配慮がなされていない状況が、「もったいないM&A」へとつながる大きな要因であったように思います。

レヴィンは計画的な変化のプロセスとして、「**解凍 - 変化 - 再凍結**」という「**組織づくりの3段階モデル**」を提唱しました。これは、組織づくりを進める際に必要なステップをシンプルに表現しています。

次ページの図表33に見るとおり、「**解凍**」とは変革に向けての準備段階を指します。組織のメンバーが現在の組織の状態（課題）に気づいて、組織を変えたい、変える必要性があるという認識が高まってきます。「**変化**」とは、ゴール設定の段階です。組織が求める望ましい状態やゴールを設定し、それらの達成のために求められる行動を共有します。「**再凍結**」とは、

図表33　「組織づくりの3段階モデル」はどんなプロセスで進むか?

Step 1 解凍：準備	組織メンバーが現在の組織の状態（課題）に気づいて、変革の必要性が高まる
Step 2 変化：変革実施	新たな行動基準、新たな組織目線、新たな戦略ゴールを設定し、理解を共有して学習するプロセス
Step 3 再凍結：定着	組織メンバーに学習された内容（行動基準、組織目標）などが実践として定着し、習慣化していく。組織の日常的なルーティンとして定着するまで繰り返す

出所：中原淳・中村和彦（2018）『組織開発の探究：理論に学び、実践に活かす』（ダイヤモンド社）

定着・習慣化の段階です。「変化」の段階で検討した、組織として望ましい行動の定着と習慣化を目指します。

　レヴィンの「組織づくりの3段階モデル」を端的にいえば、「組織やメンバーの現状を把握した上で、あるべき姿や目指すべき方向性を明確にし、メンバー間で共有して、日々の行動に落とし込み、ルーティンとして定着させること」を指します。

　組織の変化への起点となるのは、組織やメンバーの状態を把握し、課題としっかりと向き合うことです。その上で、組織として目指す理想の姿は何なのか、その実現のためにどんな取り組みが必要なのかを、検討していきます。その結果、組織の現状と理想像との差が見える化され、取り組むべきアクションが明らかになっていきます。ただし、理想の実現に求められる新しい行動様式が一過性のものだと、大きな変化は生まれません。ルーティンとして定着して、初めて目指すゴールに近づいていきます。

　そのためにも、経営層などの一部の限られたメンバーだけではなく、社員を巻き込みながら検討を進め、全社的な変化の動きを生み出していく必要があります。単にトップダウンで指示をされても、社員は腹落ちしにく

いものです。少なくとも、求められる行動の背景にある理由や意図を丁寧に共有する必要があります。何をやるのかより、なぜやるのかを伝えることのほうが、重要なのです[39]。

「3段階モデル」をPMIプロセスに当てはめる

それでは、この「組織づくりの3段階モデル」をPMIに当てはめると、どうなるでしょうか（図表34）。

ステップ1：解凍

M&A/PMIのプロセスは、買収により2社が一緒になることで、どのようなシナジーが期待できるか、どんな体制で事業を進めていけるのかを、

図表34　「組織づくりの3段階モデル」をPMIに当てはめると?

Step 1 解凍：準備	**M&A前夜までに検討する問い** • M&Aの目的は何か? 2社の経営資源を使って実現したいゴールやビジョンは何か? • どのようなサポート体制でPMIを進めていくか? • 統合プラン（100日プラン）にはどのような内容を含めるか? • コミュニケーション・プランをどのような内容にするか?
Step 2 変化：変革実施	**M&A直後に検討する問い** • 社員や関係者にどんなメッセージを、どのように発信するか? • 組織としてPMIをどのようにサポートしていくか? • 出身組織が異なる社員同士の交流機会をどのようにつくるか?
Step 3 再凍結：定着	**M&A後3か月以降に検討する問い** • シナジーを生み出しやすい組織文化をどのように育むか? • 社員の退職とどのように向き合うか? • M&A/PMIからの学びを、どのように今後に活かしていくか?

出所：中原淳・中村和彦（2018）『組織開発の探究：理論に学び、実践に活かす』（ダイヤモンド社）をもとに筆者作成

---

[39] サイモン・シネック著、栗木さつき訳（2012）『Whyから始めよ! インスパイア型リーダーはここが違う』（日本経済新聞出版）では、人を巻き込んでいく上で「何をするかよりも、なぜするのか?」を伝える重要性について詳細に説明されています。

検討するところから始まります。その際、組織の状況を棚卸して、現時点の課題や、今後想定される潜在的な課題についても検討したり、PMI のプロセスをどう進めていくかも検討していきます。

ステップ2：変化

M&A 契約の締結後、実際に2社が一緒になり、PMI のプロセスが進んでいきます。そのプロセスのなかでは、お互いの組織文化や業務の進め方の違いなどから、たくさんの葛藤が生まれてきます。契約前に抱いていた、お互いに対するイメージ[40] が間違っていたと気づくのもこのタイミングからです。それらの葛藤をどのように解消していくか、シナジーを創出するためにどんなアクションが必要なのか、などが検討され、アクションプランが策定・実施されていきます。

ステップ3：再凍結

M&A を通じて実現したいゴールやビジョンを再確認（必要によって調整）し、それらの達成のために検討されたアクションを実行・定着させていくための期間です。新しい行動が定着し、組織文化として昇華されることで、変化の動きが加速していきます。

この段階では、M&A や PMI のプロセスを振り返り、そこで得た知見を明らかにし、今後の PMI のプロセスに活用したり、さらなる M&A を実施することに備えて、組織としての学びを蓄積しておくことも重要です。

いかがでしょうか。「組織に対する計画的な働きかけ」という観点で PMI を捉えると、組織を統合するために行うべきことが、非常に明確になります。本書では、PMI のプロセスに「組織づくりの3段階モデル」を適用し、検討を深めていきます。

---

[40] 第8章にインタビューを掲載した岡俊子氏（明治大学グローバル・ビジネス研究科 専任教授）は、このイメージのズレを「イリュージョン（幻想）」と表現されています。

M&A後の「参加型組織づくり」の視点

 八谷「なるほど。PMIをする際は、人と組織に対して意図的に働きかけることが大切なんだね。でも、経営側や買った側の会社からあれこれ働きかけられたら、かえって反発が起きる気がするけどな」

 三森「意図的に働きかける、といっても、買った側の意向をいたずらに押し付けるというわけではないのよ。買った側・買われた側の社員を巻き込みながら、じっくりと参加型で組織づくりをしていくのがポイントよ。意図的に、だけど、じっくりと。みんなを巻き込んで、地道に地道に、地に足をつけて実行していくのがPMIなの」

自らの手によって、組織をより良いものとする

　人と組織の観点からPMIを進めていく際、もう一つ押さえておきたいのが、社員を巻き込みながら組織づくりを進めていく視点です。ただ組織を変えるのではなく、組織内の人たちが「自らの手によって組織をより良いものとしていく取り組み」が重要になってきます。

　どれほど綿密に公平な制度や組織案が設計されても、経営層から、あるいは買った側から押し付けられた提案では、気持ちよく受け入れることはできません。PMIを納得感のある形で進めるためには、組織の内部の人たちが、葛藤を抱えるメンバーを巻き込みつつ、話し合いを重ねながら、ボトムアップで組織をまとめていこうとする「参加型」の試みが欠かせな

いのです。

　M&Aという手法は、投資の規模が大きく、マネジメント層の意思決定によってトップダウンで行われることが多いものです。また、情報の守秘性が高いこともあり、社員にとっては突然の「巻き込まれ事故」のような形で、PMIのプロセスが進んでいきます。自分自身の会社のことなのに、蚊帳の外に置かれていると感じてしまう社員が出てくるのも致し方ないことです。

　しかしながら、組織のなかで実際に製品・サービスを生み出し、それらを顧客に提供し、バックオフィスで会社を支えているのは、現場の社員です。その人たちを巻き込むことなしにシナジーを創出していくことは、きわめて困難です。M&Aの前後で会社の状況が大きく変わったとしても、社員には継続的にこの会社で働き続けたいという気持ちを持ってもらう必要があります[41]。M&A後の組織づくりのプロセスに巻き込み、丁寧なコミュニケーションを通じて情報が共有されることで、M&Aに対する理解や、求められる行動、新しい組織の一員という感覚が育ちやすくなります。

COLUMN #4

裏づけとなる組織づくりの理論——組織変革と組織開発

　本書では、M&A後の組織づくりの視点として、組織に対する「意図的な働きかけ」や「社員の巻き込み」を大事にすることを強調しています。この点については、専門知識がなくても読み進めやすいように簡易な表現を心がけていますが、「組織づくり」という言葉には「組織変革」と「組織開発」の要素が含まれています。

　組織変革（Organizational Change）とは、「組織の既存資源や要素

---

[41] 第8章で紹介する岡俊子氏（明治大学グローバル・ビジネス研究科 専任教授）がインタビューのなかで強調されていました。

を最大限生かしつつ、その結合の仕方を変えることによって新たな価値を生み出すべく（中略）不連続な変化をとげること。その上で、変化を定着させること」（安藤他、2017）[42] を指します。M&A は、一組織の枠を超え、複数の組織が協業することで新たな価値を創出するという意味で、組織変革そのものといえます。組織全体を見て、経営資源の再配置を促す必要があることから、マネジメント層や経営企画、投資担当の主導により、トップダウン型で案件が進んでいくことが多い手法です。

　それに対して、**組織開発（Organization Development）**は、「計画的な変革に際し、行動科学の知識を用いて、組織のなかで起こるメンバーのやりとり（プロセス）を対象にし、組織が適応し、革新する力を高めること」（Worley & Feyerherm, 2003 を参考に記載）です[43]。

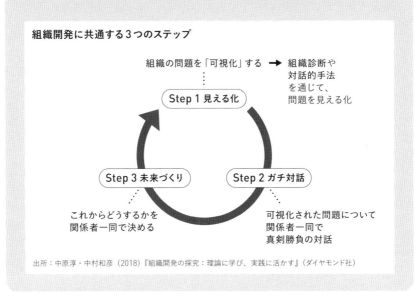

組織開発に共通する3つのステップ

組織の問題を「可視化」する　→　組織診断や対話的手法を通じて、問題を見える化

Step 1 見える化

Step 3 未来づくり
これからどうするかを関係者一同で決める

Step 2 ガチ対話
可視化された問題について関係者一同で真剣勝負の対話

出所：中原淳・中村和彦（2018）『組織開発の探究：理論に学び、実践に活かす』（ダイヤモンド社）

[42] 安藤史江他（2017）『組織変革のレバレッジ：困難が跳躍に変わるメカニズム』（白桃書房）
[43] Christopher G. Worley & Ann E. Feyerherm (2003) "Reflections on the Future of Organization Development" The Journal of Applied Behavioral Science, Vol.39, No.1, March 2003, pp.97-115

「組織開発とは、組織を WORK させるための意図的な働きかけ」（中原・中村、2018）とも表現されます[44]。前ページの図表のように、組織の状況を見える化した上で、今後の方針やアクションについて、関係者で対話を重ねながら決定し、未来に向けて実行に移していくイメージです。M&A の意思決定とは異なり、PMI のプロセスが現場メンバーを巻き込みながら進んでいかざるをえないことを考えると、メンバーの関係性に焦点を当てた「組織開発」のアプローチはきわめて重要です。

　次に、「組織変革」と「組織開発」の関係を以下の図表のように整理してみました。

　①のレベルは、M&A に関わる２組織間の財務制度や人事制度、情報システムといった仕組みを整えるとともに、戦略の整合性をとるなど、組織としての枠を整えていくプロセスともいえます。

　②のレベルは、M&A の目的やゴール、ビジョンとして設定したことを、現場レベルに落とし込み、組織全体として進む方向性を共有し

PMI と組織変革・組織開発のつながり

PMI のプロセスを通じて

① それぞれの企業が持つ経営資源を融通し活かし合いながら、

② 新たな価値を生み出せるように仕組みや体制を整え、

組織変革的な視座

③ その変化をメンバーの意識変化も促しながら定着させる必要がある

組織開発的な視座

[44] 中原淳・中村和彦（2018）『組織開発の探究：理論に学び、実践に活かす』（ダイヤモンド社）

ていくプロセスです。

　そして、③のレベルは、M&Aによる変化がもたらす社員の想いや感情にも寄り添いながら、様々な場面で生じる心理的な葛藤を社員参加型で乗り越えていきます。

　①〜③の３つのレベルを通して、安定してシナジーを出し続けられる仕組みや体制、メンバーの関係性を築き、新しい組織に定着させられるかどうかがポイントです。

日本と海外のPMIはどう違うのか

八谷「確かに、みんなを巻き込んで統合作業を進められたら、経営から押し付けられたと感じていたM&Aを、自分ごととして捉えられるようになるよね」

三森「そうね。そのためにも、みんなが納得できるような説明を重ねることが大切ってこと。M&Aの本場といわれる米国では、そのあたりも徹底してるって聞いたことがあるわ」

八谷「米国って、そんなにすごいのかい？」

三森「1年間のM&A件数が日本の4倍くらいあって、M&AやPMIに関する研究も、日本より進んでいるようよ。私たちも、そういった知見を取り入れれば、PMIをうまく進められるかもしれないわね」

　日本特有の文化的な背景がPMIをさらに難しくしていることは、第2章で述べたとおりです。では、海外におけるPMIとは、どのような点で違いがあるのでしょうか。また、海外のPMIにはどんな課題があり、その課題にどのように取り組んでいるのでしょうか。ここでは、海外のPMI研究のなかから参考となる事例をご紹介していきます。

米国のPMI研究から見えてくること

　米国の研究者ジャック・モートン（1967）によると、PMIの阻害要因、

すなわち「もったいない M&A」が生まれてしまう理由として、次の4つが挙げられています[45]。

①言語の違い（Language）
②地理的要因（Space）
③組織構造の違い（Organizational Structure）
④モチベーション（Motivation）

　ダナ・グリーンバーグら（2005）は、これらの4つの要素を踏まえ、その他の研究も引用しながら PMI への影響について詳しく検討しています[46]。以下ではグリーンバーグらの知見を引用しながら、「PMI を阻害する4つの課題」の一部を紹介します。

①言語の違い

　買った側・買われた側でそれぞれ使われている言語、専門用語、業界用語の違いが、PMI を妨げる原因になります。組織として、あまり多くを語らないハイコンテクストなコミュニケーションを取るか、言葉にしてはっきり伝えるローコンテクストなコミュニケーションを取るかも、ミス・コミュニケーションを生み出す原因です。

　また、国境をまたぐクロスボーダー M&A のケースでは、使用する主な言語の違いが阻害要因になることもありえます。加えて、M&A を遂行するために使われる言語が、慣れ親しんでいる言語と異なる場合、一方の組織（往々にして買われた側のメンバー）は非常にネガティブな反応を見せることがあります。

---

[45] Jack A. Morton (1967) "A systems approach to the innovation process: Its use in the Bell System" Business Horizons, Volume 10, Issue 2, Summer 1967, pp.27-36

[46] Danna N. Greenberg, Henry W. Lane, and Keith Bahde (2005) "Organizational learning in cross-border mergers and acquisitions". Stahl, G. K., & Mendenhall, M., E. (Eds.) "Mergers and Acquisitions: Managing Culture and Human Resources" Stanford University Press, pp.53-76

②地理的要因

　買った側・買われた側の地理的な距離も、PMI を進める際の阻害要因になりえます。社員同士の関係性やコミュニケーションの質は、いかに頻繁に顔を合わせ、やりとりをし、相互に関心を持ち合ったかによります。空間的な距離の近さは、社員同士の関係性を築くために重要です。ヘンリー・レインら（2004）によると、基本的な情報伝達のツールとして、電子メールや電話会議などを利用することができます。しかし、これらは、M&A によって新しく統合されたコミュニティの基礎となる「対人関係の構築」にはあまり役立たないといわれています[47]。

③組織構造の違い

　買われる側の部門・部署の体制や、管理階層などを含む組織構造は、デューデリジェンスの開始時から M&A に影響を与えます。デューデリジェンスを実施する主な目的の一つは、買う側・買われる側の企業間における「適合の度合い（fit）」を評価することです。しかし、レインら（2004）は、両社の組織構造に違いがあると、デューデリジェンスの過程で、買う側が、戦略的適合性と組織的適合性の両方を正確に評価できなくなる可能性を指摘しています。

④モチベーション

　社員は、雇用が安定的に継続されるか、役割に変化があるかを心配し、自分の利益を考えようとします。そのため、M&A によって環境が大きく変化する場合、モチベーションが低下してしまうケースが多くあります。このような不確実性や変化に対する縄張り意識は、同僚との知識の共有を妨げ、抵抗感を生み、他人がつくったものを否定する「NIH（Not Invented Here）症候群」と呼ばれる状態を引き起こす可能性があります。

---

[47] Lane, H., Greenberg, D. N., & Besdrow, I., (2004) "Barriers and bonds to knowledge transfer in global alliances and mergers". Lane, H, et al. "The Blackwell Handbook of Global Management: A Guide to Managing Complexity" Blackwell Publishing

このような問題に対しては、業績評価や報酬制度を工夫することで、知識を共有したり学んだりする意欲を促進することができます。

　以上、グリーンバーグらによる「PMI を阻害する 4 つの課題」についてご紹介しました。

　①言語の違いや、②地理的要因は、多国籍の企業間で M&A が行われることの多い欧米で、より顕著な課題といえるでしょう。ただ、これらの要因は、日本国内での日本企業における M&A にも当てはまります。こうした予想可能な障害を理解し、事前に対策を検討しておくことで、PMI の成功率を高めることができます。

海外のM&A/PMIの2つの特徴

　筆者らが調査した海外および日本の M&A/PMI の事例を比較すると、海外の M&A/PMI には、日本と異なる 2 つの特徴が見えてきました。

特徴 1：統合のスピードが速いこと

　慎重に段階的に融合を進めていくことが多い日本の M&A と異なり、海外の M&A は「統合のスピードが速い」といわれています。背景には、株主からの圧力が強く、短期的な成果が求められる事情があります。統合作業を一気に行うことで負荷をかけ、ある程度の退職者を先に出して人件費の圧縮を図り、利益率を高める狙いもあります。その一方で、残った社員に対しては、丁寧に文化的な統合作業、PMI を行っていく傾向が見られます。

特徴 2：買った側がリーダーシップを取ること

　「対等合併」にこだわる日本の M&A と異なり、海外の M&A では買った側・買われた側の力関係がはっきりした M&A が多いです。そのため、統合作業は買った側がリーダーシップを取って進めます。自ずと、買われた

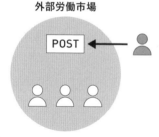

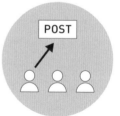

外部労働市場　　　　　　　　　　　　　**内部労働市場**

組織「外」の労働市場を積極的に活用し、ある役職に人材を就ける必要がある場合、転職やヘッドハントを通じて、人材を獲得する

組織「内」に労働市場が存在しており、ある役職に人材を就ける必要がある場合、基本的には、社内の人材があてがわれる。企業の戦略が変わったときは人に変わってもらう（Change Learning）

特徴
- 人材の流動性は高い
- 成果主義
- 必要な人材は組織外から獲得

特徴
- 長期的な雇用
- 年功序列的な評価
- 社内の人材を育成

側は買った側の組織文化に染まる形になります。両社で重複したポジションがあれば、退職を迫ることもしばしばです。

　こうした違いが生まれる背景には、日本と米国における労働市場の違いがあります。図表35のように、欧米では外部労働市場（Replace 型社会）が一般的ですが、日本では内部労働市場（Change Learning 型社会）が一般的です。

　外部労働市場とは、「戦略が仕事を生む」「仕事に対して人を就ける」という発想で、事業に必要な人材を社外から柔軟に採用します。端的にいえば、戦略に合わない社員は取り替えてもよい（Replace）という考え方です。転職も一般的で、労働者の流動性が高いため、急速な統合がしやすい環境にあると考えられます。

　一方、内部労働市場とは「戦略と組織は別」「戦略が変わって仕事が変わったら、その仕事ができるような人になってもらう（Change Learning）」といった発想で、社内の人材を配置転換し育成することで、

必要な人材を調達します。すなわち、今組織にいる社員に、なんとか変化してもらい、同じ会社で活かそうとする考え方です。そのため、組織に人を置き、時間をかけて統合作業を進める必要があると考えられます。

　また、欧米では、買った側と買われた側の立場を比較的はっきりさせる傾向がありますが、日本人のメンタリティとして面子にこだわって忖度するところもあり、はっきりと立場の違いが出ることを避ける傾向があります。そのため、合併直後には労働条件や組織、制度などについての変更点を明らかにせず、しばらくは曖昧にしたままで統合が進められていくケースも少なくありません。

　こうした点を考えると、M&Aはこれまでの日本の雇用慣行に必ずしも合っていないところもあるといえます。しかし、日本企業が成長のスピードを速めるためには、M&Aという選択肢を有効活用し、確実に価値を創造するための、**日本企業に合ったPMIの進め方を模索していく必要があ**ります。

　以上、第3章では、PMIで「人と組織」の課題を解決するために重要となる"組織づくりのレンズ"についてご紹介しました。"組織づくりのレンズ"を通してPMIを見ると、必要となる様々な打ち手が見えてきたのではないかと思います。

　第4章からは、M&A後の組織・職場づくりを進めるためのポイントを、実際のM&A/PMIの流れに沿ってお伝えしていきます。

〈解凍〉
M&A前夜に
取り組むアクション

「人と組織」の視点でPMIを準備する

ここからの第4〜6章では、第3章でご紹介した組織づくりの理論を踏まえて、実際のM&A/PMIの流れに従いながら、PMIのプロセス、なかでも「人と組織」の課題を解決するための具体的なアクションについて、読者のみなさんに共有していただきたいと思います。

この第4章は、「組織づくりの3段階モデル」のステップ1〈解凍〉にあたります。PMIをスムーズに進めるために、M&A契約が結ばれる前に、買う側の企業が準備しておくべきことや、買われる側企業への買収精査（デューデリジェンス）の際に確認しておくべき点など、特に押さえておくべきアクションについてご説明します。

CHAPTER 4
〈解凍〉
M&A 前夜に
取り組むアクション

CASE

八谷「アリノスゲームとの具体的な統合作業がいよいよ始まり、俺も現場マネジャーとして統合作業に関わることになりそうだよ。ところで、三森さんは、この M&A 案件にいつから関わっていたの？」

三森「半年くらい前からよ。でも、人事評価制度をどうするか、給与制度の違いは何か、といった制度の話が中心だったわね。人と組織の統合に関してどのような課題がありそうか、といったことはあまり検討されることはなかったわ。PMI を進める体制についても、そういう体制づくりが必要だね、という話にはなったのだけど、くっついてみれば落ち着くところに落ち着くでしょう、みたいな楽観論もあって、残念ながら具体的な検討はされないままになっちゃった……」

八谷「そうなんだ……。M&A を企画・実行するメンバーも大変だったと思うけど、M&A がオープンになって以降、現場は大混乱になってるから、M&A に関する情報共有や、PMI の進め方の体制とか、前もって準備できるところは準備しておいてほしかったな」

PMI とは、M&A の契約が結ばれた日（Day 0：デイゼロ）の直後から、数年にわたる、長い時間がかかるプロセスです。それが奏功するためには、契約が結ばれる以前の準備段階でどれだけしっかりと取り組めるかにかかっています。そして、この段階で入念に準備しておくことは、2組織の統合のために難しい舵取りが迫られるマネジャーたちの負担を少しでも減

らすことにつながります。「PMIも準備が8割」なのです。

　本章では、下記の4つの観点で、M&A前夜に必要な取り組みについて理解を深めていきます。

　第1節の「目的とビジョンの明確化」では、M&Aを戦略的にどのように活用していくのか、得たい成果が何かを明確にしておくことが、PMIに取り組んでいく際にも重要だということをお伝えします。

　第2節の「統合プランの策定」では、PMIにおいて重要だといわれる統合プラン（いわゆる100日プラン）の重要性を再確認するとともに、実際にどのような観点から統合プランを作成すればよいのかを論じます。

　第3節の「PMIを進める体制づくり」では、M&Aがオープンになった後、PMIの進展によって関わる人たちが増えていくなかで、どんな体制をとればPMIがスムーズに進んでいくのかについて検討します。

　第4節の「組織文化デューデリジェンス（CDD）の実施」では、両社の組織文化の観点から適合度を探る、組織文化デューデリジェンス（Cultural Due Diligence）の重要性について論じます。米国では一般的に用いられている手法ですが、日本ではまだ広まっているとはいえません。PMIを円滑に進める上で、どのような観点で組織文化デューデリジェンスを活用できるのかを考えます。

　本章は、M&Aがオープンになる前の準備段階のアクションについて主に述べています。その意味では、経営層や投資担当、経営企画担当の方々向けの内容ともいえます。もちろん、現場のマネジャーにとっても、M&A/PMIを進める際にどのような準備がなされているのかを理解しておくことで、PMIのプロセスに効率的・効果的に取り組むことができるようになります。

目的とビジョンの明確化

八谷「合併の話が速報ニュースで流れた後、経営層からは『ニュースのとおりです』と言うだけで、しばらく何のメッセージも出なかったから、社内はかなり混乱していたよね。部下からも『上から、何か聞いてますか?』『八谷さん、絶対なんか知ってるでしょ……教えてくださいよ』とか聞かれて困ったよ」

三森「大混乱だったわね。私のほうにも問い合わせがたくさん来て大変だったわ。社内向けにどんなメッセージを送るべきか、事前にしっかりと準備しておけばよかったわ……」

目的とビジョンの説明がなぜ重要なのか?

　PMI の準備を進める第一歩は、この M&A は何のために行うのか、M&A によって何を実現させたいのかを、社内の誰もが理解できるように明らかにすることです。つまり、改めて「M&A の目的とビジョンを明確にすること」が求められます。特に、社員や取引先などの関係者(ステークホルダー)に対して、M&A という戦略をとる妥当性について、納得感を持って伝える必要があります。

　そもそも、なぜ「目的とビジョンの明確化」が必要なのでしょうか。それは、M&A の目的やビジョンについての説明が、人と組織に大きな影響を与えるからです。人は、目的や将来の見通しがなければ、なかなか成果の出る行動に向かわない生き物です。また、先の見えないものや、目的が見出せないものに意欲を持って取り組めるほど、人は強くありません。す

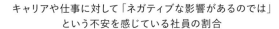

図表36　社員はM&Aにどの程度不安を感じているか？

キャリアや仕事に対して「ネガティブな影響があるのでは」
という不安を感じている社員の割合

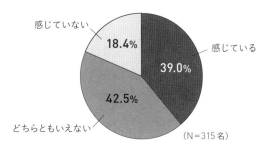

感じていない　18.4%

感じている　39.0%

42.5%

どちらともいえない

（N＝315名）

買われた側社員の39.0％は、M&Aが自身のキャリアや仕事に対して「ネガティブな影響があるのでは」と不安を感じています。マネジメント層から早いタイミングで、不安感を払しょくするための情報共有を行う必要があります

出所：立教大学経営学部 中原淳研究室 PMI研究プロジェクト（2021）「M&A経験調査」

ぐに不安を感じたり、心がざわついてしまうものなのです。このことを調査結果を交えながら、見ていきましょう。

　第一に、前述のように、M&Aとは多くの場合「秘め事」であり、経営者やマネジメント層などごく一部の人たちで進められます。したがって、社員がその事実を知るのは、M&Aが開示された直後のタイミングということが多いと思います。

　ほとんどの社員にとって、自社のM&Aのニュースは寝耳に水です。どのような形で伝えられたとしても、動揺を与えるニュースであることは間違いありません。

　図表36のとおり、買われた側企業の社員の39.0％は、M&Aが自身のキャリアや仕事に対してネガティブな影響があるのではないか、と不安を感じています。マネジメント側から、できるだけ早いタイミングで、不安感を払しょくするための情報共有を行う必要があります。

社員に最初に伝えるべき情報とは？

　大部分の社員にとって最大の関心事は、「自分の会社がどうなるか」「自分の職場がどうなるか」「自分の仕事がどうなるか」「自分がどうなるか」の4点に集約されます。

　この4点がはっきりしない状態では、不安が収まらず、疑心暗鬼になり、落ち着いて仕事を進めることができません。特に、自分の仕事と自分自身がどうなるかということについては、関心が強いものです。そのため、M&A直後の説明では、まずは、社員にとって最も関心が強い事柄に関して、「何が変わって、何が変わらないか」、その時点ではっきりしていることだけでも伝えることが重要です。

　このとき、「メンバーの異動」「オフィス移転」「部署の再編」など、大きな変化を伴う可能性のあるネガティブな情報も、確実性が高いものであれば、合理的な理由を添えた上で伝えるようにします。ネガティブな側面も含め、積極的に情報を開示する姿勢が、信頼関係を維持することにつながります。

　M&A後に組織文化の大きな違いを感じて退職されたある方は、「100日プランの提示もなく、PMIプロセスの全体感がつかめなかった。情報が錯綜して、方針も二転三転して、確認にも時間がかかり、中間管理職だった自分が現場から怒られた」と、難しい立場に置かれた経験を話してくれました。

　M&A直後の慌ただしい状況のなかで、情報の確認や共有にかけられる時間は限られると思います。しかし、現場に近づくほど情報は少なくなり、社員の不安感は増していきます。必要な情報共有の一つひとつを丁寧に行うことで、社員の不安が軽減されることは間違いありません。

　しかし、実際のM&Aでは、これが十分になされていません。筆者らの調査では、図表37にあるように、M&Aについて買われた側（所属企業）の経営層から自社の社員に対して説明があった割合が68.6％、買った側（実施企業）からは53.0％と、経営層からのメッセージが発信されていな

買われた側経営層からの説明

説明なし 31.4%

説明あり 68.6%

買った側経営層からの説明

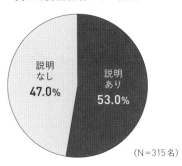

説明なし 47.0%

説明あり 53.0%

（N＝315名）

買われた側（所属企業）からの説明は68.6％、買った側（実施企業）からの説明は53.0％と、経営層からのメッセージが発信されていない事例も少なくありません。説明があると、M&Aの意図や必要性について社員が認識しやすくなります

出所：立教大学経営学部 中原淳研究室 PMI研究プロジェクト（2021）「M&A経験調査」

いケースも少なくないことがわかります。

　前述のとおり、人は、共通の目標や見通しが共有できて初めて協働することができます。異なる人々が「同じ風景＝未来の会社の姿」を具体的にイメージできることは、きわめて重要なことなのです。そのためにも社員に必要な情報を過不足なく共有していく必要があります。

　M&Aを何度か経験している、ある企業の担当者は「組織の出自は違いますが、見ている世界が一緒ならば、なんとかなります。M&Aにおいては、見ている世界の方向に目を向けさせるっていうのがポイントなんじゃないかな」と語っていました。ゴールイメージとして持っている「見ている世界」こそがビジョン（Vision：見ること）です。そのビジョンをいかに鮮明に共有できるかが重要です。

　次ページの図表38は、買った側・買われた側の経営層から、M&Aに関する説明がどの程度あったか（横軸）と、M&Aが必要だったと強く感じている社員の割合（縦軸）の関係について示したものです。買われた側

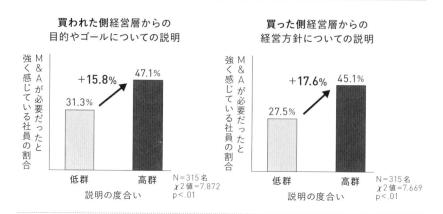

図表38　経営層からの説明は M&A の納得感にどう影響するか？

買われた側経営層からの
目的やゴールについての説明

M&Aが必要だったと強く感じている社員の割合

31.3%　　+15.8%　　47.1%

低群　　高群
説明の度合い

N＝315 名
χ2値＝7.872
p＜.01

買った側経営層からの
経営方針についての説明

M&Aが必要だったと強く感じている社員の割合

27.5%　　+17.6%　　45.1%

低群　　高群
説明の度合い

N＝315 名
χ2値＝7.669
p＜.01

買われた側・買った側企業の経営層から説明があると、M&Aが必要だったと強く感じる
社員の割合が多くなります

出所：立教大学経営学部 中原淳研究室 PMI 研究プロジェクト（2021）「M&A 経験調査」

の経営層から M&A の目的やゴールについて充実した説明があると、説明が不十分な場合と比べて、M&A が必要だったと強く感じている社員の割合が15.8％ポイント多くなっています。一方、買った側の経営層からは、M&A 後の経営方針について充実した説明があると、M&A が必要だったと強く感じている社員の割合が17.6％ポイント多くなっています[48]。

見失われがちなM&Aの目的とビジョン

このように目的とビジョンの提示は、働く人々に深い影響をもたらして

---

[48] 買われた側・買った側企業の経営層から、M&A の実施の経緯、達成したい目的やゴール、今後の経営方針、M&A 前後での組織運営における変化の有無についての説明が、それぞれどの程度あったかを質問紙調査で確認しました。その際、M&A の必要性を強く感じる社員とあまり感じない社員の割合の差が大きい質問項目を抜粋して、記載しました。

しまうものです。それではなぜ、目的とビジョンが現場に説明されないまま、PMI が進められてしまうケースがあるのでしょうか。

それは、次の３つの要因が複雑に絡み合ってしまうからです。

① M&A プロセスは守秘性が高く、現場への情報共有が後手後手になりやすい。
② M&A という戦略は、経営層や経営企画など、限られたメンバーの検討によって進んでいくことから、現場に対して積極的に情報共有しようという意識が希薄化しやすい。
③ M&A が進むなかで、気がつくと、M&A の実行そのものが目的化してしまい、M&A を通じて実現したかったビジョンやゴールが共有されないまま、M&A/PMI のプロセスが進んでしまう。

M&A とは本来、経営戦略の手段の一つです。企業が既存事業の成長スピードを速めたり、新規事業に挑戦してビジネスの多角化を進めたりする際に活用されるものです。または、事業を整理し、製品・サービスの「選択と集中」を行ったりする目的でも活用されます。

しかし、「対象企業のデューデリジェンスを重ねるうち、実は技術優位性がそこまで高くないことがわかった。しかし、検討にかけた時間と費用を考えると、損失回避のために M&A を中止できなくなってしまった」など、いつのまにか当初の目的が失われ、「M&A のための M&A」になってしまうことが珍しくありません。

一般的に M&A を１件成立させるには、莫大な時間とコストがかかります。いったんディールに入ってしまうと、当初の想定とは異なる材料が出てきても、中止しにくくなる傾向があります。そうならないよう、本来はディールが始まる前の段階で「M&A の目的とビジョン」を明確にしておくべきです。それが結局は、社員に対して目的とビジョンを語るときにも役立つのです。

目的とビジョンを社員に明示する際に伝えるものとして、例えば次の6点が考えられます。

> ①このM&Aの目的（得たい成果）は端的にいうと何か？
> ②M&Aに踏み切った意思決定の背景には、どのようなものがあるか？
> ③具体的にいうと、どのようなシナジーの創出を期待しているのか？
> ④M&Aを実行することで、業界内でどのようなポジションを獲得したいのか？　顧客にどのような価値を届けたいのか？
> ⑤M&Aは社員にどのような成長機会をもたらすのか？
> ⑥どのような時間軸で、PMIのプロセスを進めていくのか？　マイルストーン（道しるべ）になる大きなイベントは何か？

　こうした問いに対する答えを、M&Aが始まる早い段階から何度も繰り返し検討しておくことで、M&Aが目的から逸れた形で進むのを防ぐことができます。また、経営層やM&Aの担当者がこれらを一連のストーリーとして語れるようにしておくことは、M&A直後に買った側・買われた側の社員への説明を行う際にも役立ちます。

　そして、担当部署や外部専門家による買収精査（デューデリジェンス）が進み、買われる側の会社情報が追加で取得できた後、M&Aがオープンにされるまでの間に、M&Aの目的やビジョンをアップデートしておくことが重要です。

早期のビジョン提示がなぜ必要なのか？

　関係者に対しては、M&Aが一般にオープンになったタイミングで、速やかに説明を行う機会を持ち、過不足のない情報共有を行うことが、PMIをスムーズに進めるための土台となります。M&Aから時間が経てば経つほど、情報が共有されないことに対する不信感は大きくなっていき、その

後の PMI が難しくなります。

　M&A によってシナジーを創出するためには、これまでの業務の進め方についてのルーティンを崩す必要があり、それには業務オペレーションの面でも、心理的な面でも大きな負荷がかかります。

　2 社が協働することによって得られるシナジーを理解・共感し、「これまでのルーティンを崩してでも、シナジーを発揮しよう」という信念と意欲がなければ、シナジーを生み出すことはできません。組織というものが人によって構成されている以上は、単に M&A を行っただけでシナジーが生まれることはありません。**シナジーとは、そのなかにいる人たちがシナジーをつくる方向性を持って仕事をして、初めて生まれるものなのです。**

　社員としても、M&A を通じて会社はどのようなゴール、ビジョンを目指しているのか、自分たちはどのように業務の進め方を変え、シナジーを創出することが求められているのか、に関する説明がなければ、期待される方向に進んでいるのかどうか、判断することができません。社員がM&A を通じて目指す方向性や期待される立ち居振る舞いを明確にするためにも、M&A を通じて実現したいゴールやビジョンについて説明することが重要なのです。

　ビジョンを早期に提示するためには、M&A がオープンになる前に、何をどう伝えるのか、しっかりと時間をかけて、ビジョンを伝えるための"ストーリー"を用意しておかなくてはなりません。また、誰に対してどのような形で情報を伝えていくのか、事前にコミュニケーション・プランを十分に練っておくことが重要です。

目的とビジョンをどう伝えるか？

　M&A の目的とビジョンを明確にしておくことが重要、といっても、単に「さらなる事業成長のための M&A」「販路拡大のための M&A」など、M&A の目的を漠然と言葉にするだけでは、その目的をどのように実現するのか、実現したらどうなるのか、そのために何をすればいいのか、どう

取り組めばいいのかがわかりません。ゴールや、そこにたどり着くまでのイメージが伝わらないので、歩調を合わせて進むことができないのです。

　そもそも、別々の組織に属していた社員が一緒になるわけですから、組織文化や価値観は異なるものです。それらの社員に同じゴール、同じビジョンをイメージしてもらうためには、具体的かつ詳細な説明が必要になります。そこで活用したいのが、「目的やビジョンをストーリーで伝える」という方法です。

「物語モード」でメンバーを巻き込む

　M&A を進めていく際には、経営上やらなければならないことだと頭では理解できても、心では納得できない、といった場面に何度も遭遇します。長年親しんできた社名を変更する、会社のロゴを変更する、オフィスを移転する、部署名を統一する。「仕方がないことだと理解はしていても、どこか心がついていかない」。納得感を伴わない状態では物事は前に進んでいきません。そこでカギとなるのが「ストーリー（Story：物語）」です。

　なぜ、人の心に共感や納得感を生むために「ストーリー」が有効なのでしょうか。心理学者ジェローム・ブルーナーは、人が現実を認識していく際には 2 つのモードがあるとしています。それは「論理実証モード（Paradigmatic mode）」と「物語モード（Narrative mode）」です[49]。「論理実証モード」とは、論理的な整合性を保ち、科学的な検証を行うことによって、客観性や数値化を意識し、合理的に理解を促す認識の仕方です。M&A により「企業価値が何％上がりそうだ」「収益率が何％上がりそうだ」といったことは合理的に理解できる話です。

　一方で、「企業価値や収益率が上がるから買収は当然、という経営戦略上の妥当性は理解できるけれど、心情として合併には納得がいかない」ということもあります。また、「合併することはわかったけれど、具体的に今後、事業がどう変わっていくのか想像もつかない」といったこともあり

---

[49] Jerome Bruner (1987) "Actual Minds, Possible Worlds" Harvard University Press

ます。そうした場合、「物語モード」のほうが、現実味・迫真性・納得感をもたらすことがあります。

　物語モードでM&A後の組織を語るとは、２つの組織が経験してきた「これまでの出来事（過去）」「いま現在起こっていること（現在）」、そして「近い将来、２つの組織が合併後に経験する出来事」の連鎖を「意味づけていく（Sense Making）」モードです。

　例えば、「100年続くお煎餅メーカーであるA社は、今、高齢化の波にのまれ、これまでどおりのことを国内だけでやっていると、先細ってしまう。次の100年も、愛されてきた伝統の味を守り発展させるため、アジアパシフィックに販路を持つB社と合併し、アジアでも愛されるお煎餅メーカーを目指したい」などといった語りは、必ずしも論理的・合理的でなくとも、心情的に共感できるため、社員としては納得感を持って事実を受け入れやすくなります。

　また、M&Aに関わるこれまでの出来事の連鎖を意味づけていき、これからどうなるのか、その先をストーリーとして語ることは、一連の流れを疑似体験することにつながり、聞いた人に共感を生み出します。真実味があり、納得感を与えるストーリーは、M&Aに対する信頼感や安心感を生み出すことにもつながります。また、あえて曖昧さを残すことで相手に想像させたり、考えさせたりする余地を与えることができ、「ただ言われるがまま」ではなく、主体的にM&AやPMIについての検討を促せるというメリットもあります。当事者として社員を巻き込むきっかけになるという意味では、**ストーリーを語ることは、組織づくりにおいても重要なツール**といえます。

M&Aの推進力となる「ストーリーづくり」

　M&A以前から、こうした「ストーリーづくり」を行っておくことは、M&A後の流れをシミュレーションすることにもなり、どのような形でM&Aを進めていくのかを考えていく上でも役に立ちます。

　その際にポイントとなるのは、２社の「これまで」「いま」「これから」

をストーリーに組み込む、ということです。これらが明確に示されたストーリーは、統合後の組織が向かう先、ビジョンを伝える地図となり、PMIを進める際のパワフルな躍進力となります。その意味で、「ストーリーづくり」の際に避けたいのは、次の3点です。

①「これまで」を否定するストーリー
②「いま」がわからないストーリー
③「これから」が見えてこないストーリー

「これまで」「いま」「これから」の3つが見えないストーリーは「曖昧なストーリー」です。「曖昧なストーリー」は、かえってPMIを進める際の妨げとなってしまいます。

　M&Aの状況によっては、買われた側のメンバーが、「これまで自分たちが取り組んできたことが否定されてしまった、ダメだったんだ……」と自信を失っている可能性もあります。そんなとき、買った側から「従来の取り組みは時代錯誤なので、最先端の技術を用いながら改革を進めていきます」というメッセージが発せられたとしたら、買われた側で一生懸命働いてきた社員の反感を買うことは必至です。仮に、事実として改善の余地があるものだったとしても、買った側としては、これまでの取り組みに対する敬意をまずは表す必要があります。

　また、今、M&Aがどのような状況にあるのか、今後、どのようなステップでPMIのプロセスが進んでいくのか、自分たちの業務にはどのような影響があるのかについての情報が含まれていない場合、社員の不安感は大きく高まります。そもそも自分たちの雇用は維持されるのか、特に業務の継続や変化に関する内容については、決まっていることをしっかりと共有することが、社員の安心感を醸成することにつながります。

　そして、M&Aという現場に対して変化を強いる手法を取るからこそ、M&Aを通じて期待される成果や達成後のビジョンを、夢を持って語る必要があります。仮にそのビジョンが、M&Aを用いなくても達成できるも

のであったとしたら、現場で大きな負担を強いられる社員は M&A という戦略に対して、共感することができません。これからの PMI の道筋についても、どのような体制で、どのような進め方で、いつまでに、どのような成果を目指すのかを明確にすることで、社員にとっても初めて、M&A のプロセスに取り組む必要性やこれからの流れをイメージすることができるようになります。

　M&A は（上場企業の場合は特に）情報の守秘性が大事にされることから、M&A に関する契約が締結され、プレスリリースが出された時点で、社員は初めて自社の M&A を知らされるということも少なくありません。M&A の性質上、情報の守秘性を維持しなければならないのは仕方がないことではありますが、関係者、特に買われた側の社員に動揺を与えることは避けられません。突然 M&A について知らされて生じる動揺は「自分たちはこの先、どうなるのだろう」といった不安に変わります。そして、「自分たちのあずかり知らないところで、こんな話が進んでいたとは……」などと経営層への不信感につながります。そうした M&A に対するネガティブな感情が強く残ったままでは、PMI で取り組む必要がある施策に対しても、前向きに臨むことができません。早い段階で、社員の M&A に対する認識をポジティブなものに変えていく必要があります。

目的とビジョンを伝える説明会の開催

　次ページの図表39のように、M&A 直後に買った側の経営層から M&A についての説明機会を持つことで、社員は組織との強い絆を早期（6 か月以内）に感じる割合が高くなります。「社員に対して説明をする」という姿勢が、自分たちが大事に扱われているという認識につながることで、会社との絆を感じるのです。

　それでは、具体的にどのような形での情報提供が望ましいのでしょうか。情報を過不足なく伝えられるという意味では、文書などによる情報提供もありえますが、やはり現場に最もインパクトをもたらすのは、思いや感情

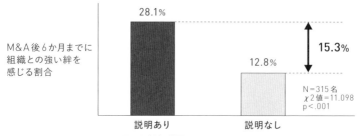

M&A後6か月までに
組織との強い絆を
感じる割合

28.1%

12.8%

15.3%

N＝315名
χ2値＝11.098
p＜.001

説明あり　　　　　　　　説明なし
買った側経営層からのM&Aに関する説明

> 買った側経営層からのM&Aに関する説明がある場合、M&A後6か月までに
> 組織との強い絆を感じる社員の割合が大きく増加します。買われた側の社員と
> しても、自分たちが大切に扱われているという想いが高まることが考えられます

出所：立教大学経営学部 中原淳研究室 PMI 研究プロジェクト（2021）「M&A 経験調査」

を直接伝えられる（顔が見える形での）説明会の開催です。

　会社の規模にもよりますが、説明会は、M&A後できるだけ速やかに、全社向け、マネジャー向け、マネジャーによる職場向け、さらには、買った側の社員向け、買われた側の社員向け、顧客向け……など様々な対象者に向けて様々な形で、多層的に行うことが重要です。

　対象者や説明者が変わることには、メリット・デメリットがあります。例えば、トップが全社向けに行う「**一斉型**」の説明会と、トップからマネジャー、マネジャーから職場への2段階で行う「**カスケード（段階）型**」の説明会では、図表40のような違いがあります。

　「**一斉型**」は、全社員に情報を一度に伝えられるので、誤った情報が伝わりにくく、トップの想いや感情をダイレクトに伝えられるというメリットがあります。ただし、一方向の情報発信の形式になりやすいため、詳細な情報を伝えにくく、概要的な説明になってしまいます。また、個別の内容について質疑応答がしにくいというデメリットも抱えています。

　他方、「**カスケード（段階）型**」では、マネジャーがM&AやPMIにつ

	メリット	デメリット
一斉型	• 全社員向けに同じ情報を一度に伝えることができる（誤った情報が伝わりにくい） • トップの思いや感情をダイレクトに伝えられる	• 詳細な情報を一度に伝えにくい • 細かい内容についての質疑応答がしにくい
カスケード型（段階型）	• マネジャーにM&Aについて理解してもらった上で、各職場で理解されやすい説明を行うことができる • 各自が知りたい詳細な内容についての質疑応答ができる	• マネジャーが正しく理解していないと、現場に誤った情報が伝わる可能性がある • 間接的な情報となり、マネジャーが答えられない質問が出る場合もある

一斉型とカスケード（段階）型には、それぞれメリット・デメリットがあります。デメリットを補えるように、複数の方法を用いながら情報共有を進めていく必要があります

いて正しく理解できている場合、それぞれの職場で伝わりやすい内容や話し方を調整して共有することができます。一斉型に比べて、少人数で行われることが多いので、質疑応答にも時間を割きやすくなり、社員に対してより細やかな対応ができます。ただし、マネジャーがM&AやPMIに対して深く理解できていない場合、誤った情報が現場に伝わるおそれもあります。そうなってしまうと、現場の混乱や経営層・マネジャーに対する不信感を引き起こしてしまいます。また、社員から質問が出ても、マネジャーが回答できることが限られている場合、社員の不安感が払しょくされないリスクもあります。

　どの対象者から説明会を行うべきなのか、何回どのような形で行うべきなのかは、それぞれのケースに応じて異なります。ただ、同じ情報でも「誰が、どのタイミングで、誰に、どの立場で伝えるのか」によって、語られ方は変わってくるものです。このことを踏まえ、あらかじめコミュニケーション・プランを用意しておくと、スムーズに進めることができます。

ポイントは、組織のすべての人々が「(M&A後の自分たちの会社・職場の将来について)同じ風景を見る」ことです。それが実現できるように、丁寧に説明することをおすすめします。

説明会以外のコミュニケーション手段は?

M&Aについての十分な情報共有を図り、シナジーを創出していくためには、説明会を開催するだけでは十分ではありません。その他の様々な手段を用いて、M&Aの目的とビジョンを社内に繰り返し伝えていく、「インナー・コミュニケーション(組織内コミュニケーション)」の努力を惜しまないことが重要です。情報共有の手段には、説明会以外にも様々なものがあります。図表41にまとめてみました。

M&Aを継続的に行っている、ある企業では、M&Aを通じて得られたポジティブな成果を、社内報で積極的に共有しているそうです。M&A後に、人と組織の統合が成しとげられるようにするためには、もともとの出身組織を主語にするのではなく、統合後の新会社について「わが社とは、どのような会社なのか」を、社員が語り、繰り返し確認し合う必要があります。その社員が語り、確認し合うプロセスが積み重なることで、統合後の新会社の実像が形づくられていきます。様々な手段を使ってM&Aの目的やビジョンについて重層的に伝え続けていくことは、常に「わが社とは、どのような会社なのか」を社員に問いかけ、組織のなかに語り合う機会を生み出すことにつなげるためなのです。

ある企業でPMIに取り組まれた方は「グループ各社の理解を深めるために、半期に1回総会を開いています。また朝会も開催し、マイノリティになりがちなグループインした企業の話も聞くようにし、『仲間入りした』という感覚を強めてもらうようにしています」と、単なる情報共有だけではなく、新しい組織の一員なのだ、という感覚を強めてもらうために、総会や朝会を活用しているとのことでした。

情報提供について検討する際は、

	非対面 （オンライン、掲示、冊子など）	対面
全社単位	●トップからのメッセージを伝えるメールや動画配信、ブログ、SNS ●トップのメッセージや統合の取り組みなどを伝えるマスメディアを通じた発信 ●2社の沿革やM&A後のストーリーを伝える文章やマンガ、イメージ動画など ●人物や職場、事業内容や統合の取り組みなどを伝える社内広報メディアの発信 ●「One ○○」「チーム○○」など、メッセージを伝えるスローガンやロゴ、ポスター	●トップや2社の社員が集まる対話集会（タウンホール・ミーティングやワークショップ）
部署単位	●ミドルマネジャー、ラインマネジャーからのメッセージを伝えるメールやチャット ●冊子などを活用した、お互いのメンバーの紹介・共有	●統合した職場・チーム内での業務内容やメンバー紹介を行うワークショップや対話
1対1		●会社の方向性と個人のキャリアの方向性について対話する、マネジャーと部下との1 on 1

M&A後は、非対面・対面、全社単位・部署単位・1対1と、形態や範囲を工夫しながら重層的に情報共有を続けていくことが重要です

- 何を（What）
- どのような手段で（How）
- 誰から（from Whom）
- 誰に（to Who）

　伝えるかを意識しながら、マルチチャネルによる複層的な情報提供に取

り組む必要があります。

　ひと口に「社員」といっても、人によって関心を持つ部分は異なってきます。仕事のやりがいを気にする人もいれば、給与などの待遇面が気になる人もいるので、情報発信の機会を複数持ち、共有する内容についても、多面的な情報を織り込むことを心がけたいものです。

M&A直後に起きやすい「ジレンマ」状況

説明を通じてジレンマの状況を回避する

　M&A後は、買われた側が従来持っていた"規範"や"暗黙の前提となっていた価値観"と、買った側が持つ新しい"規範"や"暗黙の前提となっている価値観"との間で、社員が揺らぐ時期です。例えば、買われた側では「顧客満足度重視」だったものが、買った側では「利益重視」になると、業務のなかで社員に対して求められる行動も、おのずと変わってきます。こうした、2つの矛盾する価値観によって板挟みになる状態を「ジレンマ」といいます。M&A後はこうした状況に陥りやすく、社員がどう動いていいかわからず、精神的に疲弊しやすい時期です。

　このようなジレンマに陥ることを防ぐためには、M&A直後の宙ぶらりんの時期に、できるだけ早い段階で、新しい組織で大切にする規範・価値観が的確に伝わるよう取り組んでいくことが重要です。その際は、会社の方向性やM&Aによって期待されるシナジーについて伝えるだけでなく、このM&Aにはどのような意味があるのか、M&Aによってどのような価値を生み出したいのかを、ストーリーとして伝えていく必要があります。「伝統的な職人の技と最先端のテクノロジーの融合によって、新しい価値を日本だけでなく世界に届けたい」

「ジレンマ」を防ぐ取り組みが重要

もともとの
所属組織の
規範・価値観

M&Aの
実施企業の
規範・価値観

M&Aの意図や期待、望ましい立ち居振る舞いを説明することで、
動きやすくしてあげる

など、**買われた側のどの部分に価値を見出し、どの部分を残し、どの部分を変えてほしいのかを前向きに伝えるストーリーを示すこと**が、2つの価値観の間での混乱を和らげることにつながります。

　また、「お互いの会社の良いところを残しながら新しい職場をつくっていってほしい」「お互いにコミュニケーションを取り合いながら統合作業を進めてほしい」など、「どのような行動を取ってほしいのか」「どう振る舞ってほしいのか」についても具体的に伝えていくことで、思考停止して動けなくなることを防ぎます。M&A後に期待する行動を社員が取れていない、と経営層やマネジャーが感じるとき、社員からしてみると、**期待される行動がどのようなものなのか、理解できていない、伝わっていない可能性**もあるのです。

　現在感じている不便さや手間を補う以上のものが未来に期待できなければ、社員は行動を起こそうとしません。会社としてのメリットを伝えるだけでなく、現場の社員にどんなメリットがあるのか、どんな可能性が広がっていくのかも合わせて語っていく必要があります。

　こうした、もともとの組織が大切にしていた、深い価値観の共有を進めていくためには、普段の業務進捗を確認するためのミーティングの場ではなく、別途、社員間の対話や相互理解を中心にしたワークショップなどの場が有効です。

統合プランの策定

八谷「そもそも統合プラン（100日プラン）はきちんと作っていたの？」

三森「統合プランは一応作られていたけど、部署をどう統合するか、システムをどちらに合わせるか、評価や報酬の制度をどう変更するか、といった形式的なことが中心だったわ」

統合プランがなぜ必要なのか？

M&A専門家の間では以前から、M&Aを進める上で、PMIの全体像や実施ステップを明確にした「100日間の統合プラン」、いわゆる「100日プラン」を策定しておくことの重要性が語られています。

あらかじめ「統合プラン」を策定しておくことは、PMIをスムーズに進められるだけでなく、特にM&A実施直後の混乱しがちな時期に、場当たり的ではない、整合性が取れた対応が取りやすくなるというメリットもあります。

しかし、実際には、統合プランが策定されないまま進められるM&Aもあります。たとえ統合プランがあったとしても、社員に統合プランが提示されないケースも少なくないようです。

図表42のように、M&A経験者のうち統合プランのようなPMIのプロセスに関する全体像を作成しているのはわずか33％、残りの67％は作成していなかったと回答しています。場合によっては、社員への提示はなくとも、M&Aを主導するメンバーのなかでは、統合プランが共有されてい

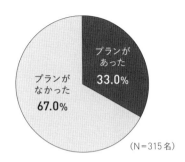

プランが
あった
33.0%

プランが
なかった
67.0%

(N＝315名)

> 回答者の67.0％が、統合プラン（100日プラン）の
> ような全体像の提示がなかったと答えています

出所：立教大学経営学部 中原淳研究室 PMI研究プロジェクト（2021）「M&A経験調査」

た可能性があります。ただ、同じように具体的に記述されたものではな
かったとしても、PMIのプロセス（グランドスケジュール）を伝える、
全体感のある資料を社員に明示する、といったことで、社員の「行く先の
見えない不安感」は抑えやすくなります。そうした情報の共有がなければ、
社員は「置いてけぼり」にされている感覚を持ってしまうのです。

　まず、統合プランがない場合、どんな不都合が生じるのでしょうか。こ
こでは、統合プランの有無が、その後の統合プロセスにもたらす影響を見
ていきたいと思います。

　次ページの図表43に示したとおり、**統合プランがある場合は、ない場
合に比べて、日々の業務のなかでシナジー創出（統合にまつわるメリッ
ト）やコスト削減を特に意識して意思決定している群が、約15％ポイン
ト高くなっています。**統合プランがあることで、シナジー創出に向けた意
識づけが行われていることが読みとれます。

　また、図表44のとおり、**統合プランを準備することは、各シナジーの
創出にもプラスの影響があることがわかりました。**統合プランがある場合
は、ない場合と比較して、買われた側の社員についてシナジーが発揮でき

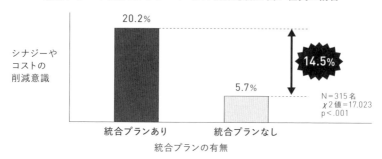

統合プランの有無とシナジーやコスト削減意識が高い社員の割合

シナジーや
コストの
削減意識

20.2%

5.7%

14.5%

N＝315名
χ2値＝17.023
p＜.001

統合プランあり　　　統合プランなし

統合プランの有無

統合プランを作成することで、社員の意識が変わり、シナジーやコスト削減を進めようという意識が生まれます

出所：立教大学経営学部 中原淳研究室 PMI 研究プロジェクト（2021）「M&A 経験調査」

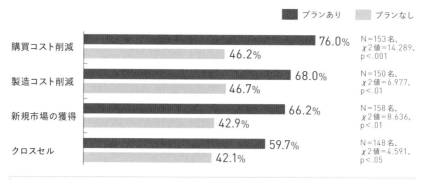

統合プランの有無とシナジーが発揮できていると認識している社員の割合

■ プランあり　　■ プランなし

購買コスト削減　　76.0%　46.2%　　N＝153名、χ2値＝14.289、p＜.001

製造コスト削減　　68.0%　46.7%　　N＝150名、χ2値＝6.977、p＜.01

新規市場の獲得　　66.2%　42.9%　　N＝158名、χ2値＝8.636、p＜.01

クロスセル　　59.7%　42.1%　　N＝148名、χ2値＝4.591、p＜.05

統合プランがあるほうが、シナジーが発揮できているという認識が高くなっています。特に、購買コスト削減、製造コスト削減、新規市場の獲得で差が大きくなっています

出所：立教大学経営学部 中原淳研究室 PMI 研究プロジェクト（2021）「M&A 経験調査」

ていると認識している群が、17〜30％ポイント程度高くなっています。

統合プランをどのようにして策定するか

統合プラン策定の目的は、M&A後、現場が混乱することなく、統合に向けてスムーズに動き出せるようにするための基盤づくりです。PMIの全体像とともに、統合に向けての実施ステップや全体スケジュール、想定される課題や取り組む必要がある施策などを「統合プラン」としてまとめておけば、M&A後、即座に統合作業に入ることができます。

統合プラン策定時に含める項目

では、どのような統合プランを策定しておけばいいのでしょうか。端的にいえば、M&Aを通じて実現したい成果やシナジーを生み出すために、誰が、いつまでに、何をするのかが、過不足なく明確になっている必要があります。例えば、統合プランに必要な具体的な要素は次のとおりです。

〈統合プランに含める内容〉
① PMIの全体スケジュール
② PMIの実施ステップ
③ PMIを進めるにあたって想定される課題（例：業務統合が必要な部署での調整）
④ 取り組む必要がある施策（例：PMOメンバーの選定、各分科会の設置、分科会メンバーの選定など）
⑤ PMIに関わる人と体制（社内、社外、取引先など）

両社の組織統合を進めていく上で、財務面やシステム面、人事面や総務に関連する規定などの仕組みの面を合わせることはもちろん重要です。しかし、形式的な部分をいくら合わせても、それを実際に運用する人々のM&Aや相手先社員に対する心理的な受容感・納得感が高まっていかなけ

れば、どんなに精緻に統合プランを作成したとしても、「絵に描いた餅」に終わってしまいます。M&Aに対する、買った側・買われた側の社員の納得感をいかに高めることができるか、その取り組みも、統合プランに織り込んでおく必要があります。いわば、社員の心理的な側面に関わる施策の策定にも、取り組む必要があるのです。

このような統合プランをM&A以前から策定しておくことで、次のようなメリットが得られます。

- ディール全体で必要な施策を認識できる
- 関係者間で必要な取り組みについて共有できる
- 場当たり的・部分最適ではない対応ができる

どんなに崇高なゴールやビジョンを描いても、その実現につながる実際の行動が欠けていては、期待する成果を得ることはできません。「絵に描いた餅」で終わらせるのではなく、現実の景色を変えるための設計図として、統合プランを活用していく必要があります。

統合プラン策定時に考えておくべきこと

統合プランの策定は、案件ごとに状況も異なるため、絶対の正解はありません。ただ、次の項目を文言化しておくことで、当事者間で認識のズレが少ない統合プランを策定することができます。

〈統合プラン策定時に考えておくべきこと（策定の前提）〉
①私たちは何者か？（アイデンティティの問題）
- ミッション（使命）、ビジョン（達成したい世界）、バリュー（大切にしている価値観）で含めたいメッセージは何か？

②何を成果として、どう見える化するか？（財務会計・情報システム）
- 財務会計・管理会計は、どのような仕組みで運用するか？

- 情報システムは、どのような仕組みで運用するか？

③事業統合については、何から始めて、何を目指すか？（中期計画）
- 事業統合に関する中長期的なグランドスケジュールやマイルストーンをどう設定するか？

④私たちの組織・組織文化をどうするか？（組織）
- どのような組織体制・組織文化を目指していくのか？
- メンバー同士の関係性はどのような状態を目指していくのか？

⑤どのように評価を行い、誰に報いるか？（評価・報酬）
- 人事制度は、どのような仕組みで運用するか？

とはいえ、初めての M&A の場合、統合プランの策定は、どうやったらいいのかわからないものです。**図表45**のように、PMI の一連のプロセス

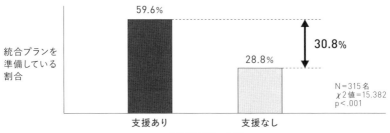

図表45 **統合プランを準備する上で、外部専門家は有効か？**

外部専門家の支援の有無と統合プランを準備している割合

統合プランを
準備している
割合

59.6%

28.8%

30.8%

支援あり　　　　　支援なし
外部専門家の支援

N＝315 名
χ^2 値＝15.382
p＜.001

外部支援者が関わることで、統合プランの策定がよりスムーズに進みます。社内の M&A に関する知見の貯まり具合に応じて、外部支援者の活用を検討するのも一案です

出所：立教大学経営学部 中原淳研究室 PMI 研究プロジェクト（2021）「M&A 経験調査」

に知見がある内部・外部の専門家を有効に活用することで、統合プランの社員への共有が進めやすくなるということもわかっています。

PMIのプロセスに外部専門家からの支援がない場合は、統合プランの社員への提示は28.8％に留まっていますが、外部専門家からの支援がある場合、59.6％まで高まります。

楽天のM&A/PMIのプロセスを人と組織の面からサポートする、楽天ピープル＆カルチャー研究所代表の日髙達生氏も、「PMIのシナリオ、イメージ、パターンはいくつか持っています。ただし、必要な取り組みをいつ実施するのが最適かは、流動性（案件ごとの個別性）が高いです」と述べておられます。PMI支援の専門家としてグループ全体、かつグローバルに数多くの案件に関わるなかで、案件の個別性を考慮し、進め方を検討していく重要性を強調されていました。

PMI を進める体制づくり

三森「M&A を中心になって進めていたのは経営企画部だけど、M&A のクロージングをした Day 1 後、急に『あとの統合作業は HR と現場のマネジャーでやってください』と言われて困ったわ。企業合併した途端に、あとはよろしくって言われてもね」

八谷「こっちなんて、いきなり PMO（統合プロセスを管理する部署）に入ってくれ、なんて言われて困ったよ。これまでの経緯も知らないし、そもそも、PMO の役割すら、よくわからないんだから。もう、冗談じゃないよ。経営企画は無責任だよな……」

PMI の体制整備がなぜ必要なのか？

PMI を進める上では、PMI プランを準備するのと同様に、どういう人がどういった役割で関わり、進めていくのか。すなわち **PMI を進める体制を明確にしておくことも重要**です。本節では、PMI を進める体制の有無が、その後の統合プロセスにもたらす影響を確認していきます。

M&A 後は、統合プロセスを管理する部署（PMO：Project Management Office）を設置したり、社内の専門部署や社外の専門家に参画してもらったりと、PMI のサポート体制を整備することが求められます。しかし、次ページの図表46からもわかるように、こうした**専門部署を設置して統合プロセスを進めているケースは半数以下**（「不明」という回答を除く）に留まることがわかりました。また、社内専門部署や社外専門家の関与も限られていることが明らかになりました。

統合プロセスをサポートする部署の設置状況

半数以下

統合管理部署の設置　46.9%
（N＝213名）

社内専門部署による支援　40.6%
（N＝197名）

社外専門家による支援　32.6%
（N＝175名）

PMIをスムーズに進めるには、統合管理部署を設置したり、社内専門部署や社外専門家のサポートが重要です。しかし、半数以上がこれらの支援なしで統合プロセスを進めています

注：「不明」という回答は除いた
出所：立教大学経営学部 中原淳研究室 PMI研究プロジェクト（2021）「M&A経験調査」

M&A後に、シナジーやコスト削減を生み出そうとする意識が高い人の割合

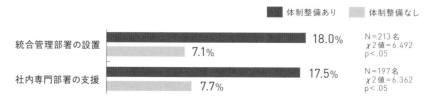

■ 体制整備あり　□ 体制整備なし

統合管理部署の設置　18.0%　7.1%
N＝213名
$\chi2$値＝6.492
$p < .05$

社内専門部署の支援　17.5%　7.7%
N＝197名
$\chi2$値＝6.362
$p < .05$

PMIのサポート体制が整備されることで、社員のなかにシナジーを最大化しようという意識が高まり、事業における意思決定がなされるようになります

出所：立教大学経営学部 中原淳研究室 PMI研究プロジェクト（2021）「M&A経験調査」

　PMIを進める体制の整備がなぜ必要なのでしょうか。また、それがきちんと確立されていない場合、どのような不都合が発生するのでしょうか。

　図表47のとおり、統合を進める体制が整備されているほうが、シナジーを最大化する方向性で意思決定がなされる度合いが高まることがわ

かっています。これは、体制を整備することが、M&Aの目的を明確に伝えることにつながり、シナジーを最大化しようという意識を高めた可能性があります。

シナジー創出を期待してM&Aに取り組むとしたら、PMIのプロセスを進めるために、体制の整備に投資を行うことが重要です。

前述のとおりPwCの調査（2019）でも、**M&A成立後、PMIのプロセスに総投資額の６％以上を投資することで、価値創出の度合いが大きくなりやすいという結果が出ています**[50]。M&Aは、株式を取得することが目的ではありません。M&Aを通じて協業する２社の経営資源を活かすからこそ可能になる価値創出のタイミングをマイルストーンと考え、そこまで投資を計画する必要があります。

PMIを進める体制をどう整備するか

統合プロセスを進める上では、M&A後の統合を管理する部署や、社内の専門家チーム、社外の専門家によるサポートなど、PMIを進める体制を整備することが、シナジー創出のために効果的だということが示されました。では具体的に、PMIをどのような体制で進めていけばいいのでしょうか。

まず、次ページの図表48のように、**PMIを進める中心的な存在として、PMIプロセス全体を管理する部署（PMO：Project Management Office）を設置します**。実質的には、事業統合を行う各担当部署から選出された担当者が統合作業の当事者となります。また、統合を進めるにあたっては、「社内」の組織づくりに関する専門家チームや、「社外」の組織づくりに関する専門家を活用することで、よりスムーズな統合を進めることができます。統合を進める体制を整え、それぞれの役割を認識して進めることで、M&Aを通じて得られる成果が高まります。

---

[50] PwC（2019）「Value Creation in Deals：ディールの先の価値創造を見据えて」（https://www.pwc.com/jp/ja/services/deals/value-creation-deals.html）

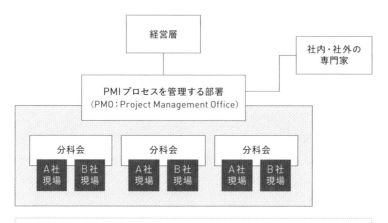

PMIプロセスを管理するPMOを設置するとともに、統合する2社間で事業の機能ごとに分科会を設置し、詳細を詰めていくケースが多いです

〈統合をサポートする担当者〉

「社内」の組織づくりに関する専門家チーム

- 社内コンサルタントのような関わり方で組織づくりを支援する
- 一般的ではないが、独立チームを設ける企業も増えている
  （例：ヤフー、パナソニックなど）
- 社内にいるため、タイムリーな支援が可能

「社外」の組織づくりに関する専門家

- PMIのプロセス全体を俯瞰した上で、社外からサポートを実施
- 関係者間のしがらみを超え、本質的なサポートがしやすい

　M&Aに積極的に取り組む、ある企業の担当者は、社内の専門家チームの育成について「CEO、CFO、数名の意思決定で動き出しますが、コーポレートとしてのM&A部門に、ノウハウの集約が進んでいます。だいぶ、

体系的に動けるようになりました」と語ってくれました。M&Aの経験を属人的なものにせず、社内にノウハウを集約・蓄積していくことも、体制を整えていくための大事なプロセスです。

PMO担当者に求められる資質とは？

PMIのプロセスをマネジメントできる専従メンバーがいると、プロセス全体をよりスムーズに進めることができます。では、統合の実務を中心となって進めるPMO担当者には、どのような知識や資質が求められるのでしょうか。必要と思われるのは、主に次の4点です。

---

①経営的な側面から、M&Aの意味や期待されるシナジーについて理解していること。

②人的資源管理の知識を持っていること（人事、労務など制度的なことを知っていること）。

③ファシリテーションや組織づくりの知識やスキル、経験があり、関係者を巻き込んだ合意形成に長けていること。

④組織のなかで一目置かれる存在であること（顔が広く、社内の各部署にネットワークを持っていて、信頼されていること）。

---

①については、M&Aがシナジー創出を含めて、事業の競争力向上を意図して行われる以上、ビジネスの観点から意思決定やアクションを行えることが重要です。そのような背景もあり、M&Aは、経営層の直下にプロジェクトチームを組成したり、経営企画が主導したりすることが多くなります。

②については、M&Aにより2社が統合する場合は特に、物理的に法人の数が減ることになるため、制度的な変更も大きくなります。人事や労務などのバックオフィス業務に関しても、統合によってどのような影響が生じてくるか、どのような調整を図る必要があるのかについて、理解してい

るメンバーが求められます。

③については、PMI のプロセス、現場に心理的な葛藤が生じることから、社員を巻き込んだ組織づくりに関する知識やスキル、経験があると、PMI のプロセスが進めやすくなります。結果としては、トップダウンで進めるのと同様な施策であったとしても、検討や情報共有のプロセスに社員を意識的に巻き込めるかどうかで、社員の協力度合いも大きく変わってきます。

④ PMI のプロセスを進める際、買った側・買われた側の利益が衝突することがあります。不利益が発生してしまう場合に、組織の実情をよく理解し、各部署にもつながりが多い人が意思決定に加わることで、難しい決断が進めやすくなります。出身組織が異なるメンバーとのコミュニケーションも増えるので、初めて会ったときにも「この人は信頼できる」と思ってもらえるような人間的な魅力を備えていることも重要です。

①〜④については、必ずしも一人の担当者がすべての資質を備えている必要はありません。人それぞれ、得意・不得意があるものなので、メンバーのキャラクターや強みを把握した上で、PMO を組成できると、PMI の取り組みがより進めやすくなります。

M&A 前後の体制移行に注意！

PMI を進めるにあたっては、担当者間の役割分担と連携が重要です。特に、投資（株式取得）の前後で担当者が交代する場合は、しっかりとコミュニケーションを取り、引き継ぎを行う必要があります（図表49）。通常、M&A 契約の締結前（Day 0 前）には、投資担当者や社外の M&A 専門家が中心となって、M&A 成立までの投資検討や実務作業を進めますが、Day 0 以降は、PMO が中心となって PMI を進めていくことになります。その際、投資担当者や社外専門家らが一定期間 PMO に入って PMI に関わるのが理想です。それが難しい場合は、M&A の目的とビジョンを含めた統合プランを PMO に確実に共有していく必要があります。

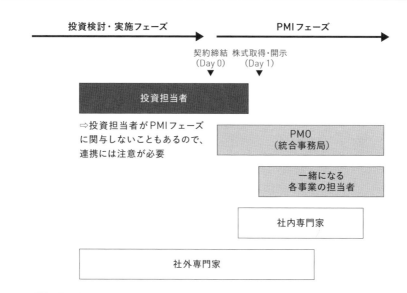

図表49　**M&A前後の体制移行をスムーズに行うには?**

投資検討・実施フェーズ　　　　　　　　PMIフェーズ

契約締結　株式取得・開示
（Day 0）　　（Day 1）

投資担当者

⇨投資担当者がPMIフェーズ
に関与しないこともあるので、
連携には注意が必要

PMO
（統合事務局）

一緒になる
各事業の担当者

社内専門家

社外専門家

担当者間の役割分担と連携が重要です。特に、投資前後に担当者が入れ替わるタイミングこそ、コミュニケーションをしっかり取る必要があります

4

組織文化デューデリジェンス（CDD）の実施

八谷「M&Aについて検討する段階では、対象企業の調査を行う
デューデリジェンス（Due Diligence：投資先の価値・リスクの
調査）を行っているんだよね？ そのときに『組織文化が違いす
ぎるから、統合は難しそうだ』みたいなことは調べなかったのか
な？ M&Aではお金のことだけを調べるんだろうか？」

三森「海外ではいわゆる『組織文化のデューデリジェンス』も行わ
れているようだけど、日本ではまだほとんど行われていないみた
いよ」

　日本でも、買収前に外部専門家を活用した法務や財務、ビジネスに関す
るリスクを棚卸するデューデリジェンスを行うことは一般的です。ただ、
米国では、経営手法としてのM&Aがより発達していることに加えて、社
員の多様性も高いため、組織文化や人に関する「**組織文化デューデリジェ
ンス（CDD：Cultural Due Diligence）**」もしばしば行われています。

　両社の組織文化の不一致やピープル・マネジメントの進め方の違いが原
因でM&Aのシナジーが生み出せなくなってしまうことを避けるためには、
日本企業もCDDという観点を重視していく必要性が高まっています。本
節では、CDDの概要について改めて確認するとともに、定量調査から見
えてきたポイントについて議論を深めていきます。

組織文化デューデリジェンス（CDD）とは？

　CDDは、PMIに活用することを主な目的として、両社の組織文化や人員の特徴について、M&A契約を締結する前に調査するものです。といっても、投資決定前のデューデリジェンス期間に、社員に対してインタビュー調査や質問紙調査などを大々的に行うことは難しいのが実情です。しかし、最近では普段から組織の状態を棚卸するための「組織診断」を行う会社も増えています。CDDとして、これまで行われていた組織診断の結果を取り寄せ、買った側・買われた側の2社の特徴を比較する、カルチャーフィットを確認する、数値的に問題がある部署やチームを事前に確認する、といったことは比較的容易に行えます。できる範囲でCDDに取り組むだけでも、統合プランの策定やPMIのプロセスに活かすことができます。

　では、CDDでは、どのような点に着目すればいいのでしょうか。ここでは、独自調査から見えてきたCDDの注目ポイントについてご説明していきます。

CDDの着眼点①：買われた側社員の平均勤続年数

　次ページの図表50をご覧ください。横軸は勤続年数、縦軸はM&Aが自身のキャリアにとってプラスと感じている割合を示しています。この結果を見ると、M&Aが自身のキャリアにとってプラスと感じる割合が、勤続年数10年以上の社員は19.0％なのに対し、10年未満の社員は30.6％と、10％ポイント以上の開きを持って肯定的な回答をしています。勤続年数が少ないほうが、M&Aをキャリアにとってプラスに感じやすいのです。逆にいえば、勤続年数の長い社員の構成比率が高い組織の場合は、M&Aを自身のキャリアにとってポジティブに意味づけることができず、M&A後の組織に対するロイヤルティが低下する可能性があります。

　勤続年数が長い社員ほど、所属していた組織に対する愛着も深いでしょ

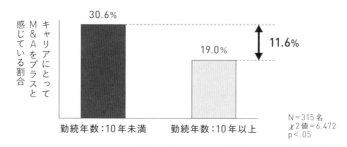

図表50　**勤続年数は M&A の捉え方にどう影響するか？**

勤続年数別にみた、キャリアにとって M&A をプラスと感じている割合

30.6%

19.0%

11.6%

キャリアにとって M&A をプラスと感じている割合

勤続年数：10 年未満　　　勤続年数：10 年以上

N＝315 名
χ2値＝6.472
p＜.05

買われた側社員の勤続年数が少ないほうが、キャリアにとって M&A をプラスと感じ
やすい傾向があります。M&A 対象企業の勤続年数の構成を把握しておくことで、
M&A に対する捉え方を予測できます

出所：立教大学経営学部 中原淳研究室 PMI 研究プロジェクト（2021）「M&A 経験調査」

うし、M&A 以前の業務の進め方に慣れているので、M&A によって、こ
れまで学んだことや慣れていることが使えなくなってしまうことに対する、
不安や不満感は高まりやすくなります。そうしたネガティブな感情が、
M&A に対する肯定的な意味づけを妨げてしまう可能性があります。

　買われた側社員の勤続年数の構成や平均値といったデータは、比較的
容易に入手できます。こうした M&A 対象企業の勤続年数の構成を把握
しておくことで、M&A に対する社員の捉え方をある程度予測することが
できます。

CDDの着眼点②：以前の職場における上司への信頼感

　図表51のように、M&A 実施以前の組織において、上司と部下の間に
信頼感があったかどうかが、部下の M&A の受容感に影響を与えるという
ことがわかっています。メンバーは上司からどのように語られるかによっ
て、M&A を意味づけています。よって、**直属の上司への信頼感が強いほ**

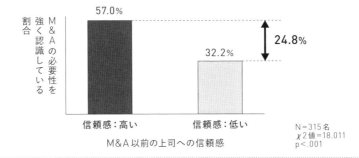

図表51　上司への信頼感は M&A の受容度にどう影響するか？

M&A以前の上司への信頼感とM&Aの必要性を強く認識している割合

割合 M&Aの必要性を強く認識している

57.0%

24.8%

32.2%

信頼感：高い　　　信頼感：低い
M&A以前の上司への信頼感

N＝315名
χ2値＝18.011
p＜.001

M&A以前の上司への信頼感が高いと、社員はM&Aの必要性を認識しやすいことがわかりました。上司と部下のコミュニケーションが密に行われることで、M&Aの必要性についても説明がなされている可能性があります

出所：立教大学経営学部 中原淳研究室 PMI 研究プロジェクト（2021）「M&A 経験調査」

ど、上司からの説明に納得感が得られるため、M&A を受容しやすくなるようです。これらの項目が、それぞれの部門・部署がこれまで用いてきた組織調査（組織サーベイ：従業員満足度調査）などにあったら、それらを比較してみることも一計です。

　前述のとおり、近年、多くの組織において、**組織の状態を見える化する「組織診断ツール」の活用**が広まっています。これまで定性的な情報に留まっていた組織状態の把握は、組織診断ツールを用い、調査項目を細かく設定することで、より多面的に、量的に見える化されて評価できるようになり、全体感を捉えやすくなりました。統合前の組織診断などの結果から、部署ごとに上司と部下との関係性などを把握しておけば、十分な説明や統合支援が必要になりそうな部署を前もって把握することができ、PMI に役立てることができます。

　図表52～53は、組織診断ツールの例として、パーソル総合研究所が提供している「OD-ATLAS」と、ダイヤモンド社が提供している「職場改

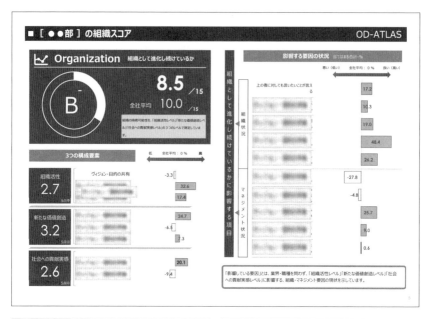

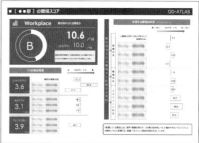

（イメージ）

出所：パーソル総合研究所「組織開発サーベイ&ワークショップ OD-ATLAS」（https://rc.persol-group.co.jp/consulting/survey/service/od-atlas.html）

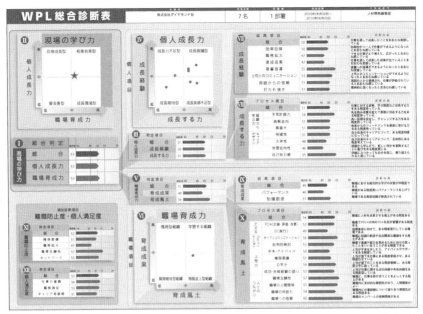

（イメージ）

出所：ダイヤモンド社「職場改善診断（WPL）」（https://jinzai.diamond.ne.jp/assessment/wpl/）

善診断（WPL）」の調査結果レポートイメージです（いずれも編著者の中原が共同開発したものです）。組織の状態を把握する上で、どのような観点から分析が行われているかの参考にしてみてください。

CDDの着眼点③：過去のM&A経験

　M&A対象企業が、過去にM&Aされた経験があるかどうかは、デューデリジェンス期間中であっても入手しやすい情報です。筆者らの調査から、次ページの図表54のように、**過去に自社がM&Aされた経験があるほうが、M&Aを必要かつ価値のあるものとして受容するタイミングが早くなる**ということがわかっています。経験を通じてM&A/PMIの勘所に対する学

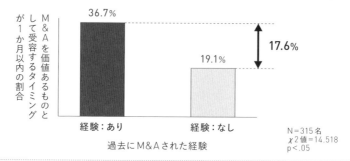

図表54　過去のM&A経験はM&Aの受容度にどう影響するか？

過去にM&Aされた経験の有無とM&Aを価値あるものとして受容するタイミング

M&Aを価値あるものとして受容するタイミングが1か月以内の割合

36.7%

19.1%

17.6%

経験：あり　　　　　経験：なし

過去にM&Aされた経験

N＝315名
χ2値＝14.518
p＜.05

M&Aされた経験がある会社のほうが、M&Aを価値あるものとして受容するタイミングも早くなります。経験があれば、M&Aに対する理解も早く、PMIも進めやすくなる可能性があります

出所：立教大学経営学部 中原淳研究室 PMI研究プロジェクト（2021）「M&A経験調査」

びが起きており、M&Aに対する理解も早く、PMIのプロセスも進めやすくなる可能性があります。

CDDの着眼点④：先行研究からの示唆

　数は多くないものの、CDDに関する学術的な研究も存在します。カートライトとマッカーシー（2005）は、M&Aにおける両社間の組織文化適合の重要性を指摘するとともに、先行研究を整理し、CDDで確認すべき観点を次のように提示しています[51]。

　特に、買う側・買われる側で、各項目について差が大きいほど、PMIを進める際のハードルは高くなりやすいことが予想されます。これらの多

---

[51] Cartwright & McCarthy (2005) "Developing a Framework for Cultural Due Dilligence in Mergers and Acquisitions" pp.260-263, Stahl & Mendenhall (2005) "Mergers and Acquisitions: Managing Culture and Human Resources" Stanford Business Books

くの項目は、組織診断ツールなどがあれば、それらのデータを活用して推測することができます。

〈CDD の観点から確認しておきたい項目〉

買われた側の企業における、

①内部の一体感

　組織としての一体感をどの程度有しているか？

②自律性と巻き込み

　業務のコントロールや意思決定権がどの程度メンバーに与えられているか？

③意思決定のスピード、イノベーション、リスク

　意思決定のスピード感やイノベーション、リスクへの向き合い方がどのような状況か？

④社員の幸福や公正性、信頼

　社員の処遇面（給与や昇進など）での公平性はどのような状況か？

⑤多様性

　年齢、性別、教育水準などの多様性はどの程度か？

　M&A は現場に対して、大きな変化を強いる手法です。普段の業務から変化に対して柔軟に対応できる組織は、M&A による変化にも柔軟に対応しやすいといえます。第6章でもお伝えしますが、失敗や新しい取り組みに対する柔軟性が高い組織は、よりシナジーを創出しやすいことが見えてきます。

人と組織を重視した海外のPMI事例

統合過程で発生する 人と組織の問題を解消するには

　米国の研究者アンソニー・F・ブオーノとジェームス・L・ボウディッチは、1980年代に米国内で行われた3件のM&Aを対象とした調査をもとに、統合の過程で発生する緊張と不安、特に人に関わる問題を解消する9つのPMI施策を説明しています[52]。

〈9つのPMI施策〉
①コミュニケーションチャネルの作成
②ワークショップとカウンセリング
③調査とフィードバック（サーベイ・フィードバック）
④PMI支援チームの設置
⑤グループ間のミラーリングとチームビルディング
⑥パラレル組織の設置
⑦新組織のシンボルづくり
⑧社員の解雇と定着
⑨細部へのこだわり

　以下では、ブオーノらが掲げる9つのPMI施策を参考に、筆者らが重要だと考えるポイントも加え、噛みくだいて紹介します。M&A後の組織・職場づくりを検討する際の参考にしてみてください。

---

[52] Buono, A., & Bowditch, J., L., (1989) "The Human Side of Mergers and Acquisitions" chapter8 Facilitating Organizational Integratin After the Merger, Jossey-Bass Publishers

①コミュニケーションチャネルの作成

> ブオーノらによると、M&Aに伴うコミュニケーションはできるだけオープンにしつつも、正しい情報を段階的に共有すべきだといわれています。不正確な情報が広まることは、まったく情報がないよりも状況を悪くするのです。共有される情報は、事実に基づく必要があるのです。

　M&A/PMIに関する情報は可能な限り早く公式にアナウンスするべきですが、今後の経営の方向性やPMIの進め方、組織体制や人の処遇に関わる情報を、不確実な状態で共有してしまうことは、大きな問題を生み出す可能性があると捉えられます。確かに一度、会社として、公式にアナウンスした情報を少しでも変更すると、社員から見れば、"だまされた"と感じてしまうおそれがあります。そうなると、経営層は一気に信頼を失いかねません。

　また、共有されている情報が事実と違うなど、情報が錯綜すると、その確認のために、ラインマネジャーが、現場とマネジメント、投資担当者との間で、板挟みになってしまいます。いつ、誰が、どのタイミングで、どのように情報を発信するかについては、M&Aがオープンになる前に、しっかりと検討しておく必要があります。そして、M&Aがオープンになった後は、タイムリーに確実な情報を共有し続けることが、社員に対する誠実な対応であるといえます。

②ワークショップとカウンセリング

> ブオーノらの研究によると、組織のメンバーは通常、M&Aによって生じる環境変化に伴う不安、緊張など日々の業務のなかで生じるストレスに対処するためになんらかの助けを必要としています。ブオーノらは、ワークショップやカウンセリングによってストレスや不安に対処している事例を紹介しています。グループでのワークショップは、

同僚の間にサポート・システムをつくる効率的な方法です。ただし、M&Aに伴う個人のストレスや不安に対処するには、カウンセリングを通じての支援が有効です。M&Aの現実的な影響と想像上の影響を区別し、組織における自分の役割とキャリアに関して、社員が持つニーズと期待を明確にするためにも、カウンセリングが非常に有効であることを示しました。

　PMIを進める過程で、社員に将来の組織や業務についての不安や疑問が生じるのは当たり前のことです。それらには、会社として継続的に向き合い続ける必要があります。社員のネガティブな声に耳を傾けず、"ないもの"としてスルーしてしまうと、社員の業務に対するモチベーションの低下や退職へとつながっていきます。社員に対して、経営層からM&A/PMIに関する情報を共有するタウンホール・ミーティング（対話集会）を開催したり、社員がM&A/PMIに対して感じていることを話せる対話の場をつくったりすることが重要です。

　また、ストレスや不安を特に感じている社員については、上司と部下が1対1で面談を行う「1 on 1」や、有資格者によるカウンセリングを行うなどして、社員に対するケアを行う必要があります。

③調査とフィードバック（サーベイ・フィードバック）

　ブオーノらは、組織変革プログラムで多用されている診断調査は、M&Aを行った企業間の統合を促進するための適切な介入策を検討し、実施するための重要な情報源であると述べています。

　経営層やバックオフィスが主導して、統合後に合併や買収について社員の意見を求める調査を行う場合があります。ただ、そこで重要なことは、調査によって改善が行われるか否かです。社員としては、せっかく調査が行われるのなら、そのデータをもとに何か目の前の状

況を改善してくれる施策が行われることを期待してしまいます。もし調査を通じて見出された示唆を、社員と共有したり、施策を実行したりする準備ができていない組織は、調査を行わないほうが賢明です。忙しい業務の合間に、調査には回答したのに、何も変化が生まれないとしたら、期待は失望感に変わり、今後の協力が得られにくくなる可能性があります。また、たとえすぐには改善できないとしても、なぜ今改善できないのか、いつどのように対応する予定なのか、といった説明責任を果たす必要があるでしょう。

④ PMI 支援チームの設置

> ブオーノらによれば、すべての社員を PMI のプロセスに参加させることは現実的には難しいものの、経営トップの支持が得られる場合にはできるだけ多くの人々を巻き込むことが重要であると述べています。例えば、合併の様々な側面に焦点を当てた一連の PMI 支援チームへの参加を促すといった形です。

M&A や PMI に伴う不安を和らげ、自分ごととしてポジティブに捉えてもらうには、PMI のプロセスに部分的な形でも「参加」してもらうことは有効な手段でしょう。PMI に関する支援プロセスを進める際に、出身組織の壁を越えてお互いを知ることができるワークや情報共有をはさむことで、買った側・買われた側それぞれへの理解を深めることにもつながります。

⑤グループ間のミラーリングとチームビルディング

> ブオーノらの知見によれば、買った側・買われた側組織のお互いのイメージ、動機、性格などを認識しながら、それぞれの組織の独自性、相違点、類似点に焦点を当てていく「グループ間ミラーリング」の重要性を指摘します。グループ間ミラーリングは、2つの組織間の対立

> の根本原因を表面化させ、相互に問題を解決できる状況をつくり出す
> ことを目的としています。それにより、買った側・買われた側がそれ
> ぞれ協力する必要性を明らかにしていくのです。

　このような買った側・買われた側組織の真っ向からの対立が最も効果的な方法かどうかについては、意見が分かれているとブオーノも指摘します。しかし、こうしたワークを行うかどうか以上に重要なのは、両社の違いに起因する漠然とした不安感や期待感で組織メンバーの気持ちが左右されることを恐れず、それらを言葉にしてみることで、現実を適切に受け止められるよう支援することなのかもしれません。

⑥パラレル組織の設置

> 　ブオーノらは、M&A の統合に伴う課題を解決するために、買った
> 側・買われた側両企業の社員で構成される、統合に関する葛藤やジレ
> ンマを解決し、進捗を管理するための組織を、既存の組織体とは別に
> 持つ重要性を指摘します。この組織は、「パラレル組織（Parallel
> Organization Structures）」と呼ばれ、既存の職務権限に依存せず、変
> 化する組織の状況に対処するために、組織のルーティンを継続的に再
> 検討し、新しいオプションを模索し、新しいテクニック、ツール、ア
> プローチを開発することに重点が置かれています（Kanter, 1983[53]；
> Moore, 1986[54]）。

　新しい組織は、M&A に関連する統合業務以外にも、既存の事業を運営していくために必要な、たくさんの業務を抱えています。そうした業務は優先度も高くなってしまいますので、統合に関わる業務がお

---

[53] Kanter, R. M. (1983) "The Change Masters: Innovation for Productivity in the American Corporation" Simon and Schuster

[54] Moore, M. L. (1986) Designing Parallel Organizations to Support Organizational Productivity Programs "Handbook of Human Resources Administration" pp.4.1-4.18, McGraw-Hill

ざなりになってしまうことも多々あります。そうした場合、既存事業を集中的に取り組む組織体（組織図）と切り離し、M&Aの統合業務を進捗させるためのパワフルな組織体を持つことで、より効率的・効果的にM&Aに対応できます。

⑦新組織のシンボルづくり

> M&Aには、個人的にも集団的にも大きな損失が伴うため、移行期にトランジションのプロセスを前に進めるためのセレモニーを行ったり、ストーリーやシンボルなどを作ることで、人々が変化に対処する上で重要な役割を果たすとブオーノらは述べています。

　所属組織の社名やロゴに、愛着を持つ社員は多いはずです。買われた側にとっては、M&Aに伴い社名やロゴを変更することは、既存のシンボルを捨てることになるわけです。そこには社員の悲しみが伴います。買った側企業のマネジャーは、こうしたシンボルが、"組織としてのアイデンティティ（組織らしさ）"を維持するのに大きな役割を果たしていることを理解する必要があるでしょう。

⑧社員の解雇と定着

> 　ブオーノらによれば、M&Aに伴って、ある程度の解雇が発生し、退職を余儀なくされた社員と残った社員の間に不平不満が生じることは避けられないといいます。しかし、不満や恨みを生むのは、人員削減やレイオフそれ自体ではなく、そのような解雇がどのように行われるかということである（Schweiger, Ivancevich, and Power, 1987[55]）と指摘しています。

---

[55] Schweiger, D. M., Ivancevich, J. M., and Power, F. R. (1987) "Executive Actions for Managing Human Resources Before and After Acquisition" Academy of Management Executive, 1(2), pp. 127-138

M&Aによってリストラが行われ、会社を去る社員が発生する場合は、解雇された理由の説明や、再就職支援を行う必要があります。また、会社を去る社員だけでなく、雇用継続になる社員に対しても、配慮が必要です。雇用が継続される社員も、またリストラが起こるのではないかと疑心暗鬼になりがちです。会社を去る社員についての説明を行うとともに、雇用を継続する上で会社側が持っている役割期待についても説明を丁寧に行うことで、関係性を醸成していく必要があります。

⑨細部へのこだわり

> ブオーノらは、M&Aに関わる詳細に注意を払うには、日々の業務のなかで「明白な事柄」だけでなく、「明白でない事柄」にも関心を持つ必要があるといいます。また、何度もM&Aを経験してきた企業の事例を取り上げ、その会社が買収計画やガイドブックを継続的に修正していることを示しています。

仕事の進め方や、仕事で使っている道具、業務連絡の方法、同僚への声の掛け方など、様々な場面においてその企業独自の文化やメンバーのこだわりがあります。買った側は特に、買われた側に対して、細部への配慮をしていくことが重要になるでしょう。

また、M&A/PMIのプロセスを通して得られた学びや気づきを形式知化しておくことも重要です。こうした取り組みを継続的に行い、M&A/PMIを進める際にも細部にこだわることで、将来のM&A/PMIがより進めやすくなります。

以上、ブオーノらが掲げる9つのPMI施策について紹介してきました。ブオーノらによると、M&Aにおいては、早期からメンバーとコミュニケーションを取りながら統合を進めることが望ましいですが、

実際に組織が統合されて機能するに至るまでには少なくとも１～２年かかるといわれています。さらに、組織のメンバーが新しい組織に同化したと感じるには、友好的なM&Aで５～７年、敵対的なM&Aでは最大10年を要するという知見もあります[56]。

　人と組織の観点を踏まえると、M&A後に新しい組織が機能し始めて一体感を醸成するには、PMIへの意図的な働きかけを行ったとしても、ある程度の時間を要することを認識しておく必要があるでしょう。

チバガイギーとサンドから
ノバルティスへの合併

　マイアミ大学で管理部門について研究を行っているチェイ・ウィー・チュアらは、人と組織への働きかけを重視し、統合をスムーズに行った海外のM&A事例として、チバガイギー（Ciba-Geigy）とサンド（Sandoz）の合併について取り上げています[57]。２社の合併により、1996年、ノバルティス（Novartis）という会社が設立されました。

　チュアらによると、本M&Aでは、トップダウンで潜在的な執行役員メンバーで構成される運営委員会が設置されました。合併統合事務局（Merger Integration Office：通称MIO）を中心に、スピード重視で、素早い行動、明確なコミュニケーションを指針として統合が進められ、統合プロセスに関するノバルティス宣言も掲げられました。この宣言は、意思決定プロセスの指針になっていたといいます。

　合併にあたっては、本M&Aの目的である「業界で"ファースト・

[56] Buono, A., & Bowditch, J., L., (1989) "The Human Side of Mergers and Acquisitions" chapter8 Facilitating Organizational Integratin After the Merger, Jossey-Bass Publishers

[57] Chua, C. H., Engeli, H., and Stahl, G. K. (2005) "Creating New Identity and High Performance Culture at Novartis". Stahl, G. K., & Mendenhall, M., E. (Eds.) "Mergers and Acquisitions: Managing Culture and Human Resources" Stanford University Press, pp.379-398

リーグ・グローバル・プレイヤー"となること」を重視し、世界各地で一貫した方法で統合が行われたと記述されています。また、**社員に対しても、合併統合事務局から定期的に統合プロセスについて共有が**行われました。

　統合初期の最重要課題が「新たな"ノバルティス"としてのアイデンティティを構築し、新しい組織文化を早急に創造すること」だという認識が共有されていました。目的のためには、短期的な不安定さは厭わない姿勢で、合併後3か月で65％の事業を統合することに成功しました。ハイパフォーマンスな組織文化の創出に重きを置き、トップが本気で成果報酬型の文化を導入しようとしていることを明確に示す取り組みを続けました。

　チュアらによると、採用・解雇が続く現象は組織全体に大きな不確実性をもたらしており、雇用の安定性は低く、社員は上司の交代に直面し、職場の人間関係の再構築がたびたび求められる状況でした。しかし、ノバルティスのリーダーたちは、こうした短期的な不安定さは中長期的な利益をもたらすだけの価値があると考えていたそうです。

　こうした事例を踏まえても、筆者らは、M&Aには「先走るM&A」と「先送りM&A」があると考えています。

「先走るM&A」とは、前もって対策を練り、目標やアイデンティティを急ごしらえで構築するM&Aです。短期的には不安定な要素もありますが、中長期的な安定を目指して、短期的な統合の勝負に出ます。主に、海外の先進的な企業では「先走るM&A」が志向されることが多いものです。

　他方、「先送りM&A」とは、合併後は、とりあえず、様々な統合プロセスを「あとにあとに」先送りしていくものです。2つの組織が、具体的にどのように統合するかはさておき、これまでのように仕事や

事業を継続していくことを重視します。一般に、日本企業が行うM&Aは、こちらの方針が採られています（日本企業においても「先走るM&A」が行われることもあります）。

　重要なのは「先走るM&A」においても「先送りM&A」においても、それらが「もったいないM&A」につながることを防ぐことです。そのためには、2つの会社の組織風土、人と組織の状況を勘案した上で、しっかりとPMIに関する戦略をつくっていくことが求められます。

　筆者らが最も深刻だと感じているのは、そこに戦略性や計画性がない「ただ、なんとなくのM&A」です。ただ、「なんとなく」蓋をして、ただ「なんとなく」放置する。こうした状況が組織の腐敗や、大量の離職を生み出します。そこまでいかずとも、組織のなかに不必要な葛藤を生み出します。

　M&A直後は、不確実な状況を減らそうと、問題と向き合うことを避け、ついつい先送りしてしまうこともあるかと思います。しかし、先に述べたノバルティスの事例のように、一時的な不安定さを買ってでも、「先走るM&A」を行うことが中長期的な組織の繁栄をもたらすことも、また事実です。

　第4章では、M&Aの情報が開示される前に、PMIの準備をどのように進めておく必要があるのか、具体的なアクションについてご説明しました。M&Aは、特に買われた側の社員に大きな変化を強いる手法です。新たな環境に適応してでも組織で継続して働きたいと思ってもらえるように、社員の共感につながるビジョン、M&Aを実施するからこそ実現できるビジョンを描いておく必要があります。

CHAPTER 4のチェックポイント

本章での学びを現場で活かすために、次の問いを考慮してみてください。

☐ M&Aの目的や、実施後に達成したいビジョンは明確になっていますか? どのように語ることで、ストーリーとして伝わりやすくなるでしょうか?

☐ PMIを進める際の統合プランは作成・共有されていますか? さらに充実させるためには、どのような情報が必要でしょうか?

☐問題が発生したとき、誰に相談すればいいか、責任や役割の所在が明確になっていますか? 発生した問題に迅速に対応するために、どのような工夫ができますか?

☐組織文化デューデリジェンスの観点から見ると、どんな情報が気になりますか? そこからPMIに活かせる示唆は何ですか?

〈変化〉

M&A直後に取り組む
アクション

社員の納得感をいかに高めるか?

この第5章では、「組織づくりの3段階モデル」のステップ2〈変化〉、M&A契約を結んだ直後からのアクションについて、読者のみなさんに理解を深めていただきます。前章のステップ1〈解凍〉が、組織の現状を確認して必要なアクションを考える"準備段階"だとすると、本章のステップ2は、いよいよ"実践段階"に入ります。

M&Aの情報が開示されると、PMIの動きが本格化するとともに、社員が初めてその事実を知り、不安や葛藤を感じ始めます。そうした社員を巻き込みながらPMIをスムーズに進めるためには、どんなアクションが求められるのか。現場マネジャーの方々にも役立つ取り組みをご紹介していきます。

CHAPTER 5
〈変化〉
M&A直後に取り組む
アクション

CASE

八谷「アリノスゲームとの経営統合のニュースが出てから1週間経ったけど、具体的な話が全然出てこないよね。どうなってるんだろう。突然だから仕方ないとは思うけど、せめて、統合スケジュールの概要とか進め方とか、わかる範囲でいいから教えてほしいところだよね。知らないことが、不安や疑心暗鬼を生むんだよね」

三森「そうよね。このままだと不信感が増すばかり……。決まっていることもあるのに、まだ2社間のマネジメント層やPMI担当者間のコミュニケーションがうまくできていなくて、いろいろストップしているみたい。生煮えのうちは、現場に情報を渡さないってことらしいわ」

八谷「アリノスゲームの営業部長とはこの間、初めて挨拶して少し話をしたけど、なんていうか……年上ということもあるし、ちょっと話がかみ合わないというか。もともとアリノスゲームは大企業だから、ベンチャー気質のうちとはだいぶ違う感じだよね。マネジメントスタイルもまったく違いそうだし、うちの部署の部員たちは困惑するだろうな、と今から心配だよ」

　本章の第1節「会社メンバー間での『対話』の機会」では、社員を巻き込んで対話の場をつくることが、いかにM&Aに対する納得感を高め、新しい組織メンバーとしてのコミットメントを高めやすくなるかを、お伝えします。

　第2節の「業務オペレーションをいかに統合するか？」では、M&A後

に現場業務のオペレーションを検討していく際、どのような指針のもとに進めていく必要があるのかをご説明します。

　第3節の「会社に求められる統合支援とは？」では、PMIのプロセスを現場任せにせず、会社としてどのような支援が必要なのかについて、お伝えします。

　第4節の「複雑な課題を先送りにしない」では、PMIのプロセスのなかで、ついつい先送りしてしまいたくなる重い課題と、どのように向き合っていくかを検討します。

会社メンバー間での「対話」の機会

八谷「先週開かれた、両社長による経営統合の説明会、とても良かったよ。合併前と比べても、働き方の面で変わらないことも多い、ということがわかったし、何より世界を相手に戦える会社にしていきたい、というトップのビジョンが伝わってきて、部員たちもひとまず前向きになれた気がする。ただ、アリノスゲームの営業部との統合作業のほうは難航しそうだ。お互いに条件を出して、どちらが飲むか？ みたいな感じで、全然前に進まないんだよ。どうしたらいいだろう？」

三森「あまり具体的な話から入らずに、まずは今後どんな組織にしていきたいか、どんなことをやりたいか、といった未来のことや、お互いの仕事に対する思い、統合に対して不安に思っていることなどを、語り合う機会を設けてみたらどうかしら？」

　M&Aの最大の難しさは、異なる組織文化を持つ複数の組織が、法人として一つになり、事業活動をともに行っていかなければならないところにあります。業務内容が同じでも、仕事の進め方は会社ごとに異なります。また、業務内容が同じだからこそ、こだわりを強く持ってしまい、少しの違いもお互いに許容しにくい場合もあります。社員を巻き込みながらPMIを進め、シナジーを生み出すためには、まずその土台となる「関係性の構築」に取り組んでいく必要があります。そして、関係性を構築するために重要な役割を果たすのが「対話」という少し特異なコミュニケーションです。

雑談	● 挨拶や日常の何気ないやりとりなどに関するコミュニケーション ● 人間関係を維持する上での潤滑油となる
議論 （ディスカッション）	● ある目的のもとに意思決定をして、物事を前に進めていくために用いられるコミュニケーション ● 日々の業務やミーティングでは、この形態が取られることが多い
対話	● あるテーマについて、自分の内面にある想いや感情を共有する際に用いられるコミュニケーション ● 参加者を何か一つの意見に収束させるというより、意見を表明し合い、お互いの前提やブレを表出させるコミュニケーション。お互いの想いに耳を傾け合い、相互理解を深め合うために用いられる

対話を通じて、お互いの内面にある想いや感情を理解することで、メンバー間の相互理解が進み、組織やチームの関係性を強めることにつながります

そもそも「対話」とは何か

　ところで、そもそも「対話」とは何でしょうか。組織づくりの文脈で、「対話」は「雑談」「議論」と区別して、図表55のように使われます。

　まず「雑談」は、人と人とが会ったときに、挨拶をしたり、天気の話をしたり、近況を共有したり、たわいもない日常的な場面で多々見られます。人間関係における潤滑油ともいえます。

　一方、「議論（ディスカッション）」は、物事を前に進めていくために、お互いの立場を明確にした上で、結論を出し、意思決定をする場面で用いられるコミュニケーションのスタイルです。日々の業務やミーティングでは、このスタイルが取られることが多いのではないでしょうか。

　そして「対話」は、明確な正解がない「テーマ」に対して、お互いの考えや想いを共有し、耳を傾け合うコミュニケーションです。別の言葉でいえば、ある特定のテーマに対して各人が自分を「背負って」、自分の考えや意見や感じていることを相手に伝えるコミュニケーションともいえるか

もしれません。例えば、組織やチームの方向性についての想いや人間関係、業務のやりがい、自分のキャリアの方向性などについては、人それぞれが固有の考えやその前提となる価値観を持っていて、単純に良い悪いを決めることができないテーマです。そうした場合に「対話」を行うことで、お互いの考えを共有し、相互理解を促すことができます。その際、自分の考えと他人の考えに「ズレ」が生じることはあえて恐れません。対話とは「ズレ」を表出させる少し特異なコミュニケーションです。ですので、業務が忙しく、時間的な制約があるなかで、日常的に「対話」が行われている職場は、決して多くはありません。

　それでは、なぜ、M&A/PMI の説明会の場を設けるだけではなく、わざわざ「対話の場」を設ける必要があるのでしょうか。説明会やその他の情報提供機会で、M&A の目的やビジョンについて繰り返し伝えれば、M&A の必要性について理解することはできます。ですが、それはあくまでも人から伝えられた借り物の言葉です。それだけで心の底から納得できる、というものではありません。**人は情報としてインプットされた言葉の意味を自分なりに解釈し、自分自身の言葉として「語り」、自らが発した言葉を自分自身で聴くことで、初めて本当の意味で腹落ちする**ものです。新しい考え方や価値観に対して、こうした自分なりの意味づけを促すのが、互いに語り合う「対話」が持つ機能です。

　組織づくりにおいて、「対話」は重要な役割を果たします。参加者が組織の状況に対する自分の想いを率直に語り、共有することで、未来をどうしていくかについて「みんなで考える土台」をつくることができるのです。「対話の場」を設けるにしても、その目的や対象者によって、いくつもの選択肢が考えられます。図表56に、「対話の場」で扱うテーマの例をまとめました。全社・部署・チームといった範囲の視点と、扱うテーマの抽象度・具体度によっても、「対話の場」の進め方は異なってきます。場合によっては、一つの「対話の場」で、複数のテーマが扱われることもあるかもしれません。「対話」の目的と参加者、かけられる時間などに応じて、それぞれの場で扱うテーマも異なってきます。期待する成果を上げるため

	全社	部署（機能含む）	チーム
抽象	M&A の目的やビジョン、PMI の方針の共有		
	両社の組織文化、大切にしている価値観の違いを共有	各部署の組織文化、大切にしている価値観の違いを共有	お互いの人となり（仕事への想いや大切にしている価値観）の共有
		部署の運営方針・PMI 方針の共有	チームの運営方針の共有
具体			業務オペレーションの変更についての共有

対話の目的と参加者、かけられる時間などに応じて、扱うテーマも異なってきます。期待する成果を上げるために、最適なデザインが求められます

に、最適なデザインを行う必要があります。

　では実際に、M&A の現場ではどの程度、「対話」が行われているのでしょうか。そしてそれは、どのような成果につながっているのでしょうか。データをもとに、PMI において効果的な「対話」について探っていきたいと思います。

PMI になぜ「対話」が効果的なのか

　まずは、M&A 後の企業で、どの程度まで対話が行われているのかを確認してみましょう。

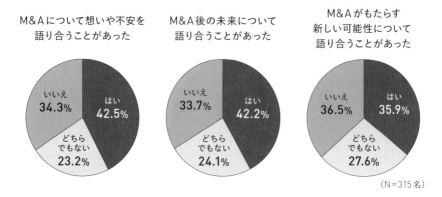

図表57　M&A後にどの程度対話が行われているか？

M&Aについて想いや不安を
語り合うことがあった

いいえ
34.3%
はい
42.5%
どちら
でもない
23.2%

M&A後の未来について
語り合うことがあった

いいえ
33.7%
はい
42.2%
どちら
でもない
24.1%

M&Aがもたらす
新しい可能性について
語り合うことがあった

いいえ
36.5%
はい
35.9%
どちら
でもない
27.6%

（N＝315名）

M&A後に不安や未来について語る場は、42%程度と必ずしも多い割合とはいえません。
さらに、M&Aがもたらす新しい可能性については約36%と、他の対話に比べて実施して
いる組織が少なくなっています

出所：立教大学経営学部 中原淳研究室 PMI研究プロジェクト（2021）「M&A経験調査」

　図表57に示したように、M&A後に「組織的に対話が行われている」と
回答した企業は、おおむね36〜42％程度です。設問のうち、「M&Aにつ
いて想いや不安を語り合うことがあった」「M&A後の未来について語り
合うことがあった」と回答した割合はおおむね42％程度です。一方で
「M&Aがもたらす新しい可能性について語り合うことがあった」は約
36％と、他の対話に比べて実施している割合が少なくなっています。

　60％近い組織では、M&Aについて話す機会がつくられないまま、PMI
のプロセスが進んでいることになります。自分の想いを表立って同僚と話
す機会が得られないまま、業務に取り組まざるをえない状況になっている
のです。

M&A後の「対話」による成果

　社員同士の対話は何をもたらすのでしょうか。図表58のとおり、M&A
後に組織的な対話の時間を持つことで、M&Aの必要性を感じる社員の割

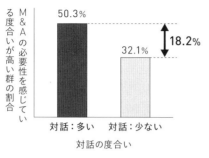

対話の度合いとM&Aの必要性の認識

N＝315名、χ2値＝10.762, p＜.01

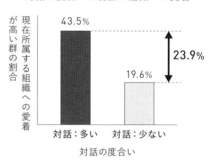

対話の度合いと現在の組織への愛着

N＝315名、χ2値＝21.004, p＜.001

M&Aの後に組織的な対話の時間を持つことで、M&Aの必要性の理解が進み、現在所属する組織への愛着が高まることが確認されました

出所：立教大学経営学部 中原淳研究室 PMI 研究プロジェクト（2021）「M&A 経験調査」

合を高めたり、所属する組織への愛着を高めることができます。

　M&A 直後は情報も少なく、「この先どうなるのだろう」と、誰もが大きな不安に襲われます。なかには、不安な気持ちを抱え込み、将来を悲観して離職してしまう人もいます。

　対話の場をつくり、こうした不安な想いを率直に語り合うことで、個々が置かれている状況を、自身の言葉で意味づけ、言語化し、共有することができるようになります。また、他の人の意見に耳を傾けることで、M&A や新しい組織に対する解釈に幅が生まれるとともに、自身の思いがクリアになり、現状を受容しやすくなります。

　他の人からも同様の意見が出てくれば、自分一人だけが苦しんでいるのではないのだと、共感が生まれ、個人が抱える悩みや不安を組織全体の課題として扱いやすくなり、解決に向けた動きを導くきっかけにすることもできます。

　また、M&A 後の未来について、変化の先に何があるのかを言葉にして

みることで、将来の展望を持つことができるようになります。組織に残るメリットを確認できれば、変化に対しても前向きに向き合うことができるようになります。お互いの想いを語り合うことは、物事を前向きに変えていくエネルギーになるのです。

「対話」はシナジー創出を促す

　今回、対話は、シナジー創出の面からも有効に機能するということがわかりました。図表59より、**自分たちの強みや成果について語る度合いが高い組織ほど、シナジーの創出度合いも高い**という結果が出ています。強みや経験を言語化することは、自分たちが持っている経営資源を再確認することにつながり、シナジーを創出する際にも活かされます。

　ある M&A 担当者は、過去（前職）の M&A を振り返りながら「昔 M&A に関わった際は、遠慮してお互いを立て合ってしまい、シナジーが出せませんでした。1 + 1 = 1.7 くらいにしかならなかったのです。遠慮

図表59　**対話の機会とシナジー創出の関係は？**

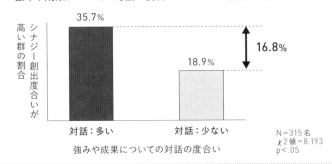

強みや成果についての対話の度合いとシナジー創出の関係

シナジー創出度合いが高い群の割合

35.7%　　18.9%　　16.8%

対話：多い　　　　対話：少ない

強みや成果についての対話の度合い

N＝315名
χ2値＝8.193
p＜.05

自分たちの強みや成果について対話すると、PMIで期待される強みや成果を言語化することにもつながり、シナジーを生み出しやすくなります

注：シナジーの創出度合いは、期待される各シナジーの創出状況を得点化し合計した。その得点状況に応じて高・中・低群に分類した
出所：立教大学経営学部 中原淳研究室 PMI 研究プロジェクト（2021）「M&A 経験調査」

せずに意思を示し、腹を割って話をする必要性を感じました」と、お互いに一歩踏み出し、勇気を持って言葉を交わし合うことの重要性について話してくれました。

「対話」による組織づくりとは？

それでは、どのようにして組織内における「対話の機会」をつくっていけばいいのでしょうか。対話による組織づくりには、第3章のコラムに記した「組織開発に共通する3つのステップ」（117ページ）を意識しながら進めていくことがポイントとなります。

ステップ1の「見える化」では、組織の抱える問題・課題の可視化を行います。それぞれが抱えるM&A/PMIにまつわる悩みや不安な気持ちを可視化するというわけです。見える化の方法は組織診断のようなツール、アンケート、あるいは面談による聞き取りなどを通じて行います。

ステップ2の「ガチ対話」では、可視化されたテーマについて**関係者一同で真剣勝負の対話を行います**。M&Aに対するネガティブな想いや、買った側の企業・社員に対する普段感じている想い、業務を進めるなかで感じている課題感など、センシティブなテーマを扱うことも多くなるかと思います。こういった普段は語りにくいテーマを率直に語るからこそ、組織やチームのなかに変化が生まれてきます。ただ、センシティブなテーマであるほど、ファシリテーションが難しくなるのも事実です。ファシリテーションや組織づくりに関する知識やスキルを持ったメンバーが、その場をファシリテートするなど、十分な準備が必要です。外部専門家に依頼することも一案です。もし予算の確保が難しければ、社内の専門家や、組織づくりを担う部署のメンバーにサポートを仰ぐのもいいかもしれません。

対話の場をつくる際は、「まずはお互いの声に耳を傾ける」「お互いの意見は尊重した上で、反対の意見も述べる」など、対話の場で参加者が意識したいルールを事前に共有した上で、「心理的安全性」が感じられる雰囲気[58]のなかで話ができるように、場をつくっていきます。

ステップ3では、対話によって見出された「未来づくり」を関係者一同で共有します。そして、関係者間で合意された、未来をつくるためのアクションを明確にするとともに、いつまでに、誰が、何をするのかを見える化して、進捗を管理します。対話を通じて生まれてきた想いや行動の芽を、そのままにするのではなく、しっかり進捗管理をすることで育てていきます。「いろいろ話せて楽しかったね」だけで終わる場にはしないことが重要です。

　M&Aを成長戦略として積極的に活用しているある企業では、M&A直後、様々な形で意図的に対話の機会を設けたそうです。担当者は次のように話しています。

　「月2回、社員の総会、事業部の戦略発表の機会を持ち、相互の交流を進めていきました。また、戦略の具体的な事例について、ワークショップ形式で話して、役員とも共有しました。全部で20回ぐらいはやったと思います。社員からすれば負担だったと思いますが、お互いの理解を促したり、これからの会社をより良くするために取り組みました」

　対話という軸をつくり、徹底してやり抜く姿勢が、協働に向けての道筋を形づくっていったのだと思います。

　M&Aの進捗を現場でサポートしているある企業のメンバーは、「組織文化に大きな違いがあるのは認識しています。ただ、残念ながら、話し合う機会がありません。日々の業務や統合のスピード感が待ってくれないところもあります」と、話してくれました。

　目まぐるしく進む日常の業務のなかで、対話の時間をとることは決して簡単ではないと思います。しかし、深い価値観を共有するこうした時間を持てないことが、ミス・コミュニケーションにつながり、結果として業務

---

[58]「心理的安全性」は、ハーバード大学のエイミー・エドモンドソン教授によって提唱された概念で、近年の組織づくりにおいて重要なテーマになっています。本章のコラム（198ページ）でも説明しています。Edmondson, A (1999) "Psychological Safety and Learning Behavior in Work Teams" Administrative Science Quarterly, Vol. 44(2), pp.350-383

を進めるにも余計な時間が発生する、という悪循環につながってしまいます。「急がば回れ」ではないですが、対話の時間を通じて、業務の効率化や成果を生み出すことにつなげるという目的意識を持ちながら取り組む必要があります。マネジャーにもいろいろな考えを持つ人がいますので、対話の重要性についての認識も様々だと思います。可能であれば、マネジメント層も巻き込みながら、全社として対話の時間を持つことの必要性を啓発・実践し続けていけると、PMIをスムーズに進めることができるはずです。

「対話の場」をデザインするときに注意したいこと

対話の場をつくる際には、いくつかのポイントがあります。特にM&Aは、買った側・買われた側という対立関係が生まれやすい手法なので、より一層の注意が必要です。

対話のファシリテーターは、特定の個人・グループの発言を重視しないよう、ニュートラルな立ち位置を保つ必要があります。その他、より活発な対話を進めるために、議題や進行の流れ、対話のルールなどを事前に決めて、共有しておく必要があります。

対話の場をつくる際に注意すべきポイントを、以下にまとめておきます。

①中立的な第三者や外部のファシリテーターに依頼する

利害関係のある当事者同士で対話をファシリテーションすると、中立的に話を進めていくのが難しくなる場合があります。自身の出身組織が大事にしている組織風土・価値観に共感しやすくなるのは、仕方のないことです。どれほどニュートラルに振る舞っていても、相手の組織メンバーからは、そうは捉えられないものです。当事者ということで、どうしても会社に対する自身の想いが強く出てしまい、視野が狭くなる可能性もあります。したがって、利害関係が少ない社外のファシリテーターを活用することで、忌憚のない意見が参加者から出やすくなります。

②テーマに応じて参加者の選び方を工夫する

　対話の場をデザインするときに注意したいのは、「誰を呼ぶか」ということです。大原則として、そのテーマに関わるメンバーにはきちんと声をかけ、巻き込んでいく必要があります。また、興味関心の薄いメンバーが対話の場に入ることで、場がしらけてしまったり、ダラダラしてしまったりと、良い対話につながらないおそれも生まれてきます。

　参加者を選定する際は、大きく2つのパターンがあります。

Ⓐ広く参加者を募り、参加者の多様性を意識する
Ⓑ扱うテーマに適した参加者を選定する

　Ⓐ「広く参加者を募る」パターンには、例えば、全社員を巻き込んでタウンホール・ミーティングを行い、M&Aの目的や成果、新しい組織の価値観について、情報を共有したり、社員の想いを聴いたりするような場面が想定されます。会社の大きな方向性に関わる内容なので、できるだけ多くの社員に参加してもらえるほうがいい、というわけです。

　Ⓑ「扱うテーマに適した参加者を選定する」パターンとは、特定の部署やチームに関するテーマ、特定の業務や領域（業務オペレーションなど）に関するテーマなど、そのテーマに関係する社員を集めて開催する場合です。例えば、買った側・買われた側の営業メンバーが集まり、営業で大切にしている想いや、新組織の営業のあり方などについて対話する場面が想定されます。関係するメンバーに過不足なく参加してもらうことが重要です。特定の個人から影響を受けすぎないよう注意する必要はありますが、意見を聴きたいキーマンがいれば、参加してもらえるように事前に取り計らっておくことも大切です。

③心理的安全性を確保する

　対話の場では、お互いの意見にしっかりと耳を傾け、尊重し合うことが重要です。そして、そのためには、「言いにくいことを言ったとしても、

その発言で干されることがない」ように心理的安全性を確保しておくことが重要です。これは、対話のなかでは反論してはいけない、ということではありません。反論や疑問はもちろん行ってよいのですが、どのような立場であれ、まず一度は「聴く耳」を持つこと、受け取ることが重要です。その上で、意見の相違が生まれているとしたら、その違いがどこから生まれているのかについて、探求していく姿勢が求められます。

　例えば、ある場面での「意見の相違」一つとっても、出身組織の価値観の違いに由来するものや、情報量や経験の違いによるものなど、表面的な対立の深いところには、見えにくい真因が隠れています。私たちは、表面的に見える意見の対立を取り上げて、「あの人とは意見が合わない」「いつも個人的に責めてくる」と判断しがちです。そこで思考を止めず、何が意見の相違につながっているのかを探っていくことで、お互いの考えに対して、理解を促すきっかけになります。反対の意見を話すにしても、相手に対する敬意を忘れないことが重要なのです。

　特に M&A は、買った側のメンバーが、買われた側よりも心理的に優位に立ちやすい手法です。買った側のメンバーは特に意識していなくても、買われた側のメンバーは劣等感を持ちやすいものです。対話の場で用いる言葉の一つひとつに注意が必要です[59]。

④対話のテーマ・対象物を明確にする

　何をテーマに対話するのか、どんな問いを設定すれば対話しやすいのか、どのように対話を積み上げていくのかなど、単に対話の場を持つだけでなく、全体の枠組みやテーマに対する焦点の当て方を工夫していく必要があります。

　例えば、対話の場の冒頭で M&A や PMI の全体像をインプットした上で、参加者から感じたことや疑問点を募ります。その上で、PMI を進め

---

[59] 買われた側のメンバーとコミュニケーションする際、買った側のメンバーが使用を控える必要がある「NG ワードリスト」を作成しておくことも重要です。223ページでも詳しく紹介しています。

るための課題を抽出し、個別の施策に対するアイディアを出し合うなどの流れも考えられます。最後は、個人としてどのような行動ができるかを検討できる時間があると、組織と個人が紐づいて（自分ごと化）、次の一歩を踏み出しやすくなります。

⑤対話の目的や、その先の成果について丁寧に説明する

　これまでのPMIでは、効率性・合理性が重視されていました。そのような雰囲気のなかでは、関わるメンバーが「お互いの想いを語り合う」ということに対して、そんなに時間はかけられない、あるいは、そもそも効果がないのではないかといった、対話の効果を疑問視する傾向があると思います。**なぜ膝を突き合わせて対話することが重要なのか、関係者にしっかりと伝えることが重要です。**対話の時間を持つことは、結果としてシナジー創出の追い風となり、M&Aに対する受容感を高めることにもつながることは、研究結果からも見えてきています（188〜191ページ参照）。

⑥出身組織を肯定しつつ、PMIの先にあるビジョンを語る

　出身組織に対して愛着や帰属意識を持つのは、当たり前の姿です。組織図が変わっても、その想いは簡単には切り替えられません。しかし、**出身組織を大切に思っていたからといって、新組織のビジョンに共感できないわけではありません。**過去は肯定しつつも、未来のビジョンとの共通点を見出しながら、少しずつ、未来志向の対話や問いを設定していくことが重要です。例えば、「M&A後の組織のビジョンについて、共感できるところはどこですか？」「出身組織で持っていたビジョンと重なる部分はどこですか？」などの問いかけを行うことで、ネガティブな視点をポジティブに切り替えることができます。

⑦相手の話を傾聴する

　信頼関係を築くために、相手の話をしっかり聴き切るということは、きわめて重要な態度です。意見を挟みたくなったり、反論したくなっても、

まずはいったん相手の考えを受け取る。その上で、一般化や普遍化はせずに、一人の当事者として「自分はこう思う、こう感じる」[60]と、アイ・メッセージ（I Message＝私を主語にしたメッセージ）を意識しながら、自分自身の言葉で語ることで、相手に意見が届きやすくなります[61]。

⑧ロジックだけでなく、感情の表出を大切にする

　ビジネスの現場では、自分の感情を表に出すことは、しばしば「社会人らしくない」「大人気ない」と言われ、嫌がられます。"感情的"になることは避けたいところですが、自分がM&A後の激動のなかでどのような感情を持っているのか。恐れや不安、寂しさといったネガティブな感情が自分のなかにあることを認め、言語化することで、それらの想いを一歩引いて、俯瞰的に捉えやすくなります。想いを俯瞰的に捉えることができれば、扱いやすくなるとともに、ポジティブな側面に転換しやすくなります。参加者にも、感情を大切にする対話を促すことで、表面的ではない、深いやりとりが生まれてきます。

⑨気になったことは率直に発言してもらう

　日本には「暗黙の了解」や「察する」という文化が根づいています。「言わなくてもわかってくれるはず」と思いがちですが、実際に正しく意図が伝わっていることは稀だろうと思います。異なる組織で働いていたメンバー同士のコミュニケーションであれば、なおさらです。対話の参加者には、少しくどいくらい、意見の前提になっている部分、そう判断した部分も含めて、言語化してもらうことが重要です。また、聴き手として、理解が不十分だと感じたら、「その意見の前提となる価値観や経験にはどのようなものがありますか？」と問いかけてみることで、対話が深まり、相

---

[60] 自分自身を主語として、あくまでも自分自身が感じたことを伝えるコミュニケーションの仕方を「アイ・メッセージ（I Message）」と言います。「自分自身の意見を絶対視せず、あくまでも一つの見方だけど……」というニュアンスが伝わり、聴き手も意見を受け取りやすくなります。

[61] 本章のコラム（200ページ）で紹介しているパブリック・カンバセーション・プロジェクト（Public Conversation Project）も、一人の人間として語り合うことが広げる可能性について論じています。

互理解も促されていきます。

⑩上記の内容を"グランドルール"として設定する

活発なコミュニケーションを促すためには、参加者間で大切にしたいことを"グランドルール"としてあらかじめ共有しておくことが大切です。こうしたプロセスを丁寧に行うことで、「この場はいつものミーティングとは違って、お互いの想いを確認し合う場なんだ」ということを印象づけることができます。

PMIに対話のワークショップを取り入れているある企業では、「最初はうまくいかず、参加者の話が弾みませんでした。まずは5分とか、対話の時間を細かく切って取り組んでみました。20回もやっていくと参加者も慣れてきて、だんだん話せるようになっていきました」と、トライ・アンド・エラーを重ねるうちに、社員が対話に慣れていった様子を話してくれました。

COLUMN #7

心理的安全は「チームで仲良くすること」ではない

この数年、「心理的安全（Psychological Safety）」という概念が、あちこちで語られるようになっています。もともとはハーバード・ビジネススクールのエイミー・エドモンドソン教授が、今から20年ほど前に組織論（チーム研究）のなかで用いた概念です[62]。

エドモンドソンはこの論文で、心理的安全とは「『対人関係上のリスクを取ったとしても、チームの安全性が保たれる』という、チームメンバーで共有されている信念」と定義しています。つまり、チーム内で心理的安全の信念が共有されていれば、メンバーが質問や反論な

---

[62] Edmondson, A (1999) "Psychological Safety and Learning Behavior in Work Teams" Administrative Science Quarterly, Vol. 44(2), pp.350-383

どの声を上げたとしても、チームの関係性に亀裂が入ったりしないような状態を意味します。

　そして、その後の一連の研究で、心理的安全が高いチームであるほど、チームが学べてパフォーマンスの向上につながること、それを生み出すためにはチームリーダーの"支援型のリーダーシップ"が必要であることを明らかにしました。

　日本では、Google のリサーチチームが「チームのパフォーマンスを向上させるには、心理的安全性を高めることが重要だ」という発表を行ったことで話題となり、『恐れのない組織：「心理的安全性」が学習・イノベーション・成長をもたらす』（エイミー・エドモンドソン、2021）[63] や『心理的安全性のつくりかた：「心理的柔軟性」が困難を乗り越えるチームに変える』（石井、2020）[64] という書籍によって広まりました。

　しかし、この概念の実践現場への普及過程で、少しピントのズレた解釈も広まっているようです。

　どうも巷では、

「心理的安全＝チームで仲良くすること」

「心理的安全＝安心・安全な労働環境をつくること」

　と解釈されているようなのです。

　これらの解釈は、大切なことを見落としているように思えます。それは、エドモンドソンの定義にある、「このチームで、もしリスクを取ったとしても」という仮定の部分です。

　ここで重要なことは、心理的安全という概念が「リスクを取ること」と隣り合わせのものであること。そして、そのリスクテイキングによって「チームのなかに対人関係上の亀裂」、すなわち「他者から

---

[63] エイミー・C・エドモンドソン著、野津智子訳（2021）『恐れのない組織：「心理的安全性」が学習・イノベーション・成長をもたらす』（英治出版）
[64] 石井遼介（2020）『心理的安全性のつくりかた：「心理的柔軟性」が困難を乗り越えるチームに変える』（日本能率協会マネジメントセンター）

無視されたり」「他者から嫌がらせを受けたりすること」が起こらないといったことに起因した概念であるということです。

つまり、心理的安全があえて主張されている意味とは、

①そこに存在するメンバーがリスクを取って挑戦することを、社会的に要請されていること

②みんながリスクを取り合っても、メンバー同士で「お互い足を引っ張り合うような行動をとらない＝対人関係上のコンフリクトが生まれないようにしよう」と求められている

ということなのです。

単に「仲良くしよう、安心・安全な労働環境をつくろう」というものではなく、常にリスクを取ってストレッチすることが求められる「挑戦環境」にあるからこその心理的安全というわけです。

いかがでしょうか。あなたの会社には、本当の意味での心理的安全はありますか？ 仲良しこよしの集団であっても、心理的安全がないチームや職場もあるので注意が必要ですね。

なぜ組織づくりには、
経験を話し合う「対話」が効果的なのか？

M&A後の組織づくりでは、一方的な情報提供を行ったり、様々な議題について会議で議論を尽くすよりも、それぞれが自らの経験を話し、お互いの立場について理解を深める「対話」を行うほうが、物事がスムーズに進む場合があります。相互の考えや思いの「ズレ」は、後になってわかるよりも、早くから実感していたほうが、かえって

「これからみんなで何をしていくべきか」を考える基盤になるのです。

お互いの経験を話し合う「対話」の重要性を示す事例として、「パブリック・カンバセーション・プロジェクト（Public Conversation Project）」をご紹介したいと思います。

このプロジェクトは、「意見の膠着した議論」に対話的アプローチを試みる実験として、1989年に米国マサチューセッツ州で行われたものです。以下、ガーゲン（2004）『あなたへの社会構成主義』から、一部を要約してご紹介しましょう[65]。

パブリック・カンバセーション・プロジェクトでは、妊娠中絶に対して賛成・反対、真逆の立場に立つ政治家や活動家たちを一つの場所に集め、話し合いをさせました。米国で中絶問題は国民の大きな関心事であり、選挙の争点ともなっているほどです。

この対立の最大の原因は、両者が道徳観のまったく異なるバックグラウンドを持ち、まったく異なる現実を見ているため、お互いの立ち位置を理解できないところにあります。また、人種や宗教、政治、思想信条などがからむセンシティブな問題でもあり、議論が平行線をたどり、どうやっても解決の糸口が見つかりそうにない問題の典型といえます。

このプロジェクトでは、このように相反する意見を持った2つの陣営の人々を集めて話し合いをさせたわけですが、ただ議論をさせるのではなく、ある仕掛けがなされていました。まずは、対立する意見を持った政治家や活動家らを混ぜて「小さなグループ」に分けました。会合はビュッフェ形式のディナーで始まり、中絶問題に関する事柄「以外」のことを話すことが求められました。参加者らは、グループ単位で食事をとりながら、それぞれ自分の人生や日常生活について話

---

[65] ケネス・J・ガーゲン著、東村知子訳（2004）『あなたへの社会構成主義』（ナカニシヤ出版）

をしたのです。

　ディナーが終わると、話し合いが始まりました。このとき、進行役は参加者に「みなさんは、ある立場の代表者としてではなく、個人として自分の経験や考えを語り、また、自分以外の人々の話を聞いて考えたり、感じたりしたことを話し合い、興味を持ったことについて質問するようにしてください」と伝えました。具体的には、以下のような質問が交わされました。

①どうしてこの問題に関わるようになったのですか。この問題とあなた自身との関係や、その経緯について聞かせてください。

②中絶の問題に対する「あなた自身の」展望や信念について、もう少し聞かせてください。あなたにとって最も重要なことは、いったいどんなことですか?

③私たちがこれまで話してきた多くの人々は、この問題に対する自分たちのアプローチに、曖昧なところ、自らの信念に関するジレンマ、矛盾点があるということがわかったと言っています。あなたはどうですか。半信半疑な部分、今一つ確信が持てない点、心配事、価値に関する矛盾、誰かに理解してもらいたい複雑な気持ちなどはありますか?

　興味深いのは、これらの質問に対して答える場合、**自然と主語は「私たち」ではなく「私」となり、自分自身の個人的経験のみを語る**ようになることです。また、今一つ確信が持てない点について、率直に話すことで、反対の立場にいる人たちもまた確信を持っているわけではない、揺らいでいる部分がある、ということがわかってきます。
　この３つの問いの後は、お互いに質問し合う機会も与えられました。

その際は、進行役から「あなた方が心から興味を持ったことについて、個人的な経験や信念について知りたいから質問するのだ、という姿勢で、質問をすること」が求められました。

最後に、参加者が重要だと考える幅広いテーマについて話し合いが行われ、今回の話し合いについての振り返りが行われました。

プロジェクト終了後の調査では、**参加者らは、この問題に対する深い理解が得られ、これまで完全に敵だと思っていた反対の立場の人を、敵ではなく隣人として受け入れられるようになった、という結果が出ました。**さらに、2週間後に行った追跡調査でも、その効果は続いていたといいます。

この事例でポイントとなるのは、お互いの立場に基づいて意見を闘わせる「議論」ではなく、自身の経験を語り合う「対話」を行った、というところです。「私」を主語にしてお互いに自分自身の経験を語り合う「対話」を行うことで、対立した相手であっても、相手の立場について一定の理解を示すことができるようになり、問題についてもより深く理解することができるようになりました。

M&A後の組織づくりでは、いきなり組織体制や業務オペレーションなどのシビアな協議に入っていくよりも、まずはお互いの立場、お互いが見ている現実を理解し合う「対話」を行い、ともに未来をつくっていくための関係を構築しておくほうが、より前向きな「議論」につながります。

例えば、パブリック・カンバセーション・プロジェクトで使われた問いを参考にするなら、

- M&Aに対する、「あなた自身の」展望や感じていることについて、もう少し聴かせてください。PMIのプロセスを進めるなかで、あなたにとって最も重要なことは、いったいどんなことですか？

- M&A/PMI を進めるプロセスのなかで、半信半疑な部分、今一つ確信が持てない点、心配事、組織が目指す成果と個人としての想いに関する矛盾、誰かに理解してもらいたい複雑な気持ちなどはありますか？

といった問いを設定し「対話」の場を設けることもできます。

こうした「対話」の場を持つと、M&A に対して否定的な意見が噴出して収拾がつかなくなるのでは、という懸念もあるかと思います。しかし、否定的な意見を抱えているのに、それを表に出せない状況が続くことは、社員のストレスを高め、退職リスクにもつながっていきます。意見を表出する機会をつくり、M&A に対する不満や希望を言語化することで、自分自身が現在の状況をより深く理解し、他のメンバーと話をし、不安感を共有することで、感情的な落ち着きを取り戻すことも期待できます。

「対話」の機会を設けることは時間も手間もかかりますが、M&A 後、早い段階から「対話」の場を持つことで、様々な統合作業が格段に進めやすくなります。「対話」の場づくり、「対話」的なコミュニケーションを常に心がけてみてください。

業務オペレーションを
いかに統合するか？

 三森「先週末はアリノスゲームとビーネスト両社の営業部が一堂に
集まる『AB Friday Night』だったんでしょ？ 両社の若手が中心
になって企画したんですってね。どうだった？」

 八谷「両社がお互いの部署について紹介し合い、後は和やかな感じ
でメンバー同士、今後のことを語り合ったんだ。だいぶ打ち解け
ることができて有意義だったよ。ただ、オペレーションの統合の
ほうはなかなか厳しいよ。どうしてもあっちは『親会社に合わせ
て』といったスタンスを崩さない。こっちに合わせたほうがいい
ところもあると思うんだけどね……」

シナジーを創出するためには、統合する2社のルールや手続き、いわゆ
る仕事のやり方、仕事の進め方については、なんらかの形で調整を図って
いく必要性があります。M&A直後にこの部分に手を付けずにいると、既
存の体制がそのまま残ってしまい、非効率な状況が続くことになります。

とはいえ、統合の進め方によっては、買われた側の社員からさらなる反
発を受ける可能性もあります。いったい、どのような進め方をするのが適
切なのでしょうか。

ルールや手続きの変更は抵抗感を生む

ルールや手続きの変更は、社員の日々の業務に直結する部分でもあり、
M&Aに対する抵抗感につながります。次ページの**図表60**のとおり、買っ

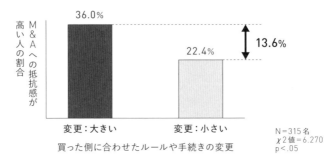

図表60　ルールや手続きの変更とM&Aへの抵抗感の関係とは？

買った側に合わせたルールや手続きの変更とM&Aへの抵抗感の関係

買われた側の社員が買った側のルール・手続きに合わせると、M&Aへの抵抗感が高まります。業務のルーティンが崩れることにつながるため、大きな影響があります

出所：立教大学経営学部 中原淳研究室 PMI研究プロジェクト（2021）「M&A経験調査」

た側が主導権を握り、ルールや手続きの変更を行う度合いが大きい場合、買われた側のM&Aに対する抵抗感が高まっている様子が見てとれます。

　実際、「会社が変わる」ことよりも、「目の前の業務が変わる」「仕事のやり方が変わる」ことのほうが、現場の社員にとっては大きな影響をもたらすものです。ルールや手続きの変更は、これまでに苦労して覚えた業務のルーティンが崩れることを意味します。新しい組織のやり方を「学び直す」必要も出てくるため、業務オペレーションの変化に対する抵抗感が増し、それが結果としてM&Aに対する抵抗感にもつながっていきます。

　さらに、業務オペレーションの変化は、キャリアや仕事への不安感にもつながります。これまでの所属企業で身に付けたスキルや知識、積み上げた経験、さらには人脈が、業務オペレーションの変更によって、活かしにくくなる可能性を社員は感じとります。

206

大切にしている価値観への配慮が必要

　業務オペレーションとは、単なる仕事のやり方、進め方ではありません。長年行われてきた業務オペレーションには、その組織やチームのアイデンティティにつながる価値観、考え方が深く反映されているものです。

　ヴィーナスら（2019）の研究によると、不確実性が高い状況で、従来の組織やチームのアイデンティティに関わる価値観・考え方の変更を迫ることは、変革に対するメンバーの抵抗感を高めます[66]。結果として、メンバーから変革へのサポートが得られなくなってしまうのです。

　M&Aは、まさに買われた側の社員を不確実性が高い状況にしてしまう戦略です。そのようななかで、有無をいわさず業務オペレーションを変えようとすると、従来の組織やチームが大事にしていた価値観をないがしろにしている、と捉えられてしまいます。

　シナジーを生み出すためには、より効率的な業務オペレーションに変更していくことが必要です。しかし、買われた側が大切にしていたビジョンや価値観を頭ごなしに否定するのではなく、活かせるものは踏襲していくことも一案です。

　先ほどのヴィーナスら（2019）の研究でも、次ページの図表61のように、不確実性が高い環境では、従来の組織で大事にされていたビジョンや価値観が継続されるほうが、変革の効果を高め、メンバーから変革のサポートを得られやすくなる、と指摘しています[67]。よって、**買われた側が大事にしていたビジョンや価値観をすべて変えるのではなく、"組織らしさ"として特に重視されていたものは、部分的に残してもよいでしょう。**

　やむなく最終的に変更する際には、「なぜ変える必要があるのか？」「変えることで、どういう成果が期待されるのか？」「以前から踏襲される部分（変わらない部分）はどこなのか？」について、買われた側の社員に対

[66, 67]　Venus, Stam, and Knippenberg (2019) "Visions of Change as Visions of Continuity" Academy of Management Journal, AMJ-2015-1196. R2

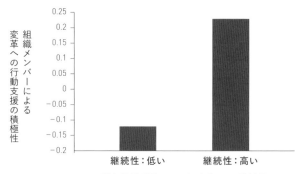

図表61　組織のビジョンが継続されるメリットとは?

組織メンバーによる変革への行動支援の積極性

従来組織が持っていたビジョンの継続性

継続性：低い　　　継続性：高い

M&Aのような不確実性が高い状況では、従来の組織で大事にされていたビジョンや価値観が継続されるほうが、社員からの支援を得やすくなります

注：縦軸の数値は、特定の手法を用いて行動支援の積極性をスコア化したもの
出所：Venus, Stam, and Knippenberg (2019) "Visions of Change as Visions of Continuity" をもとに筆者改変

して、十分な説明をする必要があります。

　くどいようですが、シナジーを生み出すためには、業務オペレーションの統合は避けられません。ですが、すべてを一斉に置き換えるのではなく、どの部分まで買った側の企業に合わせるのか、どの部分はこれまでどおりに残すのかを慎重に細やかに見極め、残せる部分はできる限り残すようにすることが重要です。

　また、「変えるところ」と「変えないところ」を明確にし、変更点はしっかりと伝えることが重要です。たかがコミュニケーション、されどコミュニケーションなのです。社員に対して丁寧なコミュニケーションを図っていくことが求められます。そして、残す部分については、「みなさんが大切にしてきたこの部分は、今後も残していきます」と伝えると、その後も継続して業務を行うイメージが得やすくなり、その後の変革に対しても協力的になり、統合がスムーズに進むようになります。

　図表62をご覧ください。M&A を成長戦略と位置づけ、数多くの M&A

身体的・心理的な安全の確保	買収後には、基本的にその会社の経営層を残す。（日本電産からの派遣は最低限にし）リストラもしない。ブランドを残し、その企業の歴史を重視し、安心感を醸成
現場との対話	永守会長が買収先企業のメンバーとよく話す。社長や役員だけでなく、中間層、若手まで、とにかくよく話す
バリューの浸透	日本電産が大事にしている経営理念や経営手法を浸透させ、根づかせる。標語などを有効活用する
自律的なガバナンス	本社の関与度合いを段階的に引き下げ、対象企業の自立性を高めていく（自社のことは自社社員で検討させる）

数多くのM&Aを成功させている日本電産では、変えてほしい部分はしっかりと伝える一方、相手先が大切にしている部分は変更を最小限にしています

出所：日本電産ホームページ、田村（2017）を参考に筆者作成

を成功させている日本電産では、会計の仕組みなど、日本電産の希望で変えてほしい部分は、買われた側にしっかりと伝えます。その一方で、それまでの経営層を残す、リストラは行わない、社名（ブランド）も残すなど、買われる側が大切にしているものに関しては、できる限り変更を少なくしています[68]。そうした配慮が、スムーズな PMI の進捗につながっていると考えられます。

これまでのやり方を尊重した業務オペレーションの統合

業務オペレーションの統合は、シナジーを生み出すためにきわめて重要な作業ですが、いたずらに進めていくのは避けたほうが無難です。変更する際は合理的な理由を丁寧に説明するのはもちろん、買われた側のオペ

---

[68] 田村賢司（2017）『日本電産　永守重信が社員に言い続けた仕事の勝ち方』（日経 BP）

レーションのなかに優れたものがあれば、そちらに合わせようとする柔軟性も重要です。

①お互いのやり方を説明し合い、納得感を高める

買った側が一方的に業務オペレーションを押し付けるようなことは、しないほうが無難です。まずは、お互いの業務がどのようなステップで進められているのかを確認します。その上で、共通点と相違点をバランスよく抽出していきます。

②前提となっている価値観・考え方にも意識を向ける

シャイン（2012）が述べたとおり（067ページ）、業務オペレーションは、組織文化の目に見えやすい一形態です[69]。その背景には、組織のなかで掲げられているミッション、ビジョン、バリューが反映されています。業務オペレーションの変更は、実務に関する取り組みのように見えて、実は、組織で大切にされている価値観に対する挑戦でもあるのです。業務オペレーションの背景にある価値観や考え方にも意識を向けるようにします。例えば、「営業の業務フローはどのような流れで進められていますか？　そのプロセスのなかで、特に重視されている考え方や、大切にされている価値観はどのようなものですか？」と問いかけることで、業務オペレーションに対するより深い理解が促されます。

③お互いの歴史的経緯に敬意を持つ

買った側・買われた側の業務オペレーションについて、それぞれの立場から見て、「非効率ではないか？」と感じることがあるかもしれません。しかし、その組織では過去に起きた出来事を踏まえて今の業務オペレーションに行き着いており、合理的な意味を持っていることが多いのです。どんなことにも「歴史的必然性」「他者の合理性」があることを意識し、

---

[69] エドガー・H・シャイン著、梅津祐良・横山哲夫訳（2012）『組織文化とリーダーシップ』（白桃書房）

それを理解し尊重する態度で接することが大切です。

　一見、非合理的に見える行動も、組織内の様々な要素が絡み合いながら、ある種の合理性のもとで成立している可能性があるのです。したがって、お互いの会社がどんな歴史を歩んできたか、どのような価値観を大事にしてきたかを共有する機会をつくることも有効です。例えば、社員の多くが参加するワークショップの場などで、各社の創業から現在に至るまでの歴史的な変遷や、代表的なイベントなどを共有するだけでも、その企業が大切にしている価値観や行動原理をつかむきっかけになります。

④例外を許容する際の基準を明確にしておく

　お互いのやり方を尊重する姿勢は、非常に重要です。ただし、それが行きすぎて、ことあるごとに例外を許容してしまうと、当初期待した成果が得られなくなってしまいます。業務オペレーションの統合の実効性が低下してしまう、スピード感が失われてしまうなど、業務オペレーションの統合が有名無実化してしまいます。

　例外を認める場合は、場当たり的にするのではなく、そのプロセスを明確化しておく必要があります。**例外を認める基準として立ち返るべきは、あくまでもM&Aの目的とゴールです。**例外を許容するのも、当初設定したM&Aの目的とゴールにつながるという前提があってこそです。そこさえぶれなければ、業務オペレーションを変更する場合でも、買った側・買われた側の双方から理解を得られやすくなります。

　楽天ピープル＆カルチャー研究所の日髙達生氏は、「**先方の社内でどうしても残しておきたい理念があるので、楽天主義と並行運用したいというケースがあります。その場合は、先方の経営トップと、楽天のコーポレートカルチャーディビジョンの責任者が合意をした前提において、共存を認めるという段階措置を取ることもあります。その際にも、両社の理念が最低限つながっていることを証明する書類を共有するようにしています**」と述べています。

会社に求められる統合支援とは？

 三森「その後、アリノスゲーム営業部との統合作業は進んでいる？」

 八谷「まあ、大筋は統合できてきたかな、という感じ。ただ、統合作業を進めるうち、何のために統合しているんだっけ？ という気になることがあるんだよな。営業体制を強化するため、効率化するため、というよりは、M&A以前のそれぞれの組織のやり方に固執しながら、お互いに自分たちが守りたいものをどう守るか、といった方向に向かっているような気がするんだ。この作業では、どっちの言い分が通った？ あっちの作業では、そっちの言い分が通った、という感じになっている気がする。経営層も統合プロセスをサポートするとは言ってくれるけど、具体的なサポート策があまり見えてこなくて……」

　M&Aが成立する前の段階では、良い形で案件を成立させようと、関係者全員が"良好な関係性"を保てるよう気を遣いながら慎重にディールを進めていきます。一方、M&A後の統合プロセスでは、関係者ががらりと変わり、案件に関わる主体が現場に近くなっていきます。そして、シナジー創出のため、統合に向けての「変化」を強要される面が強まるため、ストレスも高まりがちです。

　その際、「経営層は、統合がうまくいくように支援してくれている」という実感が得られているかどうかが、社員の精神状態に大きな影響をもたらします。「経営層は、M&Aをするだけして、PMIのプロセスは現場に

丸投げして全然サポートしてくれない！」となると、現場のモチベーションが上がらないのは無理もありません。本節では、経営層による統合支援は、どのような影響をもたらすのか。また、どのような支援が望ましいのかを見ていきます。

会社側の統合支援が社員の組織ロイヤルティを高める

図表63のとおり、PMIのプロセスにおいて、事業に関わる方針や手続きの統合、経営資源の統合、組織文化に関わる統合について、会社が組織的にサポートすることで、社員の組織に対するロイヤルティが高まることが明らかになっています。統合に関する組織的な努力がなされた群は、組織ロイヤルティが高い群の割合が54.8％にも及んでいます。

PMIを現場任せにせず、経営層も一緒になって取り組んでいく姿勢を

図表63　**会社による統合支援は「組織への愛着」にどう影響するか？**

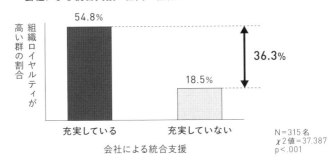

会社による統合支援と社員の組織ロイヤルティの関係

N＝315名
χ2値＝37.387
p＜.001

統合に関する組織的な努力が高いほど、社員の組織ロイヤルティ（組織への愛着）が高くなります

注：統合に関する組織的な努力とは　事業に関わる方針や手続き　事業に関わる経営資源　組織文化等に関して　積極的に統合
　　に取り組もうとする働きかけ
出所：立教大学経営学部 中原淳研究室 PMI 研究プロジェクト（2021）「M&A 経験調査」

行動として見せることが重要です。それによって社員は、経営層も「同じ船に乗ってくれている」という感覚を持つことができ、**組織ロイヤルティが高まっていきます。**

また、PMIに予算をかけているかどうかは、シナジー創出にも影響を与えます。ところが多くの案件で、M&Aに対する投資はディールが成立した時点で終了します。その後のPMIの取り組みは、それぞれの事業部予算で行っていく、というケースが多いようです。そうすると、外部専門家を雇う予算も限られてしまい、社内メンバーだけでは能動的に対処できないといった事態に陥ることもあります。

しかしながら、前述のとおり（063ページ）、M&Aを通じて価値を創出できている企業は、総投資額の6%以上をPMIに充てていることがわかっています。これは、統合支援の取り組みに対して継続的に投資を行っていくことで、価値創出の度合いを高めることができるということを示しています。大切なことは「買って終わり」にしないことです。むしろ、買って終わりにせず、シナジーを生み出すところまでがM&Aと考えて、継続的な投資を行うことが重要です。したがって、当初からPMIの予算を見込んでおく必要があります。

経営層による統合支援で大切なこと

M&Aは、社員にとって必ずしも歓迎すべきものではありません。経営層としては、組織的な統合支援の取り組みのなかで、M&Aに前向きになれずにいる社員への配慮を示していく必要があります。その際の注意点を下記にまとめました。

①経営層やマネジャーが統合に積極的な姿勢を示す

経営層や投資担当者は、統合作業を現場マネジャーや社員だけに丸投げすることを避けなければなりません。**経営層もシナジー創出に積極的に関わっていくというメッセージを発しながら、経営として「本気でM&A後**

の統合に取り組んでいる」という姿勢を示す必要があります。例えば、買った側・買われた側の経営層・経営幹部がしっかりとコミュニケーションを取りながら、一枚岩であることを示すのも、統合への積極的な姿勢をアピールすることになります。M&Aの目的やビジョン、PMIの進め方や進捗などを、全社に対してしっかりと伝え続けることも、社員のコミットメントを促す一つのやり方です。

M&Aによって会社規模が一気に拡大したある企業では、社長が情報発信の担い手となるニュースレターを刊行しました。買われた側の社員に対して、社長の人となりを伝える良い機会になっているそうです。買われた側の社員からは、社長がPMIに対して積極的に関わり続けようとする意思表示として受け止められていると思います。

また、**社員との接点が多い現場マネジャーのPMIに対する評価・言動も、社員には大きな影響を与えます**。現場マネジャーがPMIについてきちんと語れるよう、経営層から必要な情報を共有しておくことも重要です。

②メッセージを繰り返し伝える

経営層やマネジャーからのメッセージは1度では伝わりません。M&Aに限らず、日常の業務でも情報の浸透で悩まれている方は多いと思います。組織コミュニケーションの領域には、「ルート（$\sqrt{}$）の法則」といわれる実践知があります。これは組織内コミュニケーションの伝わらなさを、ルートの計算式になぞらえたものです。社員に対して発信するメッセージは、4人に伝えたいなら2回言わなくてはならない（$\sqrt{4}=2$）。100人に伝えたいなら10回（$\sqrt{100}=10$）同じことを言わなくてはならない。例えば、1万人の大企業なら$\sqrt{10000}=100$ですから、100回同じことを言わなくてはならないということになります。

考えてもみてください。社員は日々の業務に取り組むだけで手いっぱいです。そこでやりとりされるメッセージの数は、相当な量です。そんな情報に接していると、現在抱えている業務に直結しない、M&Aに関する情報は、どうしても見過ごされがちです。経営層やマネジャーは、届けたい

メッセージを、前述のとおり（144ページ）様々なコミュニケーション手段を使いながら、重層的に、何度も繰り返し伝えていく必要があります。

③コミュニケーション・ラインを整備する

PMIの進め方や進捗については、特に同じ役職・階層間で、情報の一貫性を保てるよう、正しい情報を過不足なく共有することが重要です。M&A後しばらくは、従来のコミュニケーション・ラインが残ったままとなるため、情報が錯綜しがちです。情報が錯綜すると、混乱を招き、不安や不信感につながります。統合後は、透明性を保ちつつ、一斉に同じメッセージを伝えられるよう、いち早くコミュニケーション・ラインを整えていくことが重要です。

④クイックヒットをタイムリーに伝える

M&A後の早い段階で生まれた、2社が協業するからこその成果（クイックヒット）をこまめに取り上げ、社内広報していくことで、シナジー創出の機運を高めることができます。M&Aで実現したいビジョンやゴールを丁寧に説明されたとしても、「本当にうまくいくのか？」「期待どおりの成果が出るのか？」という想いは、なかなか払しょくできないものです。そんなときには、実際の成果がM&Aの必要性を雄弁に語ってくれます。たとえ小さな成果でも、前向きに伝えていくことで、「このM&Aは成功だった」「M&Aも悪いことばかりではない」など、統合に前向きな気持ちを生み出すことにつながります。

⑤統合プランを明確にし、宙ぶらりんにしない

M&A直後は揺れ動く時期です。「揺れ動く」とは、よりポジティブに意味づければ、変化を受け入れやすい時期でもあります。どのように統合を進めていくのかという統合プランは、たとえ社員にとって都合の悪いものであっても、先延ばしにせず、できるだけ早い段階から明確に示しておくようにします。形式的な統合だけでは、結局シナジーにつながりません。

⑥社員に選んでもらえるような情報提供をする

　M&Aとは、社員側からすれば、新しい会社に再入社するようなものです。M&Aの専門家である岡俊子氏は、M&Aを前向きに捉えられるようになるためには、「自分の意思で、新しい組織で働き続けることを選んだ」という意識を持つ必要があると強調しています（307ページ）。統合後の新しい組織に残るのか、残らないのかを、社員自らが判断・決定できるよう、経営方針や組織体制、働き方に関して、どう変わるのか、しっかりと情報提供を行うようにします。誠実な情報共有に努めた結果、退職という意思決定をする社員が出ても、仕方がないことです。退職をネガティブなものと捉えすぎないことも大切です。

⑦社員の納得感を高める場を提供する

　M&Aについての納得感を高めるためには、M&Aが自分たちの組織にとってどんな意味があったのか、自分にとってどんな意味があったのか、考える機会を与えることも大切です。後述しますが、**自分自身にとっての学びや気づきを感じられる社員ほど、M&A後の退職意向が低くなること**が調査からわかっています（245ページ）。

　そのためには、次のような場を提供し、M&Aに対する意味づけ（Sense Making）をサポートすることも、その一助となります。

- 上司と部下で行う1 on 1ミーティング
- チーム内での定期的な振り返り
- M&Aに対する思いを語り合う対話の場

　組織全体としてコミュニケーションの量を増やすための施策を、経営層が後押しすることも統合支援に含まれます。

⑧組織構造といったハード面からのアプローチも検討してみる

　情報の共有や対話の場づくりなど、ソフト面からのアプローチに加えて、

組織構造といったハード面から、PMI のプロセスを前に進めるアプローチもありえます。

　例えば、ある企業では、M&A 後に部署を新設し、買った側・買われた側からそれぞれ優秀な人材を異動させ、事業や組織がつながりやすくなる組織づくりに取り組んでいました。「**人を異動させることでつながりが生まれ、化学変化が起きやすくなる**」という意図から行った取り組みだと、M&A/PMI のプロセスを主導された方が話してくれました。決して簡単な手法ではないですが、こうした新設の部署が、M&A 後に大切にしたい組織文化を体現できれば、社内におけるロールモデルとしても象徴的な存在となります。

　こうしたハード面からのアプローチは、経営層に近い、ある程度のポジションだからこそ取り組めることです。ソフト面からのアプローチに加えて、ハード面からのアプローチを補完的に進めることで、より成果が生まれやすくなります。

複雑な課題を先送りにしない

三森「統合ニュースを伝えるオンライン社内報の『ＡＢタイムス』、見たわよ！ 営業セクションで早くも統合の成果が出た、と話題になってるわ。すごいじゃない！」

八谷「ありがとう。営業の若手エースの羽生くんが中心になって頑張ってくれているおかげで統合作業は順調に進んでいて、営業セクション全体が活気づいてるよ。ただ、問題が一つあって、社内コミュニケーション・ツールをどうするかが、いまだに決まらないんだ。やっぱり慣れてるほうが使い勝手がいいからね。どちらに合わせるのか？ 変えるならいつやるか？ 悩ましいよ……」

　M&Aの統合プロセスでは、多くの課題が生まれてきます。これまで別々の会社だった複数の会社が一つの会社として一緒に活動しているのですから、ある意味、課題が生まれてくるのは当然です。それらの課題一つひとつに向き合い、話し合って乗り越えていくほかないのです。

　ただし、一筋縄ではいかない複雑な課題を"ハレモノ（腫れ物）"とラベル付けして、「臭いものには蓋をする」とばかりに、解決への取り組みを先送りしてしまう状況も多々見られます。一度生まれた課題が何もせずに解決することは、ありえません。解決するためには"意図的な働きかけ"が必要になるのです。問題を先送りすればするほど、事態は悪化し、手が付けられなくなってしまうこともあります。そうなると、後々まで悪影響を与えてしまうことがあります。例えば、次のような状況に陥っていないでしょうか。

- 業務の進め方の違いを認識しているにもかかわらず、「どちらかに合わせて変えましょう」と言い出さないで放置してしまっている。
- 明らかに同じ機能が重複しているのに、そのまま見て見ぬふりをする。
- 「部長より早く退勤できない」「女性社員がお茶を入れる習慣」など、統合後の組織で違和感や疑問を持つことがあっても、「買った側で長年続いてきたものだから仕方ない」とそのままにする。

　こうした厄介な「ハレモノ」は、なぜ先送りされ続けてしまうのでしょうか。また、こうした「ハレモノ」から目をそらさず、解決に取り組むためにはどうすればいいのでしょうか。

M&A後は"ハレモノ"が生まれやすい

　図表64をご覧ください。M&A経験者の24〜28%程度が、M&Aに起因

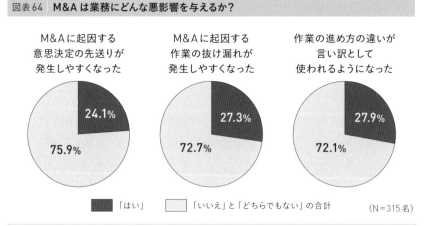

図表64　**M&Aは業務にどんな悪影響を与えるか?**

M&Aに起因する
意思決定の先送りが
発生しやすくなった

24.1%
75.9%

M&Aに起因する
作業の抜け漏れが
発生しやすくなった

27.3%
72.7%

作業の進め方の違いが
言い訳として
使われるようになった

27.9%
72.1%

■「はい」　□「いいえ」と「どちらでもない」の合計　　(N=315名)

M&Aがもたらすネガティブな影響が、24〜28%の組織で確認されています。M&Aそのものを、業務が前に進まない理由にさせないことが重要です

出所：立教大学経営学部 中原淳研究室 PMI 研究プロジェクト（2021）「M&A 経験調査」

する「意思決定の先送り」や「作業の抜け漏れ」や「言い訳」を経験しています。シナジーを期待して実施する M&A ですが、M&A 直後に体制が大きく変わるプロセスでは、様々な問題が噴出する時期もあると思います。M&A に限らず、大きな変化における一時的なパフォーマンスの低下は、どの組織もが通る道です。

　しかし、表面化した問題をそのまま放置していいというわけではありません。確認された問題は、一つずつ、しっかりと解決していく必要があります。また、**何か問題が発生したときの言い訳として M&A を引き合いに出す雰囲気を、組織として許容しないことも重要です。**その背後には、出身組織が異なるメンバー同士のコミュニケーションの面倒くささや、業務オペレーションを統合していく面倒くささなど、一人ひとりが向き合わなければ解決できない課題が隠れているのです。

厄介な"ハレモノ"にどう向き合うか

　厄介な"ハレモノ"には、どうしても「今は手を付けたくない」と、先送りにしたい気持ちが生まれてしまいます。この気持ちと向き合っていくには、次のようなマインドセットを持つとともに、アクションを実行していく必要があります。

①問題は先延ばしするほど悪化する

　M&A を実施した時点で、いわゆる「パンドラの箱」はもう開いています。2つの組織が取り組んでいたことを一つの組織にまとめるのですから、業務オペレーションやコミュニケーション・スタイル、組織文化の違いが問題化しないわけがありません。しかし、M&A 後の統合作業に難航したとしても、事業は継続していかなければなりません。

　問題に対処せず、先延ばしにしても、いいことはありません。対応を先延ばしにすればするほど、事態は悪化し、向き合いたいという気持ちがさらに低下します。そして、事態がさらに悪化するという、負のスパイラル

に陥ってしまうのです。

②問題を解決しやすい時期を逃さない

　M&A直後は、恐れや不安はもちろんありますが、社員にしても「何か大きな変化があるのは仕方がない。自分たちも変わらなければいけない……」と、変化を受け入れやすい時期でもあります。そのタイミングで、経営側から「M&A前後で何も変化がありませんよ」というメッセージが出ると、当然、社員は安心します。しかし、その後に、「いや、やはり制度を変更します！ 業務の進め方を変更します！」といった話題が出てくると、社員としては裏切られた気持ちになってしまうのです。

　社員を安心させたい気持ちから、良かれと思って「何も変わらない」というメッセージを発信することには、大きなリスクがあります。不安や恐れはあれど、変化しやすい時期を逃さず、取り組んでいく必要があります。先延ばしにするにしても、戦略的な意図を持って、社員に対する情報共有を行いながら、進めていく必要があります。

　例えば、ある企業では、M&A後、両社の事業領域が近かったにもかかわらず、すぐに統合するという選択肢を取りませんでした。その理由をM&A担当者はこう語ってくれました。

「新しくグループインした企業のサービスは、親会社と似通っています。ただし、顧客層については、グループインした企業のほうが、親会社よりハイエンドです。なので、それぞれの会社として独立して事業を続けています。もう少し親会社のサービスが成熟した段階で、再度、合併するかどうかを検討したいと考えています」

　戦略的に合併を先延ばししている例です。このように先延ばしにするにしても、背景に意図があり、それを説明できれば、社員も腹落ちしやすくなります。

③完璧主義を目指さない

　とはいえ、完璧主義を目指さないことも重要です。解決できるもの、で

きないものを見極め、付き合っていくしかありません。また、自分一人で抱え込み、すべてを解決しようとしないことも大切です。上司や同僚など、課題解決をサポートしてくれる人に早い段階で助けを求めることで、打ち手の幅が広がっていきます。お互いを頼り、組織の課題はメンバーみんなで解決することで、組織・チームとしての結束感も強まっていきます。

COLUMN #9

なぜM&Aには「NGワードリスト」が必要なのか

「PMIのプロセスでは、ちょっとした言葉遣いが命取りになります。『買った、買われた』という言葉を使うだけでも、買われた側は複雑な心境になり、そこに心理的な障壁ができてしまいます。言葉選びを誤って感情を逆なでし、細かなささくれができないようにするためには、NGワードリストを作って関係者間で共有しておく必要があります。買った側は『上から目線に聞こえてしまう言葉』を、どれだけ無意識に使っているかということに、もっと自覚的になる必要があると思います[70]」（楽天ピープル＆カルチャー研究所代表・日髙達生氏）

「NGワード、NG表現のリストを作るためには、その会社のディテールを知ることが重要です。そこで、私たちは、1〜2か月かけて、どんな言葉遣い、どんな態度が気持ちを逆なでするのかを、じっくりと観察して、リストを作り上げていきました」（明治大学 グローバル・ビジネス研究科 専任教授・岡俊子氏）

M&Aについて豊富な経験を持つお二人ともが「言葉」の重要性を

---

[70] 本書第7章276ページに、NGワードリストの例を記載しています。

指摘しています。M&A後の組織づくりにおいて、「言葉」が重視されるのはなぜでしょうか。カギとなるのは「現実は、社会的に構成されたものである」とする「社会構成主義」の考え方です。社会構成主義では、私たちが「現実だ」と思っている事象や事実などは、すべて「人々のやりとりするなか」でどう認知されたか、どう解釈されたかによってつくられたものだ、と考えます。

　M&A後、「一つの会社」になるのは、いつでしょうか。法的には、M&Aの契約交渉が成立し、買収手続きが終われば「一つの会社」になりますが、社員同士がすぐに「一つの会社になった」と感じるかというと、そうでもありません。M&Aを進める側は、組織図がまとまった局面、あるいは、2つの会社が同じビルに入った局面で「一つの会社になった」と思ってしまうものですが、社員が実際に「一つの会社になった」と思えるかどうかは、制度的・物理的な環境が一緒になることよりも、この出来事の意味に対して各人が腹落ちし、そこに心理的な納得感を得られなければならないのです。

　では、どのようなときに、心理的に「一つの会社になった」といえるのでしょうか。例えば、他社の人と話す機会があったとして、その際、統合後の会社をイメージしながら「うちの会社は……」と語るようになったときに初めて「一つの会社になった」といえるのではないでしょうか。これが社会構成主義的考え方です。つまり、私たちの「現実」は、「言葉のやりとり」がつくり出す（words create world）というわけです。

　M&A後、「一つの会社になった」という感覚は、「うちの会社は」という言葉が口をついて出た瞬間に「あ、今、自分は『うちの会社』だと認識したから、思わずそう言ってしまったのだな」と、初めて知覚されるものです。そして、この「うちの会社」という意識は、「うちの会社らしいよね」「うちの会社ってね」などと、人々がやりとりをするなかでつくられていくものだ、というわけです。

一方、M&A後も「こちらの会社ではそうやっているのですね」などと、自社のことを「うちの会社」と呼べないでいたり、いつまでも「元Ａ社さん」「元Ｂ社さん」といった呼び方が社内に残っていたりする状況は、心理的な統合ができていないことを示しています。

　このように、心理的な側面に目を向けると、組織面の統合やオフィスの統合といった物理的な側面だけでなく、「語り方」「語られ方」による統合も軽視できないことがおわかりいただけるかと思います。そこで重要となるのが「言葉」です。「うちの会社が」という「言葉」の使用が「うちの会社のメンバーである私たち」という「現実」をつくっている、とすれば、「買収した」「買収された」「売り手」「買い手」といった「言葉」を当事者の間で使うことは、２社の間に「上下関係」という「現実」をつくり出してしまいます。

　特にM&Aでは、どうしても買った側、親会社側を中心に物事が進むため、買われた側、子会社側から見える現実がどのようなものなのかには、考えが及ばないものです。買った側には、自分たちの考えや見えているものが真実だという思い込み、押し付けが生まれやすくなり、そうした前提をもとに無自覚に使ってしまう「言葉」が分断を生み出してしまうことがあります。「語り」が不都合な「現実」をつくり出してしまう可能性がある、というわけです。

　M&Aの現場をよく知るお二人が、特に言葉遣いに敏感なのは、「言葉」が人々の分断を生み出してしまう可能性があることを自覚し、「分断」を生み出す言葉の使用をできる限り減らしていくことが、結果的により円滑なPMIにつながることを熟知しているからなのです。

　また、逆の視点に立てば、「買った側・買われた側という垣根を越え、一つの組織として新しい価値を生み出すことに挑戦していこう。お互いの強みから学び合おう」といったメッセージを、トップ同士やミドルマネジャーが繰り返し繰り返し、現場に語ることで、M&Aに対するポジティブな意味づけが現場でも醸成されやすくなります。つまり、

「統合」につながる言葉の使用をできる限り増やしていくことで、M&Aを通じた価値創出のスピード感が高まっていくともいえます。

　以上、この第5章では、M&Aの直後に、買われた側のメンバーを巻き込み、シナジーを生み出していく上で、経営層や現場マネジャーに求められる行動について述べてきました。ストーリーを大事にした情報共有に取り組むとともに、対話の場をつくりながら、自ら発する言葉を通じて、M&Aの必要性を認識していけるような機会をつくることが、重要になってきます。

CHAPTER 5 のチェックポイント

　本章での学びを現場で活かすために、次の問いを考慮してみてください。

□ メンバー間の相互理解を促すとともに、会社のこれからについて対話する場がつくられていますか？ 社員をうまく巻き込むために、どのような工夫ができるでしょうか？

□ M&A後のありたい姿を意識しながら、業務オペレーションの統合に取り組めていますか？ 関与するメンバーの納得感を高めるために、どのような工夫ができますか？

□ 統合に関する作業について、現場任せにせず、マネジメント層も率先して関与していますか？ マネジメントの本気度を伝えるために、どのような工夫ができますか？

□ 2つの組織に関わる"面倒な課題"への対応を先送りにせず、一つひとつ取り組んでいますか？ 課題を面倒にしてしまっているそもそもの要因には、どのようなアプローチが有効でしょうか？

〈再凍結〉

M&A後3か月以降に
大事にしたいアクション

新たな価値を生み出すために

　M&Aの契約締結から3か月後というのは、統合初期の混乱期を経て、今後の統合方針や事業の進め方が明らかになっていき、新しい規範が集団内に生まれ始める時期です。この時期は「組織づくりの3段階モデル」のステップ3〈再凍結〉にあたります。新しく生まれ始めた規範をルーティンとして定着させることで、M&Aで目指したゴールの達成や、シナジーの創出をしやすくしていきます。ようやくM&A後の組織が新たな価値を生み出し始めるのです。

　それでは、組織に社員を定着させ、統合による新たな価値を生み出していくためには、どのような取り組みが必要なのでしょうか?

CHAPTER 6
〈再凍結〉
M&A後3か月以降に
大事にしたいアクション

--- CASE ---

 三森「アリノスゲームとの経営統合から3か月が経ったわね。営業
　　　セクションはどんな感じ？ 落ち着いた？」

 八谷「大変だったけど、おかげさまでようやく回り始めた感じかな。
　　　ただ、なかには『新しい組織になじめない』『新しい仕事のやり
　　　方についていけない』という人もいて、そのあたりをどうしたら
　　　いいか悩んでる」

 三森「具体的に、どんなところが合わないのかしら？」

 八谷「アリノスゲームはやっぱり社歴が長い人も多いから、自分の
　　　仕事のやり方を変えないミドル層もいて、そうした人たちとうま
　　　く仕事が進められない、と困っている若手は少なくないよ。こっ
　　　ちは若手が多いから『もっと自由に働きたい』と、転職されてし
　　　まわないか心配だよ」

 三森「そうなのね。実はM&Aのシナジー創出には、統合後3か月
　　　以降の取り組みが大切だそうよ。気を抜かずにやれることはやっ
　　　ていきたいわね」

　本章では、4つの観点から、M&A後3か月以降に必要な取り組みについて理解を深めていきます。

　第1節の「社員のリテンションを高める」では、M&Aの実施から3か月が経ち、いろいろな状況が明らかになるなかで高まる、社員の退職意向について整理します。

　第2節の「マネジャーによる社員の定着支援」では、社員を定着させつ

つ、PMI のプロセスを円滑に進めていく上で、ミドルマネジャーやラインマネジャーがどんな役割を果たしていけるのかを論じていきます。

第3節の「シナジー創出に求められる組織文化やアクション」では、より大きな視点に立ち、組織文化とシナジーの関係性について理解を深めていきます。個人の行動だけでなく、組織がどのような価値観を大事にしているかによって、シナジー創出の度合いは変わってくるのです。その上で、シナジーを創出していくために必要な働きかけについて、改めて整理します。

社員のリテンションを高める

 八谷「いやあ、困ったよ。営業部の若手エースで営業セクション統合イベントの企画もやってくれていた羽生くんから、退職を考えてるって相談されたんだ……。直属の上司がアリノスゲームでもかなり難しい人みたいで、今までのやり方を認めてもらえないらしい」

 三森「そんな！ 彼は他の若手からも人望が厚いし、なんとかしてあげたいわね」

　本節では、M&A/PMI という大きな変化のなかで、どのような要因が社員の退職意向（辞めたいという気持ち）につながるのかを明らかにしていきます。M&A を経て、改めて社員自らが「この組織で働きたい」「この仕事を続けたい」と働き続けることを前向きに捉えられるようにしていく方策を探っていきます。

▍職務環境の変化に対する社員の認識

　M&A の大きなプロセスのなかで、社員はどのような心理状態をたどるのでしょうか。

　図表65のように、M&A 実施後 3 か月が過ぎた頃くらいから、PMI の進め方に関する方針やスケジュールの詳細が明らかになり、初期の混乱が落ち着き始めます。そのプロセスのなかで、M&A の必要性や環境変化に対する理解が深まり、自分自身のなかで M&A に新たな将来の可能性（自

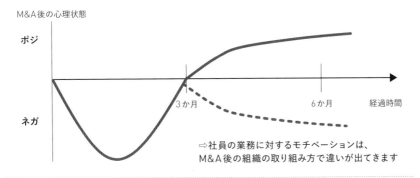

図表65　**M&A 後の社員の心理状態はどう変化するか？**

M&A後の心理状態

ポジ

ネガ

3か月　　　　　6か月　　経過時間

⇨社員の業務に対するモチベーションは、
　M&A後の組織の取り組み方で違いが出てきます

初期の混乱が落ち着いた3か月以降、社員は少しずつ考える余裕が出てきます。組織の状況によっては、退職も頭をよぎり始めます。退職意向を下げるための組織的な取り組みが重要です

分がここで働く意味）を見出せた場合、社員の心理状態は、徐々にポジティブに変わっていきます。たかが意味、されど意味、なのです。ポイントは、M&A によって「新たな将来の可能性（自分がここで働く意味）」を実感できるかどうかです。

　逆に、M&A 後の組織や自身の業務に対する将来の不安や、統合後に感じた不満が解消されない場合、苛立ちや諦めといったネガティブな心理状態に陥り、退職を考える社員も現れます。M&A が買われた側の企業や自分自身にとってどんな意味をもたらすのか、様子見をしていた社員が動き出すのです。

　M&A 実施後、3か月が過ぎた頃からは、社員の「不本意な退職」をできる限り防ぐ取り組みが重要です。

　M&A/PMI のプロセスでは、働く社員に直接的な影響をもたらす、大きな環境の変化がいくつも同時に起こるものです。

　次ページの図表66で示しているように、**買われた側の社員のうち、「異**

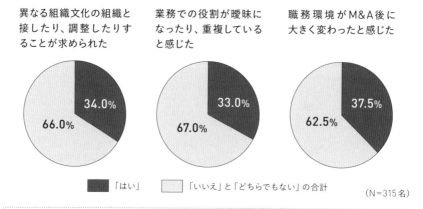

図表66 **M&Aによって社員はどんな環境変化を感じるか?**

異なる組織文化の組織と
接したり、調整したりす
ることが求められた

66.0%　34.0%

業務での役割が曖昧に
なったり、重複している
と感じた

67.0%　33.0%

職務環境がM&A後に
大きく変わったと感じた

62.5%　37.5%

■ 「はい」　□ 「いいえ」と「どちらでもない」の合計

（N=315名）

M&Aによって、社員は組織文化の調整を求められたり、業務上の役割の曖昧感・重複感、
職務環境の変化などを感じています

出所：立教大学経営学部 中原淳研究室 PMI研究プロジェクト（2021）「M&A経験調査」

なる組織文化の組織と接したり、調整したりすることが求められた」割合
は34.0％、「業務での役割が曖昧になったり、重複していると感じた」割
合は33.0％、「職務環境がM&A後に大きく変わったと感じた」割合は
37.5％にのぼります。

　おおよそ35％程度のメンバーが、M&Aによって仕事の役割や職務環境
の変化を感じているのです。こうしたM&A後の業務の進め方の変化は、
大なり小なり社員のストレスを高める要因になります。変化に実務面で適
応できない、もしくは心理的に納得できない社員は、モチベーションが低
下したり、退職を考えるようになります。

買われた側の社員が抱く退職意向

　M&A後、社員の誰もが、一度は自分自身に対してこんな問いかけをす
るのではないでしょうか。

図表67 M&A後に退職を考える社員はどの程度いるのか？

仕事を辞めることについてしばしば考えている社員の割合

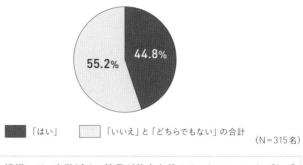

55.2%　44.8%

■「はい」　□「いいえ」と「どちらでもない」の合計

(N＝315名)

> M&A後の組織では、半数近くの社員が仕事を辞めることについてしばしば
> 検討しています

出所：立教大学経営学部 中原淳研究室 PMI研究プロジェクト（2021）「M&A経験調査」

「この組織に残るべきか？ 去るべきか？」

　答えの出し方は人それぞれです。「このまま働き続けて、新しい組織に貢献しよう」と自覚的に残る選択をする人もいれば、「なんとなく流れに身を任せ、辞めないでおこう」と無自覚に残る選択をしている人もいます。また、「この組織に残り続けるのは得策ではない」と、早々に離職を決断する人もいます。そして「状況の変化をもう少し見定めてから決断しよう」と、「退職」の判断をいったん「保留」にして、常に考え続けている人も少なからずいます。

　私たちの調査によると、図表67のように、M&A後の組織において、買われた側の社員のうち約45％は、仕事を辞めることについて「しばしば考えている」と回答しました。もちろん、退職を考える原因のすべてが、M&Aに起因するわけではないと思います。しかし、前述の図表66のとおり、M&A後の職務環境に大きな変化を感じている社員の割合を考えると、退職意向に大きな影響を与えていることは想像に難くありません。

　実際、次ページの図表68の数値を見てみると、**職務環境の変化を感じ**

図表68　働く環境が変わると退職予備軍は増えるのか?

職務環境が変化したと感じる度合いと退職を考える人の関係

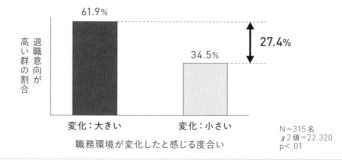

61.9%

27.4%

34.5%

退職意向が高い群の割合

変化：大きい　　　　変化：小さい

職務環境が変化したと感じる度合い

N＝315名
χ2値＝22.320
p＜.01

> M&A後の組織では、職務環境の変化が大きいほど、退職を考える人の割合も高くなっています

出所：立教大学経営学部 中原淳研究室 PMI 研究プロジェクト（2021）「M&A 経験調査」

ている度合いが大きい群ほど、退職を考える人の割合が高くなっています。職務環境の変化が大きいと感じた群は61.9%だったのに対して、変化が小さいと感じた群は34.5%と、27.4%ポイントもの差がありました。職務環境の変化が大きいほうが、会社に残り続けるべきか否かについて、より悩んでいる様子が見えてきます。

職務環境の変化で影響の大きいものは?

では、どのような職務環境の変化が、働く人たちに大きな影響を与えるのでしょうか。例えば、次のような変化が考えられます。

①担当事業の位置づけの変化

M&A 前の会社ではメインストリームだった事業が、M&A 後は、いくつかある事業の一つ、しかも、周辺事業的な位置づけに変わることもあります。場合によっては、これまで想いと時間を込めて取り組んでいた製

品・サービスの提供をやめざるをえないこともあります。そうした経験を
すると、従事している事業の社内での位置づけが変化したことを感じとり、
業務を進めることへの不安感が高まっていきます。「自分の仕事」「自分の
商品」「自分の経験（過去）」が軽んじられていると感じたときに、人は不
安を覚え、場合によっては離職意向を高めていくものです。

逆に、以前の会社では周辺事業的な位置づけだった製品・サービスが、
M&Aによって主力の事業に変わったような場合、社員はM&Aをポジ
ティブに捉えることになります。したがって、買った側のマネジャーは、
M&Aによってグループに加わる会社の事業がどのような位置づけに変わ
るのかについて、アンテナを立てておく必要があります。

②組織文化や方向性の変化

組織文化は企業ごとにそれぞれ違ってきます。特に、社歴の違いや社員
規模の違い、扱う製品・サービスの違いが大きいほど、組織文化の違いも
大きくなります。例えば、フラットで自由闊達な雰囲気のIT系のベン
チャー企業が、長い歴史を持つ大企業に買収されたことで、オープンな雰
囲気から一転、上下関係や規律が重んじられる雰囲気に変わってしまうこ
とがあります。PMIの進め方にもよりますが、買った側の組織文化が、
買われた側の組織文化に与える影響はかなり大きいものです。

③上司のマネジメントスタイルの変化

上司のマネジメントスタイルには、それぞれの会社で大事にしている価
値観が色濃く反映されています。一般的に、その会社の価値観を体現して
いる社員だからこそ、マネジャーなどへ昇進していく場合が多いものです。
M&A後は、出身組織が異なる部下をマネジメントする可能性もあります。
その際、買われた側の部下は、上司の変更によってマネジメントスタイル
が大きく変わると、ストレスを感じることが多いのです。例えば、これま
でよりも仕事を任せてくれなくなり、マイクロ・マネジメントが多くなっ
た、会議や打ち合わせが多くなった、作成する資料のレビューポイントが

変わった……など、予想される変化は枚挙にいとまがありません。

　根本的にこの問題は、上司のマネジメントスタイルに合わせて、部下側が変化していくほかはありません。上司が部下のワークスタイルに合わせてくれるというのは、なかなか期待できないからです。しかし、ワークスタイルを変えるということは「学び直し」です。そして、大人の学びには「痛み」が伴います。このワークスタイルのトランジション（移行）につまずいてしまうと、上司と部下の関係を損ねてしまったり、最悪の場合には離職などにつながります。

④業務オペレーションの変化

　上司のマネジメントスタイルと同様に、業務オペレーションにも各社の価値観が色濃く反映されています。

　社員にとって、自分たちのこだわりがつまった仕事の進め方を変えることは、心理的に大きなストレスを伴います。また、新しいやり方を学ぶことは、小さな変化であっても負担に感じるものです。特に明確な理由（メリットやデメリット）がなかったとしても、以前の所属組織で採用されていた方法を、できることなら続けたいと思うものです。

　こうしたM&A後の組織によく見られる、「変化を強いる状況」に触れるたびに、社員はキャリアの見直しや退職を考えることになります。合理的な理由のある変化であれば、納得もできるかもしれませんが、「買った側企業のやり方だから」という理由で変化を強要される場合、この会社にいると、これがずっと続くのかと暗い気持ちになってしまいます。確かに、一つひとつの出来事だけを取り上げれば、許容の範囲かもしれません。しかし、いくつかが重なることで許容範囲を超えてしまい、退職へと踏み切ってしまうのです。

マネジャーによる社員の定着支援

三森「例のアリノスゲームとビーネストの統合イベント、『AB
Friday Night』はその後も続いてるの？」

八谷「いや、それが、2か月ほどは隔週でやっていたけど、今は自
然消滅しそうな雰囲気だな。もともと有志で始めた試みだからね。
有志の力だけでは、継続力にちょっと問題があるなぁ。会社のほ
うから何か支援があるといいんだけど……」

　PMI のプロセスが進むなかで、買われた側の社員は、業務の進め方にも、
買った側からの影響を感じます。買われた側の社員が定着し、少ないスト
レスで、新しい組織で求められる行動を取れるようになるために、どのよ
うな支援が必要になるのでしょうか。

PMI プロセスに「組織社会化」の視点を活かす

　社員の新しい組織への定着を促すためには、個人の動きだけに期待する
のではなく、組織としてもサポートを行っていく必要があります。その際
に参考にしたい考え方として「**組織社会化**」[71] があります。
　ルイス（1980）によると「組織社会化」とは、「個人が、組織内におけ
る役割を受容し、組織構成員として参加するために必須の価値観・能力・

---

[71] 中原淳（2021）『経営学習論　増補新装版：人材育成を科学する』（東京大学出版会）に、組織社会化に
ついての詳しい説明があります。

期待された行動・知識を正しく認知する過程」とされています[72]。ここでのポイントは「役割の受容」と「正しい認知」です。つまり、組織のなかに入ってくるメンバーに新たな役割を「理解」「受容」し、価値観・期待に関して「腹落ち」してもらわなければいけません。別の言葉でいえば、**組織に新たに入ってくるメンバーが「ここにいる意味を感じられる」ように「意味づけ」の支援を行わなくてはならない**ということです。

　組織社会化は、従来は新入社員や転職社員をイメージして語られてきた考え方ですが、M&A後の組織づくりにおいても、参考にすることができそうです。

　買われた側の社員にとっては、買った側と合併、もしくはその子会社としてグループインすることで、従来の組織の境界が崩れ、新しい境界に足を踏み入れることになります。そこでは、以前はなかった組織文化や業務の進め方、人間関係に触れ、葛藤や戸惑いを感じる場面が増えます。

　ルイスは、そうした新しい組織に属したときのショックや、経験する出来事を自ら「意味づけるプロセス」に注目し、図表69のような「認知的意味形成モデル」を提起しました。この概念をもとに、PMIの進め方を考えていきたいと思います。

　買われた側の社員は、新しい組織に加わるにあたり、様々な「変化」や「出来事」を経験します。それらの経験を、自身のなかにあるM&A以前の組織で経験した「先行経験」と対比して、ショックを受ける、驚くといった感情的な変化を感じます。

　その際「変化」や「出来事」を受け止め、自分のなかで「意味づけ」を行えるかどうかが、重要になってきます。意味づけを行うためには、「変化」や「出来事」を自分なりに解釈し、まずは理解する必要があるのです。

　業務の進め方や、各役職が果たす役割、人間関係の持ち方は、組織によって千差万別です。「自社の常識は他社の非常識」という言葉があると

[72] Meryl Reis Louis (1980) "Surprise and Sense Making: What Newcomers Experience in Entering Unfamiliar Organizational Settings" Administrative Science Quarterly, Volume 25, pp.226-251

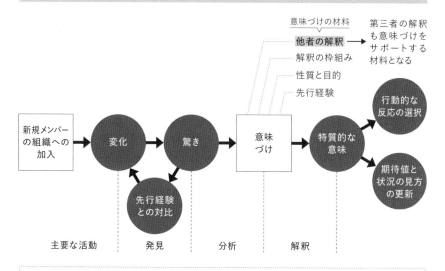

図表69　組織社会化はどのようなプロセスで進むのか？

意味づけの材料

第三者の解釈
も意味づけを
サポートする
材料となる

他者の解釈
解釈の枠組み
性質と目的
先行経験

| 主要な活動 | 発見 | 分析 | 解釈 |

新規メンバー
の組織への
加入

変化　驚き　意味づけ　特質的な意味　行動的な反応の選択　期待値と状況の見方の更新

先行経験との対比

組織社会化において重要なのは、買われた側のメンバーが新しい組織で経験する「変化」や「出来事」を意味づけられるように支援することです

出所：Meryl Reis Louis（1980）"Surprise and Sense Making: What Newcomers Experience in Entering Unfamiliar Organizational Settings" Administrative Science Quarterly, Volume 25, pp.226-251

おり、ある組織で当たり前のように行われていることが、他社では好ましくない行動とみなされることもあります。買われた側の社員からすると、なぜそうなのかを容易には理解できない部分もあります。そうした「理解しがたい出来事や行動」の背景にある理由について、買った側が十分な説明を行うことで、解釈が可能となり、意味づけをしやすくなります。

　長年一緒に働いている社員であれば、暗黙の前提になっている事柄が共有されているので、特に説明がなくても業務が進められます。特に、日本の企業では「ハイコンテクストなコミュニケーション」が取られやすいといわれるとおり、業務の手順や前提になっている考え方が明文化されていないこともあります。買った側が意識的に丁寧な説明を行うことで、買われた側の社員が、新しい組織・チームのなかでの業務の進め方や様々な出

来事を意味づけしやすくなり、組織社会化が促されていきます。

　そのためにも、買われた側の社員が違和感や理解できないことを感じたときに、積極的に声をあげられるように働きかけていく必要があります。「知らない、わからない」と声に出すことを、人はためらいがちです。特にM&Aによって出身組織の存在価値が揺らいでいる状況だと、ますます声に出しにくくなります。買った側の社員（特に役職者）は、「知らないこと、わからないことがあればなんでも質問して」などと積極的に伝えていくことが重要です。また、その前段階として、買った側・買われた側双方の仕事のやり方や価値観、組織文化について共有しておくことで、調整が必要な項目が見えやすくなります[73]。

マネジャーがM&Aの受容感に与える影響

　買われた側の社員の組織社会化を促していく上で、買った側の社員（特に役職者）からの働きかけが重要になるとお伝えしました。

　日々の業務を進める上で、現場の社員は、経営層やPMOとのコミュニケーションよりも、直属の上司とのコミュニケーションが圧倒的に多くなります。M&A/PMIの成否を握るのは、結局、現場の最前線に立つ直属上司の動きであり、彼らこそがM&Aにおける社内コミュニケーションのKFS（Key Factor for Success：重要成功要因）です。

　それでは、直属の上司であるミドルマネジャーやラインマネジャーは、PMIを進める上で、どのような役割を果たすとよいのでしょうか。

　図表70は、上長のマネジメントスタイルが、買われた側の社員のM&Aの受容感に与える影響について表したものです。上長のマネジメントスタイルを大きく、「人間関係を重視するマネジメント」と「課題解決など人間関係以外を重視するマネジメント」で分類しました。そして、3

---

[73] 第7章で紹介する楽天ピープル＆カルチャー研究所の取り組みでも、PMIの初期段階で、楽天とグループインする企業間の組織文化や、大切にされている価値観について共有し合うワークショップを企画されています。

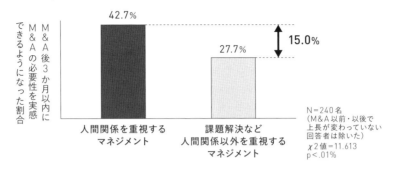

図表70 **上長のマネジメントスタイルは M&A の受容感にどう影響するか?**

上長のマネジメントスタイルが M&A の受容時期に与える影響

N=240 名
(M&A 以前・以後で
上長が変わっていない
回答者は除いた)
χ2値=11.613
p<.01%

M&A前後で上長が変わった場合、人間関係を重視するマネジメントを採る上長のほうが、部下はM&Aの必要性を早期に感じるようになります

出所:立教大学経営学部 中原淳研究室 PMI 研究プロジェクト (2021)「M&A 経験調査」

か月以内の短い期間でM&Aの必要性を感じるようになった社員の割合を見ると、「人間関係を重視するマネジメント」が42.7%だったのに対し、「課題解決など人間関係以外を重視するマネジメント」では27.7%と、15.0%ポイントの差がありました。人間関係を重視し、丁寧なコミュニケーションを行えるマネジャーのほうが、買われた側社員のM&Aに対する受容感を短期間で高めやすくなります。

その背景には、**人間関係を重視するマネジャーのほうが、部下とのコミュニケーション頻度が高いため、そのプロセスのなかで、部下がM&Aを意味づけるのに必要な情報を獲得できる**ということが考えられます。M&A/PMIを現場の社員がどう意味づけ、必要性を感じられるかは、直属の上司の影響力が大きいのです。

高尾ら(2012)は、クーリーが提唱した「重要な他者(Significant Others)」という概念を用いながら、接触頻度の高い直属の上司は、組織として大切にしている価値観について、部下への浸透に大きな影響力を持つと指摘します[74]。「重要な他者」としてのマネジャーへの浸透度合いと、

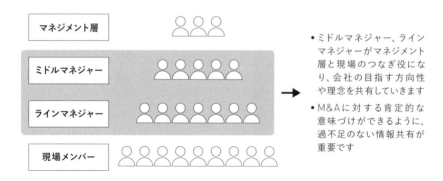

図表71　M&A後のマネジャーに求められる役割とは？

マネジメント層

ミドルマネジャー

ラインマネジャー

現場メンバー

- ミドルマネジャー、ラインマネジャーがマネジメント層と現場のつなぎ役になり、会社の目指す方向性や理念を共有していきます
- M&Aに対する肯定的な意味づけができるように、過不足のない情報共有が重要です

日々の業務では、マネジメント層とのコミュニケーションより、直属の上司とのコミュニケーションが圧倒的に多くなります。組織の一体感を醸成するためには、直属の上司が何を語るかが重要になってきます

出所：高尾義明・王英燕（2012）『経営理念の浸透：アイデンティティ・プロセスからの実証分析』（有斐閣）を参考に筆者作成

現場社員への浸透度合いには、正の関係があるのです。

　そこから考えると、M&Aの目的やゴールを社員に浸透させていくためには、図表71のように、ミドルマネジャー、ラインマネジャーへと、段階的に取り組む必要があります。特に、現場の社員と日々向き合い、コミュニケーションを取っているのは、現場の最前線にいるラインマネジャーなのです。ラインマネジャーの協力なくして、新たな組織にメンバーを順応させることはできません。

　M&A後、組織としての一体感の醸成には、現場のマネジャーによるM&A/PMIについての語りが影響します。マネジャーという役職にあっても、M&A/PMIの捉え方は一様ではありません。マネジャー自身がM&Aに納得しておらず、その必要性に疑問を呈するような語りが多かったり、協働企業についてのネガティブな語りが多くなったりすると、部下の

---

[74] 高尾義明・王英燕（2012）『経営理念の浸透：アイデンティティ・プロセスからの実証分析』（有斐閣）

M&Aに対する受容感も影響を受けてしまいます。また、M&A自体の必要性は認めていても、マネジャー自身の業務が大きく変われば、当然、抵抗感が強くなります。マネジャーがM&Aのポジティブな面も認識できるように、経営側は過不足のない情報共有を行うとともに、日常業務の合間合間に、マネジャー自身がM&Aについて言語化するような対話の機会をつくることも重要です。

　過去に自社が買収された経験を持つある方が、こんなことを話してくれました。

「M&A直後、直属の上司がM&Aの目的や今後のプロセスについて説明してくれたけれど、たぶん、この上司は辞めるだろうなと思いました。演じている感じがあったので」

　実際に、M&A後しばらくして、この上司は退職されたそうです。
　部下は、上司の一挙手一投足をしっかりと見ています。マネジャー自身が納得できない形で説明をしても、部下には伝わりません。自分自身が納得できていないことは、表情や言葉の端々に表れてしまいます。不明確な点や納得できない点があれば、直属の上司やPMOとしっかりコミュニケーションを取ることをお勧めします。すべての問題がクリアになるわけではないかもしれませんが、ご自分なりの腹落ち感を高めることはできます。

┃ 上司のマネジメントスタイルが部下に与える影響

　上長の存在が、部下のM&Aに対する認識に大きな影響を与えることを見てきました。では、M&Aの前後で上長が変わった場合、部下にはどのような影響があるのでしょうか。
　次ページの図表72は、M&Aの前後で上長が変わった場合、買われた側社員の組織コミットメント（組織への愛着）にどのような影響が出るか

上長のマネジメントスタイルの変化が社員の組織コミットメントに与える影響

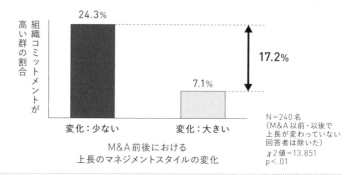

組織コミットメントが高い群の割合

24.3%

7.1%

17.2%

変化：少ない　　　　変化：大きい

M&A前後における
上長のマネジメントスタイルの変化

N＝240名
（M&A以前・以後で
上長が変わっていない
回答者は除いた）
χ2値＝13.851
p＜.01

M&A前後で上長が変わった場合、マネジメントスタイルの変化が少ないほうが、社員の組織コミットメント（組織への愛着）が高まります

出所：立教大学経営学部 中原淳研究室 PMI 研究プロジェクト（2021）「M&A 経験調査」

を示したものです。組織コミットメントとは、「残りのキャリアもこの組織にいたいか？」「組織に愛着を感じるか？」「メンバーの一員としての感覚があるか？」といった項目を指します。

　M&A の前後で上長が変わった場合でも、マネジメントスタイルの変化が少ない場合、組織コミットメントが高い群の割合は24.3％ですが、変化が大きい場合は7.1％と、17.2％ポイントの差が生じています。**上長のマネジメントスタイルが大きく変わることで、社員はストレスを感じ、組織に対するコミットメントが低下している様子が見てとれます。**

　M&A 後にマネジャーが変更になった場合、以前の所属組織の上長とまったく同じスタイルを取ることは現実的ではありません。ただし、前任者がどのような価値観を大事にしながらマネジメントにあたっていたのかを知ることは重要です。前任者の特徴を把握した上で、自分がどのような点を重視しているのかを言語化できると、買われた側の社員としては、変化への適応が進めやすくなります。

　また、図表73からは、部下が M&A を通じて「個人的な学びや気づき」

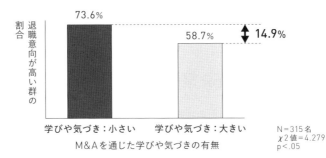

M&Aを通じた学びや気づきの有無と社員の退職意向の関係

N＝315名
χ2値＝4.279
p＜.05

M&Aから学びや気づきを得られた社員は、退職意向が約15％ポイント減少します。社員の学びや気づきを支援することで、退職を考える人の割合を下げられる可能性があります

出所：立教大学経営学部 中原淳研究室 PMI研究プロジェクト（2021）「M&A経験調査」

を得られたかどうかと退職意向の関連も見えてきました。「個人的な学びや気づき」とは、M&Aが社員の経験につながったかどうかを示す概念です。次の5つの観点から判断しました。

> ① M&Aが、自分自身が高める必要があるスキルや能力への理解につながったかどうか？
> ② M&Aの機会が、自身の市場価値についての検討になったかどうか？
> ③ M&Aを通じて、自分の仕事を通じた組織への貢献の仕方を見直したかどうか？
> ④ M&Aを通じて、自分の仕事の意味や意義の再確認を行ったかどうか？
> ⑤ M&Aを通じて、働いている会社を客観的に捉えることができたかどうか？

退職についてよく考える群については、個人的な学びや気づきが得られ

た群では58.7％だったのに対して、学びや気づきが得られなかった群は73.6％と、約15％ポイントの差が生まれました。買われた側にとってのM&Aの必要性だけでなく、**自分自身にとっての学びや気づきを言語化することができた社員は、退職意向が比較的低く留まっています。**

部下の意味づけを支援する「1 on 1」の活用

ここまで上司による部下への働きかけや接し方が、M&Aの受容感や退職意向にどのような影響を与えるかを見てきました。それでは、部下にM&Aに対するポジティブな意味づけを促していくためには、どのような施策を行えばよいのでしょうか。

近年、注目を集めている人事施策に、1 on 1（ワンオンワン：上司と部下で行う定期的な振り返りのための面談）があります。

1 on 1は、一般的には、毎週～1か月に1度くらいの頻度で、直属の上長が部下と1対1でコミュニケーションを取り、話を聴き、問いかけることで、部下の内省を支援する方法です。ヤフーが2012年に導入して大きな成果を上げたことから、広く注目を集めています[75]。

1 on 1は「部下のための時間」というのは大前提です。ただ、次のような観点で1 on 1を行うことにより、PMIのプロセスをスムーズに進めていく一助になります。部下が業務を進めやすくなるのであれば、上司は1 on 1の時間を有効活用することも一案ではないでしょうか。

① M&Aの目的や意図、組織の価値観を共有する

前述のとおり（215ページ）、経営層からの全社的な情報発信は、現場の社員に届いていない可能性があります。届いていても、日々の業務でやりとりされる情報量のほうが圧倒的に多いため、部分的にしか伝わらない

---

[75] ヤフーの1 on 1の取り組みについては、本間浩輔（2017）『ヤフーの1 on 1：部下を成長させるコミュニケーションの技法』（ダイヤモンド社）および、本間浩輔・吉澤幸太（2020）『1 on 1 ミーティング：「対話の質」が組織の強さを決める』（ダイヤモンド社）に詳しいです。

こともあります。そのため、1 on 1の場では、部下の様子を見ながら、その理解度や共感度に合わせて、上司がM&Aの目的や意図、組織として大事にしている価値観を共有することで、部下の納得感を得られやすくなります。

②学びや気づきの「振り返り」を支援する

　独自調査から、M&Aを通じて個人的な学びや気づきを得られている社員ほど、退職について考える割合が低いという結果が見えてきました。学びや気づきを得るためには、振り返りの機会を持つことが効果的です。

　しかし、部下は日々の業務のなかで目の前のタスクに追われ、なかなか振り返りをする機会は取れないのではないかと思います。また、一人で内省をしても、どうしても狭く、浅い範囲に留まりがちです。そこで、上司が内省を支援するなどの働きかけが重要になってきます。M&A成立後から3か月以上が経過し、状況が落ち着き始めたタイミングは、1 on 1の場でそうしたテーマを話すのに適しています。

　例えば、M&Aを通じて……

- 自身の仕事や働くことの意義について、どのような気づきがあったか？
- 自身のキャリアアップにつなげるとしたら、どんなふうに活かせるか？
- 中長期的に、どのようなスキルや専門性を伸ばしたいと感じたか？
- 組織に対してどのような貢献をしていきたいと感じたか？

　といった問いかけを上司がすることで、部下の学びは深まっていきます。

③部下の状態を観察する

　1 on 1のメリットの一つは、定期的に開催されることです。対面であれオンラインであれ、上司は部下をじっくり観察しながら、部下が困っていないか、難しい問題を抱えていないか、などを確認することができます。他のメンバーもいないので、部下としても、不安や懸念を比較的口にしやすくなります。関係性が深まっていない状態では、なかなか部下から上司に対して「困っています」とは言いにくいものです。1 on 1は、上司から

助け舟を出す良い機会にもなります。

　特に、コロナ禍の状況では、対面でのコミュニケーションの機会が減っているため、チームメンバーの体調や精神面での変化にも気づきにくくなっています。1 on 1の場が、何か異変を感じた際に上司から部下に声がけできる機会となることで、問題が深刻化する前に対処することができます。

④困りごとを確認し、解決に向けて支援する

　部下が抱えている課題は、本人が自力で解決すべきものもあれば、本人だけでは解決が難しいものもあります。M&Aのように、異なる組織が協働する状況では、マネジャーなどの役職者が調整役として双方の組織に働きかける課題もあります。部下が自ら課題解決にあたるよりも、マネジャーである自分が動いたほうがよいと感じれば、積極的に支援することで、部下からの信頼感も向上します。

COLUMN #10

PMIプロセスにおける「センスメイキング」

　M&A/PMIを自分ごととして進めていくためには、関わる当事者のそれぞれが、どこかのタイミングでM&A/PMIを、自分自身の言葉で意味づける必要があります。こうした目の前で起きている事象に意味を与えるプロセスを「センスメイキング（Sense Making）」といい、近年、ビジネスの領域でも注目されています。

　本書の共著者である佐藤・柴井（2021）は、ある企業のM&A事例を深く分析し、PMIのプロセスが進むにしたがい、当事者である社員がどのようにM&Aを意味づけていくかに着目し、その変化を明

M&Aの当事者が相互理解を獲得するプロセス

M&A契約の締結

1. 現実受容期

①統合の把握
- 統合の把握

②曖昧な統合イメージの獲得
- 組織が変化する感覚の獲得
- 獲得した意味づけの曖昧さの認識

③統合のシンボルの獲得
- 環境と心理統合スピードの乖離
- 非公式的なネットワークの構築による仲間意識の芽生え

④統合相手との違いの認識
- 組織間の違いの認識

2. 変革の覚悟形成期

⑤古巣への執着心の喪失
- 統合前の組織への懐古
- 統合に腹をくくる態度の獲得

⑥キャリアの内省
- 自分の職務領域の変化の認知
- キャリア展望の内省
- 進退の判断

3. 相互理解形成期

⑦組織アイデンティティの比較
- 組織アイデンティティの比較

⑧組織に対する不信感の獲得
- 組織ビジョンと実務のギャップの認知
- 組織ビジョンと実務のギャップによる不信感の表れ

⑨相手組織の理解と受容
- 相手組織の受容
- 従業員の理解

らかにしました[76]。

　プロセスとしては、次の３段階を経て、M&A を通じて協働することになった組織を受容していくと指摘しています。

①現実受容期：統合が進んでいる実感を得る

- 現実受容期では、経営層からのメッセージや上長からの統合に関する説明によって個人レベルの意味づけがつくられる。
- 変わっていく環境と意味づけの獲得のスピードが乖離し、不安を覚える一方、組織間の違いの認識も進む。

②変革の覚悟形成期：変革前の迷いを捨て、覚悟ができる

- 変革の覚悟形成期では、組織に生じる大きな変革に社員の一人として対面する覚悟が形成される。
- 具体的には、前の組織への執着心を失うと同時に、自分のキャリアを考え、進退の判断を行っている。

③相互理解形成期：相手組織に対する理解が進む

- 相互理解形成期では、相手の組織との比較によって理解が進む。
- しかし一方で、業務が統合されていくにつれ、事前に共有されていた情報との乖離によって不信感が表れ、それらをすり合わせていくことによって相手組織を受け入れる感情につながっていく。

　PMI のプロセスが進むなかで、「相手に対して事前に持っていた情報と現実にギャップがあり、不信感が生じるものの、それをすり合わせていく過程で相手組織を受け入れるようになる」という示唆は、

---

[76] 佐藤聖・柴井伶太（2021）「日本企業の従業員による M&A の統合プロセスにおけるセンスメイキング」立教大学経営学部 中原ゼミナール 卒業論文

PMI のプロセスのなかで、一時的に生じる不信感を乗り越えるために必要な視点です。

　組織のなかで前提になっている組織文化や会社の状態についての捉え方が異なるなかでは、共有している情報の解釈の仕方に差異が生じてくる可能性があります。「ギャップは生まれるものだ」という前提に立ち、改めてお互いの認識（捉え方）を共有していくことが重要です。

SECTION
3
シナジー創出に求められる
組織文化やアクション

 八谷「アリノスゲームから来た上司との関係に悩んでいた営業エースの羽生君は、なんとか辞めずに続けてくれることになった。腹を割って話してみて、良かったよ。今後、統合のシナジーを出して伸びていくためには、アリノスゲームの強みである『売れる仕組みづくり』を取り入れていく必要がある。そのために君にアリノスゲームのマネジャーの下についてもらったんだ、と説明したんだ。あと、アリノスゲームのマネジャーは君のことをほめていたし、期待していると言っていたよ、とも伝えた。ただ、彼は経営側の方針に不満を持っていたよ。今のままではM&A直後にいわれていたようなシナジーはとても見込めない、もっと現実的な路線を目指すべきだって……」

 三森「確かに、この3か月で良くも悪くも現実が見えてきたわよね。アリノスゲームは、スピード感に欠けるところが見えてきたし、M&A直後に期待していたほどの成果を出すにはもう少し時間がかかりそうね……」

「組織づくりの3段階モデル」の最後のステップ「再凍結」は、M&A後の新しい業務の進め方をルーティンとして定着させていく時期にあたります。新しい組織がシナジーを創出するために、どのような行動を意識する必要があるのでしょうか。そして、そのことは、組織文化としてどのような価値観や信念を大事にしていくか、を考えることにもつながっていきます。

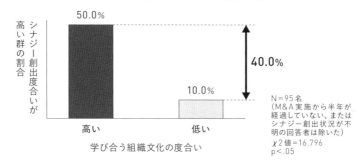

学び合う組織文化の度合いとシナジー創出の関係

50.0%

シ　シナジー創出度合いが
ナ　高い群の割合
ジ
ー
創
出
度
合
い
が

40.0%

10.0%

高い　　　　　　　　　低い

学び合う組織文化の度合い

N＝95名
（M&A実施から半年が
経過していない、または
シナジー創出状況が不
明の回答者は除いた）
χ2値＝16.796
p＜.05

> 一緒になった企業の「良いところ」を吸収し、新しいやり方を導き出そうとすると、シ
> ナジーが創出されやすくなります。学び合う文化の醸成がカギを握ります

注：シナジー創出度合いについては、期待される各シナジーの発現状況を得点化し合計した
出所：立教大学経営学部 中原淳研究室 PMI研究プロジェクト（2021）「M&A経験調査」

効率的・効果的なシナジー創出に影響を与える組織文化やアクションに
ついて、いくつかの観点から見直していきましょう。

組織文化はシナジーにどのような影響を与えるか

第一に注目したいのは「学び合う組織文化」です。ここで「学び合う組
織文化」とは、社員双方が、お互いの良いところや強みを認め合い、学び
合おうとしているかどうかを示す概念です。お互いにフィードバックを行
い合うことが習慣として確立していることも、学び合う文化に影響を与え
るでしょう。

図表74のとおり、一緒になった企業の「良いところ」を吸収し、新し
いやり方を導き出そうとしているといった「学び合う組織文化」が高い企
業ほど、シナジーが創出されやすいという結果が出ました。学び合う組織
文化の度合いが高い企業では、社員の50.0%がシナジー創出度が高い群に

入っています。逆に、学び合う組織文化の度合いが低い企業では10.0%に留まっています。

単純に「買った側に合わせる」というのではなく、M&Aの目的やゴールを達成するためにベストな方法を考え、買った側・買われた側の双方から学び合い、実行できる組織ほど、シナジーを創出しやすいということが見てとれます。

次に「革新的・独創的な組織文化」です。

図表75のとおり、組織のなかで新しい物事にトライしていく「革新性・独創性」の組織風土が高いほど、「M&Aを通じて組織が強化された」という感覚が高まることが見えてきました。革新性・独創性が高い場合は64.0%が、「M&Aを通じて1年以内に組織が強化された」と回答しており、革新性・独創性が低い場合は21.6%に留まります。新しい取り組みに対して抵抗感が少ない組織ほど、M&Aを有効活用し、組織の強化に活用できているといえます。

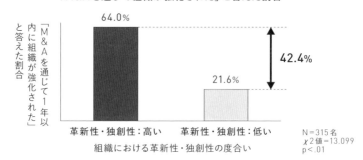

図表75　組織風土によってM&Aの成果はどう変わるか？

組織における革新性・独創性の度合いと
「M&Aを通じて組織が強化された」と答えた割合

N＝315名
χ2値＝13.099
p＜.01

革新性・独創性が高い組織風土の企業では、社員は「M&Aを通じて組織が強化された」という認識を強く持っています

出所：立教大学経営学部 中原淳研究室 PMI研究プロジェクト（2021）「M&A経験調査」

M&Aを成長戦略に活かしているある企業の担当者は、「M&Aを繰り返すことで、社内がM&Aに対して柔軟になった。繰り返していくうちに、慣れてきた。成功した事例を意識的に社内で共有している」と話してくれました。M&Aを繰り返すことで、新しい取り組みに対する受容感が高まり、組織文化が変わっていった一例だと思われます。

買った側がイニシアティブを握るべきか?

　図表76では、M&A後の業務の割り当てについては、買った側がイニシアティブを取って進めていくほうが、シナジーの創出につながりやすいということがわかっています。買われた側を立てて、遠慮していたのでは、スピード感が損なわれてしまいます。M&Aを通じて目指す姿や、シナジー発揮を実現することに焦点を定め、買った側がスピード感を持って業務の割り当てを再検討していくほうが、シナジーは創出しやすくなります。

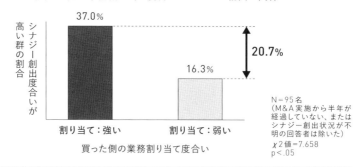

図表76　買った側のイニシアティブとシナジー創出の関係は?

買った側の業務割り当て度合いとシナジー創出の関係

買った側が業務統合を主導したほうが、シナジーが創出されやすくなります。イニシアティブを取って進めていくことも重要です

注：シナジー創出度合いについては、期待される各シナジーの発現状況を得点化し合計した
出所：立教大学経営学部 中原淳研究室 PMI研究プロジェクト（2021）「M&A経験調査」

とはいえ、スピード感と社員の納得感のバランス感をしっかりと取っていく必要があります。買った側がスピード感を出そうとするあまり、買われた側に丁寧な説明もなく PMI を進めていくと、当然、買われた側の社員からの反発も大きくなります。それぞれの企業の業務の進め方には、各企業が大事にしている価値観や組織文化、歴史が詰まっています。そこへの配慮なしに、いきなり業務の進め方の変更を迫っても、簡単に納得感は得られません。「買った側が業務の割り当てに主導的に動いていく」とは、単純に、買った側の業務の進め方に合わせるということではなく、あくまでも PMI のプロセスをリードするということです。

思い切って、慎重に、
リードしつつも、リスペクトする

M&A のもとで組織を動かすとは、一見相反するような矛盾を抱きしめながら、マネジメントを行うことなのです。

組織への愛着とシナジー創出の関係

筆者らの調査のなかで、M&A によるシナジーを創出するための重要な要素として、組織に対する社員のロイヤルティが見えてきました。

図表77 に示すように、社員が「残りの期間もこの組織で過ごしたい」と思える組織ほど、シナジーの創出度が高くなる結果が出ました。シナジーの創出度が高い群の割合が、「残りの期間もこの組織で過ごしたい（想いが強い群）」は75.0％だったのに対し、「過ごしたくない（想いが弱い群）」は5.3％と、大きな開きが見られました。

従来の仕事のやり方を変え、シナジーを生み出すための新しいやり方を覚え、実践していくためには、その組織で長く働き続けたいと思う気持ちが必要です。その組織で働き続けたい、という想いが持てなければ、新しい業務の進め方を積極的に学習しようという気持ちが起きないのは、いう

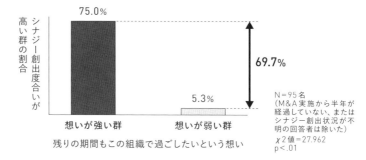

図表77　社員の「組織への愛着」とM&Aによるシナジー創出の関係は?

「残りの期間もこの組織で過ごしたい」と答えた割合とM&Aによるシナジー創出の関係

75.0%

シナジー創出度合いが高い群の割合

69.7%

5.3%

想いが強い群　　　想いが弱い群

残りの期間もこの組織で過ごしたいという想い

N＝95名
（M&A実施から半年が
経過していない、または
シナジー創出状況が不
明の回答者は除いた）
χ2値＝27.962
p＜.01

社員が「残りの期間もこの組織で過ごしたい」と思える組織ほど、M&Aによるシナジー創出度合いが高くなっています

注：シナジー創出度合いは、期待される各シナジーの発現状況を得点化し合計した
出所：立教大学経営学部 中原淳研究室 PMI研究プロジェクト（2021）「M&A経験調査」

までもありません。

　シナジーにもいろいろなタイプがあり、社員が働き続けることがシナジー創出の前提条件にはならない場合もあると思います。しかし、業務スキルや知識、経験は、働いている人に紐づいていることも少なくありません。この組織で働き続けたいと思えるように、社員を大事にすることは、シナジーの創出だけでなく、安定的な業務運営や競争力維持について考える際にも、大事なステップです。

シナジー創出に影響を与える要因とは?

　ここまでの振り返りも兼ねて、シナジー創出に影響を与える要因について見ていきましょう。

　次ページの図表78では、シナジーの創出度を高めるためにはどのような点を考慮する必要があるのかを分析しました。結果としては、「組織的

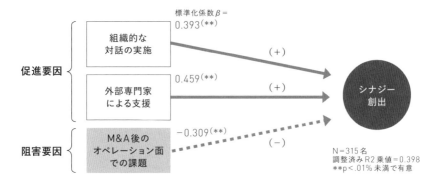

出所：立教大学経営学部 中原淳研究室 PMI研究プロジェクト（2021）「M&A経験調査」

な対話の実施」と「外部専門家による支援」がシナジー創出の促進要因として挙げられます。逆に、阻害要因としては「M&A後のオペレーション面での課題」が挙げられます。

「成功するM&A」を導く促進要因の一つである「組織的な対話」とは、社員同士が「M&Aについて想いや不安を語り合うことがあった」「M&A後の未来について語り合うことがあった」「M&Aがもたらす新しい可能性について語り合うことがあった」「所属組織や自分たちの強みやこれまでに成しとげたことについて、語り合うことがあった」という経験があるかどうかということです。

組織メンバー間で対話し、M&Aへの期待や不安感を共有することで、心理的な葛藤を解消し、PMIを前向きに捉えやすくなることが考えられます。また、自分たちの強みや経験を言語化することは、PMIを通じてシナジー創出に取り組んでいく上での、経営資源を再確認することにもつながります。

加えて、促進要因として「外部専門家による支援」が見えてきました。PMIのプロセスは、買った側・買われた側の業務の進め方や、組織文化のプロセスをすり合わせていく時間ともいえます。当事者だけで議論していると、感情論にもなりやすくなります。外部支援者が入ることで、議論をより俯瞰的に進められるメリットがあります。

　他方で、阻害要因として挙げられた「M&A後のオペレーション面での課題」とは、M&A後に「意思決定の先送りが発生しやすくなった」「作業の抜け漏れが発生しやすくなった」「作業の進め方の違いが言い訳として使われるようになった」などが、組織内で起こったかどうかを指します。

　PMIのプロセスとは、買った側・買われた側がより効率的・効果的な業務の進め方を求めて、すり合わせを行うプロセスでもあります。2社でそれぞれ行っていた業務を統合するわけですから、単純に業務の抜け漏れが発生してしまうこともあります。両社がM&A以前にやっていた業務を洗い出すとともに、M&A後も継続するもの、しないものを一覧にして管理しておく必要があります。

　また、このプロセスにおいては、お互いが大事にしている価値観がぶつかり合うため、簡単に議論が進むわけではありません。非常に面倒くさいプロセスとなります。「M&Aをしたのだから、違うのは当然。それぞれのやり方でやっていくしかない」といった諦めも、社員のなかに見え隠れします。

　しかし、ここで「M&A」を言い訳の理由に使ってしまうと、シナジーどころか、M&A以前にはできていたこともできなくなり、非効率な状況が生まれてしまいます。M&Aを言い訳に使わない、使わせないというマインドを、社員間で共有していく必要があります。

　M&Aに由来する「意思決定の先送り」や「作業の抜け漏れ」「言い訳」といった問題は、発生して当然です。問題なのは、それを確認した後も放置し続けてしまうことです。各部署・チームを率いるマネジャーが、一つひとつの課題を潰していく必要があります。

CHAPTER 6 のチェックポイント

　本章での学びを現場で活かすために、次の問いを考慮してみてください。

□ M&A 以前と比べたとき、買われた側企業の社員の働き方について、どんな変化が生まれているでしょうか？ 変化に適応するために、必要なサポートができているでしょうか？

□ M&A/PMI のプロセスを通じて、買った側・買われた側を問わず、社員にとっての学びや気づきを促すための機会を確保できていますか？ こうした機会を仕組みとして確保するために、どのような工夫ができますか？

□ シナジーが生まれやすい、「学び合う組織文化」や「新しいチャレンジを大事にする組織文化」を、上司自身が体現できていますか？ こうした文化を組織・チームに定着させるために、どのような工夫ができますか？

□ PMI のプロセスのなかで、買った側企業が必要なイニシアティブを過不足なく発揮できていますか？ 買われた側メンバーの納得感を高めるために、どのような点に配慮が必要でしょうか？

楽天グループが実践する
M&A後の「人と組織」の統合

"経営理念の共有"と"組織文化の醸成"を
いかに進めるか

話者：楽天ピープル＆カルチャー研究所 代表　日髙達生氏

　本章では、楽天グループの M&A を組織づくりの社内専門家として支えている日髙達生氏（楽天ピープル＆カルチャー研究所代表）のインタビューを掲載します。

　70超のサービスを展開する楽天では、現在でも積極的な M&A を実施しており、様々な国籍や価値観を持った人たちが頻繁にグループインしています。そのなかで M&A のシナジーを生み出すために、「人と組織」の統合をどう進めているのでしょうか。とりわけ、日髙氏の専門領域である "理念の共有" と "カルチャー醸成" の観点から、詳しくお話をうかがいました。

日髙 達生
Tatsuo Hidaka

楽天グループ株式会社コーポレート
カルチャーディビジョン エンプロ
イー・エンゲージメント部 ジェネラル
マネージャー／楽天ピープル＆カル
チャー研究所 代表

2003年リンクアンドモチベーション入社。2010
年同社執行役員に就任し、2012年インテック・
ジャパン（現リンクグローバルソリューション）に
出向。2014年同社執行役、2016年同社取締
役に就任。国内外問わず、グローバル人材育
成および組織開発コンサルティング事業に従事。
2018年1月に楽天入社。アジア統括会社のジェ
ネラルマネージャーを兼務しながら、本社のコー
ポレートカルチャー専門部署のジェネラルマネー
ジャーとして、グループ全体かつグローバルでの
組織開発と理念共有の統括を担う。同年に企
業文化や組織開発に特化した研究機関「楽天
ピープル＆カルチャー研究所」を設立、代表に
就任。

楽天の組織文化は「統一性」と「多様性」を両立させる

——日髙さんは、楽天グループ株式会社（以下「楽天」）のコーポレート
カルチャーディビジョン エンプロイー・エンゲージメント部に所属し
ながら、楽天ピープル＆カルチャー研究所の代表も務めておられます。
この２つの組織で、それぞれどんなお仕事をされているのですか。

日髙　前者からお話ししますと、私は2018年１月に楽天にジョインし、
エンプロイー・エンゲージメント部（以下「EE部」）のジェネラルマ
ネージャーに就任しました。この部署は、楽天全体かつグローバルでの
組織開発を担っているところで、次の二本柱で活動しています。
　一つは、組織の求心力を高めるために理念を共有していく活動です。
楽天には、楽天市場だけでなく、フィンテックやモバイルなど70を超
えるサービスを担う事業部がありますから、それらを束ねるための共通

楽天グループでは、各ビジネス（サービス）・部門・地域・個人の特性を尊重しながら、グループ共通の価値観や行動様式の共有を進めていくことが重要だと考えています。

楽天グループの企業文化

各事業 各部門 各地域	各事業 各部門 各地域	各事業 各部門 各地域	各事業 各部門 各地域	各事業 各部門 各地域	独自の価値観／行動
					楽天グループ共通の 価値観・行動様式

出所：楽天グループ株式会社

言語として「楽天主義」と呼ばれる理念体系を共有していこうというものです。

　もう一つは、インクルーシブな（多様性を認める）カルチャーを醸成していく活動です。海外企業とのM&Aが特にそうですが、楽天には様々な国籍や価値観を持った方々がジョインされていますから、みなさんにとって心地いい、多様性の高い組織をつくっていくことが重要です。

　このような一見相反する二本柱を両立させるカギとなるのが、図表79に示したチャートです。我々は、カルチャー醸成のために、すべてを共通の価値観で塗りつぶしたいとは考えていません。むしろ、それぞれの会社が持ち込んでくださるユニークな点を尊重しつつ、最適な形で協業することを目指しています。チャートのタイトルに「統一性と多様性」と書いたように、両方を大事にしていこうというのがカルチャー推進の根幹にあります。

──理念の共有そのものを目的としているわけではなく、ジョインされる会社の良い点を活かしながら、様々な事業間のシナジーを生み出してい

こうということですね。

日高　はい。目的はあくまでも事業の推進です。そのためのプロセスとして、一体感の醸成、共通のカルチャーの醸成が必要なのであり、その手段として理念の共有を行うという意味合いが強いですね。協業する上では、共通言語を用いて仕事をしたほうがわかりやすいですから。

――一方、日高さんは楽天ピープル＆カルチャー研究所の代表も務めておられます。こちらはどのような役割を担った組織なのでしょうか。

日高　楽天ピープル＆カルチャー研究所（以下「ラボ」）は、前述の活動を支える組織として、2018年10月に設置された研究機関です。ラボの目的は、海外の先駆的な知見を集めたり、楽天グループ内のデータを活用して仮説実証を行ったりして、組織開発の革新的なソリューションを開発することにあります。それらの知見は、先ほどのEE部としての活動に反映させるだけではなく、外部に対しても発信して日本社会をエンパワーしていきたいと考えています。

　なお、EE部を含むコーポレートカルチャーディビジョンは、2017年秋に様々な企業が楽天にジョインするなかで、企業文化再強化の重要性を感じた三木谷の判断で立ち上げられた部門ですが、ラボの設立は私が提案したものです。

――一般企業では、コーポレートカルチャー部門はつくっても、組織開発のR&D（研究開発）部門まではつくらないのではないかと思います。ラボを設立した理由は何ですか。

日高　理由は2つあります。第一に、楽天では「グローバル イノベーション カンパニー」というビジョンを掲げているので、人事や組織開発の領域においても、イノベーティブな取り組みが必要だと感じていました。

しかし、本社部門のなかではどうしても目の前の課題解決の緊急度が高く、中長期的な組織のあり方を模索するということが難しいのではないかと思います。そこで、本社部門の力学から離れた形で、未来志向の活動ができる組織が必要だと考えました。

第二に、楽天には「楽天技術研究所」というグローバルに拠点を持つ研究機関があり、テクノロジーの面からグループの事業全体にきわめて大きな貢献をしてきました。楽天がテクノロジーのみならず、人材やカルチャーも重要な資産と位置づけるのであれば、そこに対する研究機関もあって然るべきと考えました。社長の三木谷にも、このような趣旨を伝え、ラボの設立を提案しました。

──ありがとうございます。三木谷さんからは、すぐに OK が出たのですか?

日髙　はい。「Sounds good! Go ahead.（いいね、すぐやろう！）」と言われました（笑）。

組織開発の専門部隊を社内に置くことのメリット

──　EE 部に話を戻しますが、外部ではなく、あえて本社内に組織開発のコンサルティング部隊を置くメリットは、どんなところにあると思いますか。

日髙　私自身、15 年ほど外部からコンサルタントとして関わってきた経験から申し上げると、そこにはやはり踏み込めない領域があると思います。最後まで組織や人を運命共同体としてサポートしていくことを考えると、内部でなければできないことがあります。内部にいれば、事業上の優先順位などの機密情報に近い情報が自然と入ってきますし、キーパーソンと直接コミュニケーションを取ることもできますから、適時・適切な判断ができる利点があります。また、これまでの文脈も踏まえた

長く深い関わりができることも、内部に専門部署を置くことのメリット
だと思います。

──EE部が設置されたことで、楽天に買収等でジョインされた会社に対
して、楽天主義の共有や、伝えるべきメッセージの明確化などは進んだ
と感じておられますか。

日髙　大きく進んだと感じています。EE部が立ち上がってから、我々は
グローバルの各地域を回り、社長陣と人事責任者を対象にしたワーク
ショップを展開してきました。地域ごとのカルチャー状況を把握し、こ
ちらの戦略をお伝えし、対話することが目的です。これが我々に大きな
進化をもたらしました。グループ会社にきちんと伝わっていると思って
いた理念が、いろいろと誤解されていることに気づけたのです。
　例えば、楽天の行動規範では、「朝会」が優先順位の高いものとして
扱われています。朝会とは創業以来、毎週続いているユニークな全社会
議ですが、海外では「楽天主義とは朝会に出ることだ」という大きな誤
解が横行していたのです。おそらくは、楽天にジョインされたときに依
頼された「朝会への参加」だけが強調されすぎてしまい、「なぜそれが
必要なのか」「どんなメリットがあるのか」といった背景情報の共有が
不十分だったため、様々な誤解が生まれたようです。そこで急きょ、経
営層と議論し、「何を楽天主義と呼び、それぞれの項目がどのような関
係になっているのか」、理念体系内の位置づけを整理していきました。
こうした活動を重ねることで、伝えたいメッセージ間の構造や、各メッ
セージの背景情報についてブラッシュアップが進みました。

──「ミッションはこれです」「行動規範はこれです」などとバラバラに
提示しても、その背景や相互の関係性まで伝えないと、誤解を招きかね
ないということですね。

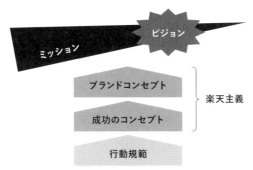

出所：楽天グループ株式会社

日髙　おっしゃるとおりです。楽天の理念体系内の関連性は、図表80のようになっています。グループみんなで普遍的に目指す「ミッション」と、事業環境に合わせて中間目標のような形で推移していく「ビジョン」。あとは、それらを実現するための組織共通の価値観が「ブランドコンセプト」、そのプロセスにおいて一人ひとりに発揮してもらいたい価値観が「成功のコンセプト」。そして、それらの価値観を日常業務で実践するためのベースとなるのが「行動規範」です。

　例えば、行動規範の一つに「名札を付ける」がありますが、これはブランドコンセプトにある「品性高潔」につながっています。ITインフラを提供する会社として、不審者がオフィス内に立ち入ることは許されません。そうした事態を防止するとともに、多様な国籍やバックグラウンドの人たちが働いている環境では、名札を一目見てニックネームがわかるほうが「一致団結」するにはいい、といった根拠が隠されているわけです。「品性高潔」も「一致団結」もブランドコンセプトに含まれる価値観ですが、このように一見、理由がよくわからない行動規範も、実は我々の理念体系から紐づいた活動だと気づけるように接続することが必要でした。

楽天グループにおける PMI プロセス

——ここからは、M&A についてお話をうかがいます。楽天さんの場合、M&A 全体のプロセスには様々な部署が関わっていると思いますが、M&A や PMI を中心になって進めているのはどの部署ですか。また、EE 部あるいはラボは、どの段階で関与しているのでしょうか。

日高　楽天の場合、M&A のオーナーシップは一貫して事業部門が持っています。例えば、「中期目標を達成するために、A 社をお迎えしたい」と M&A を仕掛けるのは事業部です。もちろん、相手先候補のロングリストを作って提案するなど、サポートする部署はあるのですが、中心になって動くのはあくまでも事業部です。そこから本格的な交渉に入るところでは、デューデリジェンスの部署と事業部がディールまで持っていき、それが成立した暁には、PMI を担当する事務局と、事業推進する事業部、この 2 組織が連携しながら進めていきます。PMI 事務局が立ち上がった段階で、法務や人事、それに社内で「カルチャー」と呼ばれている我々など、いくつかの専門機能が PMI プロセスに関わることになります。

　　ただし、例外として、事業部が関わらないケースもあります。例えば、案件内容によっては社長直下の社長室主導で進めよう、といったケースもゼロではありません。

——M&A もその後の PMI も、基本的には事業部主導で進めているということですが、事業部の外側にいる EE 部としては、どのようなスタンスで付加価値を出していますか。

日高　ジョインしてくださった会社に最初に紹介される際は、「楽天主義のワークショップを担当する部署です」といった形で入っていきます。これは我々の仕掛けでもあるのですが、実は社内規程に、どのグループ

会社も楽天主義を導入しなければならない、という条項を設けています。そのため、この立ち位置ならスムーズに会社に入り込むことができます。こうした客観的な立場から「楽天についてどう思われますか？」などと社内の様子や社員の方々の心理状態を探りながら、どうカルチャーを接続していくかを検討するようにしています。

　加えて、ジョインされた会社の経営トップには「楽天主義は一旦横に置き、まずは御社がこれまで大切にしてきた価値観をぜひ教えてください」と、詳しくヒアリングし、楽天の理念体系と一致している部分については「御社のここと楽天のここは同じですね」と確認します。その上で、異なる部分について「ここは大きく異なるので、違いを尊重し合いうまくシナジーに繋げられるよう、双方が丁寧に共有していきましょう」とお伝えしています。

　先方が大事にしてきた価値観をまず尊重・理解することにより、「傍らで伴走してくれるメンター」という立ち位置で関わることができます。これは、迎え入れる当事者である事業部門では、なかなか取れない立ち位置だろうと思います。

PMIに伴う心理的ボトルネックを見極める

——楽天にジョインされた会社とうまく統合を図るために、日髙さんが特に留意されているのはどんな点ですか。

日髙　カルチャー醸成の観点から、「時間軸」と「空間軸」の２つを常に意識するようにしています。

　まず、時間軸では、ジョインされた方々の心理的ボトルネックが今どのような状態で、どの段階にあるのかをかなり意識しています。心理的ボトルネックは一様ではありません。段階に応じて、知識不足による暗黙の不安もあれば、楽天に対するネガティブな先入観から生じる不安、あるいは自分は評価されないのではないかという恐れなど、不安の中身

は変わっていきますし、対応策もそれぞれ異なります。したがって、対象となる方々が楽天に心理的に近づいていくプロセスのなかで、今どの段階にあるのかを丁寧に見極め、アプローチを変えるようにしています。

——かなり細やかに先方の心理状態を見極める必要がありそうですが、実際にはどのように情報収集し、アプローチの仕方を決めているのですか。

日髙　まずはジョインされた会社の幹部と、迎え入れる事業部側の幹部にもヒアリングして、今どのような心理状態にあり、それがどうなってほしいのか、という表層部分を押さえつつ、一方でどのような深層心理がありそうかの仮説を立てていきます。そして、「我々はこのような仮説を持っていますが、合っていますか？」と、ご本人たちすら言語化してきていないものを言語化してもらうプロセスを踏みます。そこが関係者間でクリアになると解決策も見えてきますので、それに対してワークショップを実施するのか、チームビルディングで信頼関係を築いていくのかといった施策を設計していきます。

——もう一つの空間軸とは、どういうことですか？

日髙　M&Aによる心理的なボトルネックには、段階によって変わる時間軸のほかに、会社や職場の環境が変わることによって生じる心理的変化があります。それを空間軸と呼んでいます。例えば、もともとのオフィスから楽天本社に引っ越し、空間を共にすることで、心理的距離が縮まることがあります。また、別の例として、「以前は小さな職場で、それぞれお気に入りのカラフルな椅子に座って自由に働いていたのに、楽天の大きな本社オフィスに入れられて、全員同じ椅子に座らされるのが嫌です」といったこともあります。これらは実際にあった話です。こうした問題にどこまで対処するかは難しいところですが、必要に応じて関係者と調整しています。

——人は、本当に「細かいところ」にこだわりを持っていますからね。それがM&Aの前後で変わると、M&Aそのものの価値や自分の働きがいすら、疑うようになる場合がありますね。

ジョインされた会社の一人ひとりに、橋をかける

——PMIプロセスのなかでは「100日プラン」など、この時期までにここまでやろう、といったロードマップを共有することがよくあります。そうした一般的なプロセスは関係者全員で共有されていますか。

日髙 全体のロードマップはPMI事務局が管理していて、我々はそのなかのカルチャー・インテグレーション（文化統合）を担当しているという形です。担当しているプロセスに関しては、シナリオのイメージはいくつか念頭に置いていますが、事業上の中間目標や先方のスケジュールなども踏まえて適切なシナリオを都度作っていますので、わりと柔軟に考えていますね。例えば、「理念共有のためにeラーニングを利用したい」という場合、楽天のオフィスに移転してからのほうがイントラネットが共有しやすいので、引っ越し後に実施しましょう、といった具合です。

——先ほど、楽天さんの企業理念体系のお話をうかがいましたが、それらをジョインされた会社さんと共有したり、理念を浸透したりするために、どのような取り組みを行っておられますか。

日髙 ワークショップなどの取り組みがいくつかあります。例えば、ジョインされた会社の経営層に集まっていただき、カルチャーギャップを可視化するワークを行うことがあります。楽天側から見るとこう見える、一方、ジョインされた会社側からはこう見える、というお互いの組織文化を可視化し、両者のギャップをすり合わせていくのです。
　また別のワークでは、個々人の座右の銘や大切にしたい言葉を書き出

しておいてもらい、楽天の理念体系を学んだあとで、自身の価値観と近いものがあったかどうかをすり合わせています。楽天主義というのはビジネスで成功するための普遍的な価値観を言い抜いているため、個々人の成功体験や、そこから来る座右の銘とそれほど大きくずれることはありません。ですので、「みなさんの価値観と楽天の価値観はかなり重なっていますので、ジョイン後も大切にしてください」とお伝えしています。一方、楽天主義に収まらない価値観も大切にされたい方々に対しては、「多様な価値観が持ち込まれること自体が楽天グループの強みです。ぜひ遠慮なくその価値観を楽天の仲間にも共有してください」とお願いしています。

——会社と楽天だけではなく、ジョインされた会社の社員一人ひとりと楽天がつながるような仕組みがつくられているということですね。

日髙　そうですね。日本語では理念浸透という言葉が使われがちですが、むしろ英語のカルチャー・ブリッジング、すなわち「橋をかける」という発想で取り組んでいます。

——とはいえ、実際にはすべてがスムーズに進むとは限らず、葛藤が生まれることもあると思います。そのあたりは、ジョインされた会社とどうすり合わせていますか。

日髙　すり合わせというよりは、共存の方向性を見出すという感じですかね。例えば、先方の社内でどうしても残しておきたい理念があるので、楽天主義と並行運用したいというケースがあります。その場合は、先方の経営トップと、楽天のコーポレートカルチャーディビジョンの責任者が合意をした前提において、共存を認めるという段階措置を取ることもあります。その際にも、両社の理念が最低限つながっていることを証明する書類を共有するようにしています。つまり、扇の要の部分はお互い

に握れていて、扇がどっち向きに広がっていくかという点に違いがある
だけなので、先ほどお話しした「統一性と多様性」のコンセプト（図表
79）に照らしてOKと判断しています。

——なるほど。例外を何でも認めるわけではなく、大きな方向性が合って
いるという前提で双方が合意・明文化した上で、スピード感を持って事
業を進めていくという感じですね。

日髙　そうです。私自身の体感では、企業における理念共有の方法がここ
10年くらいで大きく変わってきていると感じます。特に外資系企業と
日本企業を比較してみると、その違いが顕著です。
　　図表81は、価値観による繋がり方の変遷を表したもので、理念を共
有する方法には、大きく「金太郎飴型」と「コア＆遠心力型」の２つが

図表81　価値観による繋がり方の変遷

日本企業は高度経済成長期にモノカルチャーを強みに成長してきましたが、世界中の多様
な人材が集うグローバル組織では限定的かつ強烈なコアバリューの共有を前提に、遊びを
持たせた文化醸成が求められ始めています。

金太郎飴型

勝ちパターンが明確、均質性が重要

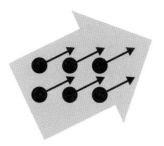

コア＆遠心力型

勝ちパターンは不明確、多様性受容も重要

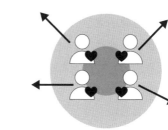

出所：楽天グループ株式会社

あると思います。金太郎飴型は、事業上の勝ちパターンが明確で、その拡大再生産のために均質性が重要なときに、具体的で明確な理念を打ち出す方法。一方、コア＆遠心力型は、事業上の勝ちパターンが不明確で、クリエイティビティやアジリティ（機敏性）を維持するために多様性を受け容れることが重要な組織において、ある程度の余白を残した形で理念を共有する方法です。

　私が前職で、外資系企業の日本法人で理念共有のお手伝いをするプロジェクトに参画した際は、なぜ欧州グローバル本社は抽象的で曖昧な理念しか日本法人に伝えてこないのだろうと思ったものです。しかし、後から振り返ると、すべてをガチガチに明確化した理念を落とし込もうとしても、現地法人からは「現場の事情がまるでわかっていない」と反感を買うのだろうと思います。グローバル化の進展や複雑性・多様性が増している現在の局面においては、このようなコア＆遠心力型でなければ対応しきれないのではないでしょうか。

　例えば、Google を見ていると、もはや「グーグラー（Google で働く社員）としてのコアマインドさえ持っていてくれたら、目指す方向はどこでもいい」というくらい、遠心力型の理念共有をするようになっています。冒頭の「統一性と多様性」のチャートは、それらを踏まえてたどり着いた、楽天のアプローチなのです。

苦い経験から得た PMI の教訓とは？

──ここからは日髙さんご自身の経験をもとに、実際に PMI を進めるときに留意すべき点について、おうかがいできますか。まず、これまで手掛けたなかで、特に難しいと感じたのはどんな案件ですか。

日髙　特に難しいと感じたのは、以前手掛けたアクハイアリング（人材獲得を目的とした M&A）の案件です。エンジニア人材の獲得を目的として、ある会社にジョインいただきましたが、その会社の幹部クラスの

方々が次々に辞めてしまい、最終的には会社の形が残らず、楽天に完全に統合されることになりました。目的は人材獲得なので、まとまった人数のエンジニアの方々にグループインしていただければ、PMIとしては一応着地したともいえます。しかし、カルチャー・ブリッジングの観点からは、決して成功とはいえません。

――アクハイアリングの場合は難しいですよね。もともとの目的がエンジニア人材の獲得ということもありますし。

日髙 そうですね……。ただ、結果的にエンジニアの方々に次々と辞められてしまうような事態を招いては最悪です。こうした場合は、給与などの条件面はもちろん、楽天だからこそできる仕事の魅力など、エンプロイー・バリュー・プロポジション（社員に対する価値の提供）をきちんと提示できていれば、キーパーソンが抜けたからといって多くの人が抜けるといったことにはならないと思います。そこは現場で我々が奮闘するしかないですね。

――そのときのご経験から、日髙さんはどんなことを学ばれましたか？

日髙 もう少し早いタイミングで信頼を得られていれば、手の打ちようがあったと思います。そのあたりは、楽天側のキーパーソンに対する我々の影響力不足だったのでしょう。ジョインされる会社の幹部と楽天側がお互いの信頼関係をつくるために、我々が早い段階で潤滑油のような形で介入できていればよかった、というのが教訓ですね。

　PMIのプロセスでは、ちょっとした言葉遣いが命取りになります。「買った、買われた」という言葉を使うだけでも、買われた（買収された）側は複雑な心境になり、そこに心理的な障壁ができてしまいます。言葉選びを誤って感情を逆なでし、細かなささくれができないようにするためには、NGワードリストを作って関係者間で共有しておく必要が

あります（図表82）。買った側は「上から目線に聞こえてしまう言葉」を、どれだけ無意識に使っているかということに、もっと自覚的になる必要があると思います。

――そういえば日髙さんは、「買った、買われた」とか「親会社、子会社」といった表現をなさらないですね。

日髙　おっしゃるとおりです。「買収」とは言わずに「ジョイン」、「子会社」ではなく「グループ会社」と言うようにしています。もちろん言い方の問題だけではありません。グループ会社の方々にはそれぞれの思いや夢があり、そのためにたまたま楽天というフィールドを活用することを決断し、組んでくださっているわけです。それなのに、心の底で「自

図表82　NGワードリストの例：PMIフェーズに配慮すべき表現（一部）

	好ましくない表現 NG words		より良い表現 Better words
1	楽天 Rakuten	→	楽天グループ Rakuten group / entire Rakuten
2	買収 Acquisition, M&A	→	グループイン Join
3	現場 Gemba	→	最前線 Forefront
4	理念浸透 Value implementation, penetration	→	理念共有、理念接続 Value sharing, alignment, bridging
5	子会社 Subsidiary	→	グループ会社 Group company
6	部下、上司 Subordinate, Boss	→	同僚、サポート Team members, Our support

出所：楽天グループ株式会社

分たちの傘下に収めた」などと思っているとしたら、それが言動に表れてしまいます。我々は多様性を受け容れて活かすダイバーシティ＆インクルージョンを推進していますし、多様性あっての楽天グループです。そのことを我々のチームが体現していかなくては、と思っています。

——組織開発では言語感受性がすごく重要ですよね。私たちは、それを「シャッターガラガラ・ワード（心のシャッターが下りてしまうようなモチベーションを下げる言葉）」と呼んでいます。組織開発にたずさわる人は、言葉一つひとつの選択に、意識的にならなくてはならない。言語感受性が低い人は、相手の心を閉ざしてしまう言葉を悪気なく連発して、怒りを買うようなことがよくあります。

日髙　我々も、言語感受性の問題は大切なテーマだと考えています。最近では当ラボでも「インクルーシブ・ランゲージ（Inclusive Language）」について海外の情報を調査しています。これは、「包括的言語」と直訳されますが、定義としては「どのコミュニティの人も、安心でき自分に価値があると思わせてくれる言葉」のことです。多様な人々への配慮や尊敬に基づき、差別的な表現を避け、中立的な言葉を用いることで、多様性や違いを前向きに受け入れ、相手にもその姿勢を伝える手段となります。

　　　新聞広告クリエーティブコンテストの最優秀賞受賞作品（2013年度）に、「めでたし、めでたし？」という広告タイトルがあります（次ページの図表83）。この作品のキャッチコピーは、「ボクのおとうさんは、桃太郎というやつに殺されました。」です。確かに、鬼ヶ島側にはそういう視点があるはずですが、普通の人はなかなかそこに思いを馳せることができません。気づいてほしいのは、まさに相手側の視点に寄り添うということです。

——なるほど。他人の目線に立ってものを考えることを「共感」といいま

ボクのおとうさんは、桃太郎というやつに殺されました。

一方的な「めでたし、めでたし」を、生まないために。
広げよう、あなたがみている世界。

出所:一般社団法人日本新聞協会

すよね。共感とは、作家のブレイディみかこさんによれば「他者の靴を履くこと」だそうです。「他者の靴を履いたときに感じる違和感のようなもの」を敏感に察知しながら、相手目線でものを考えることが重要ですね。言葉の大切さ、という意味では、ジョインされた会社に最初にどんなメッセージを出すかも非常に大切だと思います。日髙さんのチームが特に大切にされていることは何ですか。

日髙　最初のご説明の際に大切にしているメッセージは2つあります。一つは、楽天グループにジョインしていただいた会社と我々は、あくまでも対等な関係にあるということです。楽天はその会社を必要としているからM&Aをご提案したわけですが、先方にとってもそれは同じで、なんらかの夢や希望が叶えられるからジョインしてくださったわけです。そうしたメッセージを、誤解を招かないようお伝えするようにしています。もう一つは、楽天がもともと持っている価値観と、新たに先方が持ち込んでくださる価値観の、両方があるからこそシナジーが増大されていくというメッセージを、しっかりとお伝えすることです。

──なるほど。グループインされる会社の方々は、やはり不安感が強いですから、ともにシナジーを発揮していこうと伝えることで、先方の期待感や貢献の方向性が明確になるのではないかと思います。その後、広く現場へ理解を促していく上で、マネジャー層がどんな言葉で現場に情報共有していくかなど、なんらかのサポートは行っておられますか。

日髙　カルチャー領域の担当としての範囲内で申し上げると、楽天が大事にしている価値観や、企業理念体系内の各メッセージの背景情報などを、マネジャーご自身が自分の言葉で説明できるよう、ワークショップなどでサポートしています。楽天らしさを現場最前線に共有いただくには、まずマネジャーご自身がそれを咀嚼することが大切だからです。
　実はそのプロセスのなかで、我々がもう一つ意図していることがあり

ます。それは、楽天らしさを知る過程で、これまで無意識だった自分た
ちのこだわりや、大切にしてきた価値観に自覚的になっていただくこと
です。その結果として、新しい事業目標を達成するためにどの価値観を
優先するべきか、今後も自分たちが大切にしていく価値観は何かという
ことを、見つめ直していただくことができます。それが再三にわたって
ご覧いただいた「統一性と多様性」のチャートを強化することにもつな
がりますし、ひいてはシナジー創出にもつながっていきます。

──ありがとうございます。単に楽天主義を浸透させようとするのではな
く、先方の価値観を自覚していただき、相互理解を進めていくわけです
ね。その後、少し段階が進むと、現場では出身組織が異なるメンバー同
士が協働していく機会が増えていくと思います。そうした局面で協働関
係を築くために、側面からサポートなさっていることはありますか。

日高　楽天内は、すでに様々な形でジョインされた多様な方々で溢れてい
るカオス状態です（笑）。そのため、意図的に関係構築を図ろうとする
ことはあまりありません。ただ、間接的にでも貢献しているであろう施
策としては、多様性を推進していく全社的な取り組みがあります。

　例えば、インターナショナル・ウィメンズ・デー（国際女性デー）に
は、ジェンダーを祝福するキャンペーンを行ったり、エンプロイー・リ
ソース・グループという社員の自発的なネットワーク活動で、共働き家
庭、LGBTQ＋、クロスカルチャーなどのサポートに取り組む団体を会
社が支援したりしています。そうした活動を通して、様々な属性の方々
とインクルーシブなカルチャーをつくりあげていく工夫は、先人たちの
努力もあり会社として自然にできているように思います。

　また、人事主導で行っている異文化コミュニケーション研修は、全管
理職必須の取り組みとなっています。我々が行っている楽天主義のワー
クショップも、本社人事から事業部人事まで連携が取れていて、楽天に
入社される方は必ずこのワークショップを通る形になりつつあります。

このような施策を通して、異なる背景の方々が共通の価値観を展開する仕組みはかなり整ってきているといえそうです。

働き続けるかどうかは、最終的には個人の意思

──少し抽象的な質問になりますが、現場のなかで様々な役職の方がPMIのプロセスを進めていく場合、リーダーシップを誰がどのように発揮すればスムーズに進んでいくと思われますか。

日髙　PMIをスムーズに進めるためのキーパーソンは誰か、ということですね。それでいうと、ジョインされた会社のCEO（最高経営責任者）とCOO（最高執行責任者）、CHRO（最高人事責任者）だと思います。どのような案件でも、この3者と握れているかどうかがカギとなります。テック系の会社の場合、COOはCTO（最高技術責任者）のこともありますが、その会社の利益の源泉である事業部に対して影響力が発揮できる方のリーダーシップが何より重要です。

　それらの方々が、楽天のことを自らの会社の言葉でメンバーに説明したり、自分たちがなぜ既存のやり方を大事にしてきたのかを楽天側にきちんと説明する代弁者になれるかどうか。そのあたりの受発信のパフォーマンスがとても大事になってくると思います。

──ジョインされた会社と接すると、M&Aに対してポジティブな印象を受ける場合と、ネガティブな印象を受ける場合があると思いますが、両者を分ける要因はどこにあると思われますか。

日髙　明確には言い表せませんが、ネガティブなケースについて思い起こしてみると、大きく3つのパターンがあるように思います。

　第一は、現場の最前線で頑張っている方々が、トップから事前に丁寧な説明を受けずに、青天の霹靂で合併を伝えられる場合です。「会社の

未来を勝手に決めないでほしい」「この会社はトップの所有物じゃない」
と、身内のリーダーに対してさえネガティブな感情を持つケースでは、
どうしても我々に対する抵抗感も強くなります。

　第二は、楽天のような大企業に入ることによって自由度が奪われてし
まうと感じる場合です。先ほどの椅子の話もそうですが、自由度の高い
会社で働いていた方々は、毎週朝会（楽天グループで毎週行われている
全社会議のこと）に出ましょう、名札を付けましょうといった明確な共
通ルールを持つ会社を窮屈だと感じるわけです。これは PMI の問題と
いうより、楽天グループにジョインすることそのものに対してネガティ
ブに感じているケースです。

　第三は、仕事のやり方や優先順位のギャップが大きい場合です。例え
ば、これまではクオリティを最も大事にしてきたのに、楽天ではクオリ
ティだけでなくスピードとの両立を期待されるなど、どちらが良い悪い
の話ではなく、優先順位の設定に葛藤を感じているケースです。

──なるほど、ベンチャー企業には、働き方の自由度を重視している方も
多いでしょうからね。そのように M&A をネガティブに捉えている方々
のなかには、カルチャー的に合わないために離職される方もいらっしゃ
ると思いますが、その点はどうお考えですか。

日髙　そうですね。立場上、答えづらい質問ではありますが、我々はジョ
インされた方々に、楽天のカルチャーや理念をかなり明確に言語化して
提示しています。ですので、それを選択するかどうかは、最終的には個
人の意思を尊重すべきだと思います。もちろんそれは M&A にかかわら
ず、楽天グループの社員全員にいえることです。ここまで楽天とはこん
な会社です、ということを明確にしているので、合わないと気づかれた
のであれば、ご自身のための選択をしていただいたほうがいいと思うの
です。

　ただ、楽天のグループ内にはあらゆるサービスやデータの資産があり、

グローバルにチャレンジしていこうというビジョンやトライ・アンド・エラーが推奨される機運もあり、意思を持って人を巻き込むことができれば、相当いろいろなことができる環境があります。このような環境はなかなか得られるものではないので、もしも共感していただけるなら、ぜひ楽しんでみてはいかがでしょうか、というのが我々の立ち位置です。

――最終的にはご自身の意思を尊重するということですね。

日髙 そうですね。ただ楽天においては、人事部や各マネージャーの努力により、退職率は業界平均またはそれ以下です。退職者が一定比率発生するのは、環境変化に適応すべき企業組織としては健全なことだと思いますが、引き続き会社としてできることには全力で取り組みたいと思います。

――日髙さんの部署では、PMI に組織開発的なアプローチで関わっていらっしゃるわけですが、これからも大事にしたいことは何ですか。

日髙 一番大切なのは、鬼ヶ島の小鬼のイラストが象徴しているような感覚ではないかという気がします。「正解は一つではない」という感覚で、いろんな葛藤と向き合っていくことができれば、感情的に苦しんでいる人に対しても、様々な形でサポートができるし、異なるカルチャーを持った組織をブリッジする業務にも真摯に向き合えるのではないかと思います。

――本日は、ありがとうございました。日髙さんのご見識や、経験に裏打ちされたお話をいただき、とても参考になりました。

※ 2021 年 3 月 2 日ヒアリング（聞き手：齊藤光弘・中原淳・東南裕美・柴井伶人・佐藤聖・小川敦行・井上佐保子）

M&Aスペシャリストが語る
統合プロセスの乗り越え方

日本企業が抱えるPMIの課題に
どう対処するか

話者：明治大学 グローバル・ビジネス研究科 専任教授　岡俊子氏

　本章では、M&Aの最前線に30年以上にわたって身を置き、日本企業の成長と再生を支援し続けてきた岡俊子氏（明治大学 グローバル・ビジネス研究科 専任教授）のインタビューを掲載します。

　まず前半では、これまで日本ではM&Aがどのように捉えられてきたのか、黎明期の1980年代半ばから現在までの変遷を、岡氏のご経験を交えながら振り返っていただきました。そして後半は、「M&A後の組織・職場づくり」をテーマに、日本企業が抱えるPMIの課題や、それを乗り越えるための方策について、アドバイスをいただきました。

一橋大学卒業。米ペンシルベニア大学ウォートン校経営学修士（MBA）。等松・トウシュロス・コンサルティング（現アビームコンサルティング）で外資系企業の日本市場参入支援などのコンサルティング業務に携わる。その後、朝日アーサーアンダーセンを経て、デロイト トーマツ コンサルティング（現アビームコンサルティング）プリンシパル就任。2005年、アビームコンサルティングの戦略＆ファイナンス事業が分社化したアビーム M&A コンサルティングの代表取締役社長に就任。2016年より岡＆カンパニー代表取締役（現任）。アステラス製薬、三菱商事、日立金属などの社外取締役を歴任。著書に『図解＆ストーリー「資本コスト」入門』（中央経済社）ほか。

岡 俊子
Toshiko Oka

明治大学 グローバル・ビジネス研究科 専任教授／株式会社岡＆カンパニー 代表取締役／ソニーグループ、ENEOS ホールディングス、日立建機、ハピネット 社外取締役

M&A は「ハゲタカ」から「成長戦略のツール」へ

――まずは、岡さんが M&A に関わるようになったきっかけや時期について、教えていただけますか。

岡 私が大学を卒業したのは、男女雇用機会均等法が施行された1986年のことです。就職活動は、その1年前なので、均等法の恩恵を受けない最後の年代ということになります。学生時代から、欧米系のコンサルティング会社でインターンをしていたこともあって、等松・トウシュロス・コンサルティング（現アビームコンサルティング）に就職しました。

　当時は、女性が働くことが、なかなか難しい時代でした。その頃の等松は、会計システムの構想や基本計画を構築するコンサルティングが"ど真ん中の仕事"で、そういった仕事は、専ら男性に任されていました。一方、女性である私のところに回ってきたのは、単発の仕事や海外

事務所からのリファーラル（紹介）案件でした。あの頃は、ちょうどバブルへ向かう日本経済の絶頂期で、海外企業が日本市場に目を向け始めていました。そうした背景の中で、「日本市場に参入したい企業のために参入戦略をつくってほしい」といった依頼が舞いこんできて、そうした“傍流の仕事”が女性に任されました。

──“傍流の仕事”とはいっても、十分やりがいがありそうな仕事ですね。

岡　はい。私としては、海外のコンサルティング手法を学ぶことができて、とても楽しかったです。その頃に一緒に働いていた米国人の同僚から「米国にはビジネススクールというものがあるから、行ってみたら？」と言われたことが、ペンシルベニア大学ウォートン校のMBAコースに行くきっかけとなりました。
　1980年代は、日本の会社が、海外のホテルやゴルフ場、ロックフェラーセンターなどの不動産を次々に買収していた時代でしたので、コンサルティングニーズがありました。ただ、件数的にはまだ多くなかったので、当時、M&Aは“傍流の仕事”でした。時を経るにしたがって“傍流”だったM&Aの仕事が、いつの間にか“ど真ん中”に来るようになり、今では私のライフワークになっています。

──面白いですね。それ以前の時代は、M&Aが経営の手法として実際に採用されていなかったということでしょうか。

岡　件数自体はそれほど多くないものの、明治・大正あたりから、M&Aは日本国内でも行われていました。ある会社が危なくなると社会的なインパクトが大きい場合に、政治的な判断により、銀行主導でM&Aが行われることがあったようです。
　老舗のM&A仲介会社であるレコフは、プラザ合意があった1985年からM&Aに関するデータを取っていますが、M&Aの件数が増えてき

たのは、ちょうどその頃からです。その後、バブル崩壊で、件数は一旦減りますが、それからグッと上がってきました。もっとも、当時は企業にとって、M&A は「荒療治の手法」とみられていましたが……

――荒療治！ 痛みを伴う手法だと思われていたのですね。

岡　外科手術みたいなものですね。当時の主なプレイヤーは、外資系金融機関でした。バブルが崩壊した1992年以降、彼らは M&A を「ディストレスト」で使っていました。「ディストレスト」というのは、破綻寸前の企業の株式や債券を安値で買い取って、売却できる資産を切り売りして収益を上げる投資手法です。これをメディアが盛んに「ハゲタカ」として報道したので、すっかり「M&A＝ハゲタカ、外資系投資ファンド」というイメージが強くなってしまいました。

　それが少しずつ変化してきたのが、2006年頃からでしょうか。多くの海外企業が M&A を使って成長しているのを見て、日本でも、成長戦略のために M&A を使う動きが出てきました。とはいっても、まだその頃は、東京中心でした。経済産業省なども、M&A によって日本経済を活性化する機運を高めようと、投資環境の整備を進めました。そのようなことを経て、「M&A は企業経営にとって必要不可欠なもの」という認識が徐々に広がってきて、現在では国内の地方における M&A も増えています。

―― M&A の捉えられ方が、年代によって大きく変わってきたということですね。1980年代は"傍流の仕事"であり、バブル期には"日本企業が海外に買いに行く"ときに使われ、バブル崩壊後は"ハゲタカ的な切り刻むようなイメージ"となり、今では"成長に必要不可欠なもの"とみなされるようになってきたということですか。興味深いですね。

M&A は日本の数少ない成長産業

岡　M&A というのは、「成熟社会で有効に使われる経営のツール」なのです。経済が成長している時には、新しく会社をつくって、一から事業を興したほうが良い。ところが経済が成熟してくると、既存業界においては、総量として、経営資源を増やす必要はないわけです。有効に活用されていない経営資源があれば、それを譲り受けて、うまく活用することで、社会全体の経営資源の効率化が図れます。その経営資源を譲り受ける取引が、M&A です。

　日本は、今後、人口が減っていき、世界第3位の GDP（国内総生産）もしだいに順位を下げることになるでしょうから、外部から経営資源を取り入れ、うまく活用することの価値は、今後ますます大きくなっていきます。

──昨今、成長戦略としての M&A という意識が徐々に高まり、M&A の件数も年々右肩上がりで増えています。そうしたなかで、大手だけでなく中小企業でも、M&A を事業承継などで使うようになってきました。今後も M&A が増えていくと、それをうまく活用できる会社とそうでない会社に分かれていくように思いますが、岡さんはどう思われますか。

岡　おっしゃるとおりで、両者の差は、今後、さらに広がっていくと思います。M&A は、「M&A を実行すること」自体が目的ではありません。M&A という手段を使って、例えば、隣接する領域の事業を取り入れるとか、新しい市場を開拓するとか、M&A を使う本来の目的が別にあります。M&A は、あくまで手段です。ですから、使えば使うほど、使い方がうまくなる。大事なことは、M&A の経験値を上げることです。M&A に積極的に取り組んでいる会社は、ますます M&A を上手に使えるようになるため、今後ますます大きく成長する可能性を持っています。一方、M&A に取り組まない会社は、手元の経営資源を使ったオーガ

ニック・グロース（自力成長）に頼るしかない。両者では、成長スピードが大きく違ってきます。

――M&Aをうまく活用できる会社は、M&Aの経験値が豊富になりますね。その経験値は、どこに貯まっていくのですか。

岡　まずは人ですね。M&Aを経験した人に、経験値は貯まっていきます。そして、M&Aの経験者が増えていくと、経験値が「組織知」になっていきます。M&A取引のプロセスを回すのは、経営企画が多いと思いますが、彼らが事業部の人たちをうまく巻き込むことができれば、経営企画の組織知は、会社全体の組織知として昇華していきます。

ディスラプション（破壊的創造）のためのM&Aが活発に

――日本におけるM&Aの変遷について、ざっくりお話をいただきました。長年、M&Aに関わってきたご経験から、これからは、どのような使い方をされるM&Aに注目していますか。

岡　今後は、ディスラプション（破壊的創造）で使われるM&Aに注目しています。

――ディスラプションのもともとの意味は、既存の製品やサービスを市場から駆逐してしまうような技術革新を示す概念ですね。

岡　はい。富士フイルムが、フィルムカメラの衰退に備えて、事業領域をフィルムから医療機器、化粧品分野へと転換させ、今も成長を続けているという話は有名です。事業環境が変化していくことで、新しいビジネス領域に進出せざるをえなかった状況を、技術革新によって乗り越えました。

今、日本の大企業のなかには、ディスラプションを迫られている会社が何社もあります。例えば、ガソリン車が減少すると、自動車の内燃機関に関連した部品の需要が減少しますし、ガソリンスタンドも減らさなければいけない。こういった業界においては、企業は、将来の飯のタネを見つけるべく、様々な新規事業に乗り出していきます。

——ガソリン車の例は、地球温暖化に対処する流れのなかで起こった事業環境の変化ですね。他にも、資本主義の行きすぎや、社会の分断など、中長期的に解決すべき課題が多いです。

岡　2021年のダボス会議は、「グレート・リセット」というテーマで、そういった社会課題について議論するはずでしたが、結局、新型コロナウイルスの影響によって中止になりましたね。
　実は、昨今誕生しているベンチャー企業のなかには、こうした社会課題をどう解決するか、という問題意識に基づいて、事業を興すところが増えているのです。

——そういった社会的な意義のあるベンチャー企業がM&Aの対象になるのですか？

岡　先ほどは成熟社会におけるM&A、すなわち、活用されていない経営資源をうまく活用できる会社に移すためのM&Aの話をしましたが、これとは別に、イノベーションを外から迎え入れるためのM&Aもあります。ベンチャー企業への投資が、まさにその事例です。
　大企業にとって、ベンチャー企業の買収はわりと少額の出資になりますので投資しやすいのですが、「買収すれば何かが起こるだろう」と、他人まかせで期待するだけではダメです。投資後、傘下に入ったベンチャー企業の事業を、今後は自分たちの手で育てて、事業転換を図るところまで持っていかなければいけません。ベンチャーは「放置」しては

ダメなんです。ベンチャーは「育てなければ」ならないのです。

――どこかの時点で、従来の事業から新しい事業へと軸足を移す、ということですね。

岡　はい。「両利きの経営」といわれていますが、しばらくは、右手で既存の主力事業からキャッシュフローを創出しながら、左手では新規事業を育てていき、新規事業がある程度の規模になったところで、新しい事業へと転換していくことになります。

――これは一見、大企業がベンチャー企業を飲み込んでいるように見えます。大企業にとっては、事業転換する目的は達成されますが、ベンチャー企業のほうはどうですか？

岡　大企業にとっては、これが、まさにディスラプションに対応するためのM&Aです。他方、ベンチャー企業にとっても、大企業の傘下に入ることによって事業が大きく成長すれば、自分たちが興した事業が社会のなかで存在感を増すという喜びがあります。

――なるほど。そうなると、新しいタイプのPMIが必要になりそうですね。事業の比重が新しいビジネスに移っていくときは、従来の事業をやっていた社員のモチベーションをどうするか、という課題も出てきそうです。

岡　そうですね。それから、今後は、どういうふうに統治するかというガバナンスの面においても、さらなる変革が求められますね。

PMIにコンサルタントが関わらないのはなぜか？

――ここからは、本書のテーマである「M&A後の組織・職場づくり」について、詳しくお話をうかがいたいと思います。

　ほとんどのM&A取引には、アドバイザーや仲介会社が関わるのに対して、M&A後の統合（PMI）プロセスには、限られた大型M&Aを除くと、コンサルタントなどの外部の専門家が関わることは多くありません。特に、中小規模の案件ではほぼ見られませんが、なぜでしょうか？

岡　会社の、具体的には、事業部長のPMIに対する姿勢に起因していると思います。PMIの段階になると、案件は、M&A取引のプロセスを回していた経営企画の手から離れて、事業部に移管されます。その事業部が、PMIに対してどういう姿勢をとるかによって、PMIの筋道が決まります。そして事業部は、たいていPMIを「後回し」にします。

　実態をお話ししますと、事業部長は既存の事業を持っているので、どうしてもPMIは二の次になることが多いのです。事業部長がPMIの大切さを認識して、自分たちだけでやっていくのは厳しいと思うようになると、PMIにも外部の専門家が関与するケースが増えると思います。

――事業部のPMIに対する認識が重要なのですね。

岡　はい。それから、予算の問題もあると思います。M&Aのディール段階で使われるのはM&A予算で、これは経営企画が持っています。他方、PMIにかかる費用は事業部の予算になります。仮にその事業部が、「今期の利益達成はきついな」と思ったら、真っ先にPMIのコンサル予算を削るのではないでしょうか。

―― PMI予算を握る事業部長のマインドセットを変えることはできませんか？

岡　M&AやPMIに対する理解を深めてもらうことが必要だと思います。企業からの依頼で、M&Aのテーマで講演をすることがありますが、講演後のQ&Aセッションで質問してくださるのは、役員や経営企画の方が多いです。事業部長の方々からは、あまり質問は出てきませんね。問題意識の違いの表れだと思います。ただし、M&Aで最も苦労するのは、現場なのです。

── M&Aのディールを、事業部長クラスが主導することは、あまりないのですか？

岡　ありますが、そう多くはありません。むしろ、事業部が知らないところで、経営企画主導でM&Aが進められていて、「この会社を買ったから、後はよろしく」と、いきなり事業部に話が振られるケースの方が多いかもしれません。

──事業部としては、いきなり押しつけられて、いい気持ちはしませんね。

岡　そうなんです。他方、事業部が持ってきたM&A案件の多くは、自分たちの手に負える小振りの案件です。M&Aは、大きな案件でも小さな案件でも手間はそんなに変わらないので、案件が小さいと、手間がかかるわりには会社の成長に大きなインパクトを与えません。

──なるほど。かけたコストのわりに経営へのインパクトが小さい、ということですね。

岡　経営企画の観点からは、事業部が持ってくる小さな案件をいくつか実行するよりは、一つの大きな案件に取り組んだほうが効率的なのかもしれません。

——買い手の社内でも、事業部と経営企画との間で、そうしたジレンマが
あるわけですね。

統合プロセスを成功させる基本的な考え方

—— M&A後に、新しい組織を買い手側のカルチャーに統一していったほ
うがよいのかどうか、正解はあるのでしょうか。

岡　M&Aは、一つとして同じディールはありません。PMIも然りです。
したがって、一つの正解があるわけではありません。両社の距離感を測
りつつ、それぞれの案件に丁寧に向き合うことが必要です。
　M&A後、買われた側が連結子会社になる場合、その子会社の間接部
門は、業務のやり方をある程度まで親会社に合わせることが多くなります。
　他方、カルチャーについては、どちらかに合わせるといっても、そん
なにすぐに合わせられる性質のものではありません。重厚長大型の会社
が新規事業をやりたいと考えて、自由な気質のベンチャー企業を買収し
たときに、カルチャーまで重厚長大型にしてしまうと、そのベンチャー
企業は窒息してしまいますよね。このような場合は、最初に「これだけ
はやってほしい」と仕切った上で、一定の距離を保ちながら、お互いの
良い文化を保持して、うまく付き合っていけば良いと思います。

—— M&Aの大きな目的の一つはシナジーを出すことです。重厚長大型
同士が対等合併する場合は、業務のやり方をどちらかに合わせることに
対して、お互いに心理的な葛藤が避けられず、シナジーが出せないと思
います。こうした葛藤をできるだけスムーズに乗り越えるには、どうす
ればいいのでしょうか。

岡　歴史がある企業同士の対等合併では、どちらかに合わせることは難し
いものです。システム一つとっても、それぞれに異なるベンダーがいま

すし、同じ ERP（統合基幹業務システム）だったとしても、それぞれがカスタマイズしていますので、統合が難しい。

　実は、対等合併というのは、「対等な精神での合併」という精神論であって、法律的な対等合併はありません。しかし対等という精神論を持ち出さないと、案件を前に進めることができないということなんです。だから「対等合併」という言葉を、あえて持ち出すのです。

　そういう場合、仕事のやり方は、合理的で効率的なほうに合わせる。カルチャーについては、両社の、変えてはいけない部分は残しながらも、「将来的には、新しいカルチャーを共につくり出していこう」という姿勢が必要だと思います。

──「触らぬ神に祟りなし」でもないでしょうが、穏便に進めるために摩擦が起きそうな話題は避ける、という考え方はしないほうがいいですか。

岡　気持ちはわかりますが、おすすめはしません。例えば業務のやり方についても、その会社の思想が色濃く反映されているものです。一例を挙げると、経営判断する際に、稟議書上に承認をとっていきますよね。それは、その意思決定について、関係者と情報を共有した上で、責任の所在を明確にしておくためです。多くの承認者を必要とする会社は、情報共有を重んじる会社なのかもしれません。承認一つとっても、各社の考え方は異なりますので、業務の変更というのは、実はとても大変です。そういった違いを、一つひとつテーブルの上に出して、議論することで、お互いの理解が深まり、信頼関係が醸成されていきます。最初は大変かもしれません。でも、どこかでやらなくてはならないのです。お互いの違いについては、なぜそうなっているのかまで踏み込んで、積極的に議論してほしいと思います。

──お互いの違いについて話し合うとは、「対話する」ということですね。対話とは「相互のズレを確認するコミュニケーション」ですから。とは

いえ、M&Aでは、親会社はつい「こちらに合わせて」と言いがちです。買った側であっても、お互いの歴史的な経緯や背景などを確認した上で決めていくことが大切ですよね。

岡　はい。もしそれで、親会社のやり方が単に形骸化していただけで、子会社のやり方のほうが効率的だとわかれば、親会社が子会社のやり方に合わせればいいのです。業務の効率性が高まって、コスト削減につながり、収益性が高まります。そうした観点からM&Aは、買った側にとっても、これまでの業務や仕事のやり方など、様々なものを見直すチャンスになると思います。

──確かに、買った側が相手の良いところを取り入れることも、シナジーを生み出す良い機会になります。

岡　そのとおり。自分たちは買った側だから、という心理的な優越感があると、「すべてこちらに合わせるのが当然」となってしまいます。
　　日本は、猿社会で、ボス猿が統治するヒエラルキー（階層）型の社会です。一方、ゴリラ社会はそうではなく、京都大学でゴリラの研究をされている山極壽一先生によると、ゴリラはファミリー社会で、誰かが困っていたら、そっと手を差し伸べる習性があるそうです。「ゴリラ学」権威の山極先生は、人間も「少しはゴリラ社会を見習ったほうがいい」とおっしゃっていますが、M&Aにおいても、ゴリラ社会に見習うべきところがあるかもしれません。

──なるほど。日本企業が猿社会からゴリラ社会に近づいていくと、M&Aも、もう少しうまくできるかもしれませんね。

岡　ヒエラルキー型の猿社会は、秩序が必要なときや、有事の場合には、有効に働きます。でもPMIの初期は、お互いに手を取り合って一緒に

やっていかなければならないとき。そんなときは、ゴリラ社会で行きたいですね。

多様性を認めることが、シナジー創出の第一歩

—— M&A 後の統合プロセスをうまく進めていくために、岡さんが特に重視しているのはどんな点ですか。

岡　M&A が無事に成立しても、その後の統合がうまくいく会社と、そうでない会社があります。両者の違いを端的にいえば、うまくいく会社には、多様性を認めるマインドがあります。それも、単に認めるだけではなく、認めた上で、子会社の人たちに活躍してもらっています。

　ダイバーシティ＆インクルージョンの後者、インクルージョンを強く意識して、実践しているということです。そういった会社では、親会社が子会社をリスペクトしていますし、子会社も親会社をリスペクトしています。

—— お互いにリスペクトが生まれない状況では、買った後に、相手をぎちぎちに縛る状況になりそうです。

岡　ぎちぎちに縛るか、放任になるか、ですね。

　最近では「事業領域を広げるために、自分たちにはできない部分を補ってくれる企業を M&A した」といったディールが少なくありません。にもかかわらず、「自分たちにはできない部分がある」ことは認めたくない。親会社だから、こちらが上だと思っている。そうした感覚のまま、子会社に上から目線で「これをやれ」などと指示すると、指示された人は、「あなたたちには、できないのでしょう？　わかっていないのに、うるさいことを言わないでほしい」となるのです。すると、「こっちは親会社だぞ、盾突く気か？」と、険悪な雰囲気になり、しだいに両者の気

298

持ちは離れていきます。お互いの気持ちが離れると、放任経営になってしまいます。

──親会社は、意図して「上から目線」で言っているわけではないのでしょうが……

岡　子会社の人たちがどう感じるか、が重要なんです。「自分の意図とは異なる捉えられ方をされることがある」ことについて、親会社の人たちは、もっと敏感になることが必要です。
　　私がコンサルティングをやっていたときは、親会社の人たちに、子会社として言われたくない言葉や表現のリストを作って渡してあげていました。親会社の方々は、「これがダメなの？」とびっくりしていました。

──「これがダメなの？」という言葉や表現には、どんなものがあるのですか。

岡　例えば、日本の会社ならではのものに、「その会社でしか通用しない特有な言葉」があります。ある会社では、"コミット"という言葉がそうでした。親会社の人たちは、「目標の数字に責任を持ってください」というつもりで「この数字にコミットしてください」と伝えたのですが、これが子会社の人たちからの反発を招いてしまったのです。

──なぜですか？

岡　実は、その子会社の人たちにとって、"コミット"という言葉は「社長命令」を意味する強い言葉だったのです。

──意味が全然違った……

岡　子会社の人たちにしてみると、親会社の若造から「この数字にコミッ

トしてください」と言われるたびに、カチンときていたわけです。

　同じ言葉でも意味やニュアンスが微妙に異なるケースは、日本の会社ではよくあることです。こうしたNGワード、NG表現のリストを作るためには、その会社のディテールを知ることが重要です。そこで、私たちは、1〜2か月かけて、どんな言葉遣い、どんな態度が気持ちを逆なでするのかを、じっくりと観察して、リストを作り上げていきました。

──非常に細かいニュアンスの違いが重要になってきますね。ダイバーシティ＆インクルージョンは、女性やマイノリティのテーマとして語られるものだと思っていましたが、買収先に対しても同じような繊細さを持って接することが重要ということですね。

岡　買収子会社は、グループ内ではマイノリティです。多様性＝ダイバーシティを認めても、活躍してもらう＝インクルージョンができていないことが多いです。M&Aにおけるダイバーシティ＆インクルージョンは、これからも大きな論点だと思います。

▌M&A前の事業計画に現れる"イリュージョン"

岡　M&A後に、うまく統合を進めるためには、事業計画の見直しがきちんとできるかどうかも重要です。M&A取引の際に、買い手に提示される事業計画には、"イリュージョン（幻想）"が含まれています。売る側が「できるだけ高値で売りたい」と考えるからです。だとすると、事業計画にイリュージョンが乗ってしまうのは、構造的に、ある程度、仕方がないことです。

　となると、買い手は、その事業計画をしっかりと見直し、イリュージョンをリアルに戻さないといけない。

──ちょっと不思議なのは、買われた会社の社長の姿勢です。買われた会

社の社長は、自分が作った事業計画ですから、その計画にイリュージョンが含まれていることはわかっていますよね。後で、自分の首を絞めることになるのに……

岡　買われた会社の社長は、当然、事業計画にイリュージョンが含まれていることはわかっています。その社長自身が売り手である場合や、売り手は別にいて、その社長は経営を担っているだけとか、いろいろなケースがあります。しかし、いずれにしても Day 1 までは、立場上、口が裂けても、イリュージョンの存在については言えません。価格に影響が出てしまいますし、この案件がなくなってしまうかもしれない。そうなったら大事件です。ですからクロージングを迎えるまで、買われた会社の社長は、複雑な気持ちで、買い手と接しているわけです。

　そうこうしているうちに、Day 1 も過ぎて、ある日、買い手（その頃には親会社になっている）から「話が違う！ なぜこんなに営業利益が低いんだ？」などと責められるわけです。これは、複雑な形で現れる一種のエージェンシー問題です。

──エージェンシー問題とは、株主と経営者との間で起こる意見対立ですね。そうすると、買う側がイリュージョンに振り回されないためには、どう対応すべきでしょうか。

岡　まず、買い手は、デューデリジェンスのときに、どれくらいがイリュージョンとして乗っているかを分析して、リアルではどういう姿なのか、これをきちんとつかむことが必要です。そして「イリュージョン部分を除いても、ここまではできる」という、買い手目線での事業計画を作るのです。その現実的な事業計画を、Day 1 で、買われた会社（その頃には子会社になっている）の社長に提示します。「これくらいを目指したいと思っている。この先のことを、実態ベースで話しましょう」と、この時点でしっかりと目線を合わせることが必要です。これをやら

ない限り、子会社は、「イリュージョンだから無理なのに……」と言い出せないまま、ストレッチした目標を抱え込んで走る羽目になります。そして、ほぼ確実に、こけます。

——ガバナンスを進めていく上で、親会社としては、現実に即したシビアな話をしていく必要があるということですね。

丁寧なコミュニケーションが統合のカギ

——前述のイリュージョンのお話もそうですが、文化や立場の異なる人たちを統合していくのは、大変ですね。これをやるには、一つひとつ丁寧に、コミュニケーションを重ねていくことが大切だと思いました。

岡　そのとおりです。信頼関係構築の基本は、コミュニケーションです。M&Aの成立後、そのときは親子関係になりますが、その時点で親会社は子会社ときちんとコミュニケーションを取り、やってほしいこと、やめてほしいことをしっかりと伝えていくことが必要です。そうやって信頼関係を構築しながら、両者で「どうしたらシナジーが出せるか、どうしたらもっと効率的にできるか」という話をするのです。

——文化の違いを認識し、わかってもらえるまで、丁寧に説明していく努力が必要なのですね。

岡　日本は、同質性が高い社会ですが、日本の会社には、それぞれに個性があります。システム一つ取っても、自社仕様にカスタマイズしていて、統合が難しい。文化も違う。
　「子会社が思ったように動いてくれない」という親会社の声をよく聞くのですが、それぞれ文化の違う会社が一緒になったのだから、最初は仕方がないこと。子会社が動かないのは、「親会社が何を求めているの

か、よくわからない」という理由が一番多いのです。ですから、「私たちは、こうやってグループ経営をやっていきます。みなさんには、これをやってほしい」と、最初にきちんと説明して、理解を得ることが必要です。

――これまで日本の会社では、スピンアウトしてつくられた子会社が多かったので、子会社に対して、そこまで丁寧な対応をしてこなかったですからね。

岡　同じ村（会社）の出身者同士ならば、言わなくても"あうんの呼吸"でわかります。でも、そのノリのままで、M&Aによって新しく子会社になった会社と接しても、話は通じません。彼らは、他の村から来た人たちですから。

――日本企業は、他の村から来た人たちとのコミュニケーションが、あまり得意ではありません。

岡　残念ながら、そうかもしれません。M&A後に生じた溝がずっと埋まらないまま数年が経過している、というケースも少なくありません。しばらく経っても溝が埋まらないと、中堅社員を出向させるのですが、多くの場合、親会社から来た中堅社員はスパイ扱いされて、かえって溝が深まります。そうなると「様子を見よう」となる。これは「放っておく」という意味ですが、このような状態に至ると、もはや修復不能なほどに気持ちが離れてしまいます。そういった会社では、業績も上がってこないため、また売却される、という末路をたどることがあります。

――グループインしてグループアウトしてしまうパターンですね。売られて、また売られて……その会社の人たちにとっては、「いい加減にしてくれ！」という感じですね。

「質の高い100日プラン」を作るには？

―― M&A後の統合プロセスでは「100日プラン」が重要だといわれますが、日本のM&A案件では、どこまで「100日プラン」をきちんと作り込んでいるのですか。

岡　最近では、ほとんどのケースで「100日プラン」は作成されています。でも問題は、その質です。これが玉石混淆なのです。多くは、ただ単に規程を合わせるとか、仕組み面を合わせただけです。形を合わせれば、一応、100日プランをやったように見えますから。しかしそれでは、信頼関係の構築まではいきません。「質の高い100日プラン」は、「この親会社の人たちと一緒に仕事をするのが楽しみだ」と思ってもらえるような、気持ちが統合されるものです。気持ちが統合されるためには、双方の間で、コミュニケーションがなされなければなりません。

――どうすれば、気持ちまで統合できますか？

岡　親会社の然るべきポジションの人が、新たに子会社になった会社の現場を訪れて、膝詰めで何度も話をする、といったことを、実直に実行することです。

　　イントラネットで方針を説明して終わり、ではなく、タウンホール・ミーティングのような場を設けて、じっくりと話すのです。

　　フェイス・トゥ・フェイスのコミュニケーションがベストです。それも、コミュニケーションを1度取っておしまい、ではダメ。相手の反応を感じとって「あの部署にはもっと丁寧に説明する必要があるから、また行こう」など、状況に応じて進めていかなくてはなりません。

　　日本企業の経営トップは、「忙しいから」とおっしゃって、現場まで足を運ぼうとしませんが、優先順位の問題だと思います。今はもう「言わなくてもわかるだろう」という時代ではありません。親会社は、積極

的に、明確なメッセージを出して、理解を求めることが必要です。

――そんなに、コミュニケーションは不足していますか。

岡　ある上場企業が、海外の会社を買収したことがあったのですが、その
会社の社長は、「英語がよくわからないから」と、部下にディールを任
せていました。あるとき、その会社の海外事業を見ている取締役の方に、
「ちょっと相談があります」と呼ばれました。話を聞いてみると「ウチ
の社長は、まだ買収先の社長に１度も会っていません」と言うのです。
買収先は、かなりの規模の会社でした。「近々、会う予定はないのです
か？」とお聞きしたら、「株主総会のときに来てもらうから、その場で
挨拶をしてもらうつもりだ」とおっしゃいます。私は「来日が決まって
いるのであれば、せめて一緒に温泉かゴルフにでも行き、通訳を入れて
もいいので、将来のビジョンを２〜３日話し合う機会をつくったらいか
がですか」とお伝えしました。

　その後、話を聞いたら、「数日はとれないので、箱根で一泊して、宴
会をやりました。やって良かったと思います」と言っていました。

――岡さんは、その日本企業の社長はどうすればよかったと思いますか？

岡　社長が、海外の買収先まで出向くべきでした。新たに子会社になった
会社の人たちがやる気を出して頑張ってくれれば、企業価値をさらに創
出してくれるのです。M&A直後は、「一緒に仕事ができることを楽し
みにしている」と伝える絶好の機会です。挨拶を兼ねて、社内の上から
下まで様々な人と話ができるのです。

　グループ経営では、仕組みをつくることも重要ですが、結局、人と人
との泥臭いつながりが大切です。親子間の場合、普段の事業運営につい
ては、親会社の事業部が見ていてもいいのですが、重要事項については、
社長同士で話をしたいものです。ですから、親子間の社長と社長のパイ

プラインは絶対に必要です。

M&A 直後のモチベーションダウンを防ぐ

——これまでお話をうかがっていると、経営にとって M&A は重要な選択肢だと思いますが、買われた側の社員にとってみると、M&A というのは、つくづく "巻き込まれ事故" のようなものだ、という気がしてきました。

岡　"巻き込まれ事故" とは、言い得て妙ですね。

——"巻き込まれ事故" に遭って、翻弄される社員のモチベーションを維持するためには、どのような取り組みが必要だと思われますか。

岡　まずは、子会社の社員の安心・安全な環境を整えることです。いきなり辞めてもらうようなことはないですよ、と伝える。この M&A がきっかけとなって、自分がリストラされるのではないか、と疑心暗鬼になっている社員もいますから。

——安心・安全な環境を整えた後は何をやるべきでしょうか。

岡　会社が新しい段階に踏み出したこと、その新しい段階で「貢献したい」と、彼ら彼女ら自身が、心の底から思えるようにすることが必要です。でも、それ以前の問題として、大企業の人たちは、中小・中堅企業で働く社員の気持ちを、理解していないことが多い気がします。

——どういうことですか？

岡　例えば大企業が、ブランド力はないけれども技術力のある同業の中堅

企業を合併するとします。大企業の人たちは、「新卒でウチに採用面接に来ても、受からなかったかもしれない。それがM&Aでウチに来られるなんて、ラッキーだね。さぞかし、本人もご家族も嬉しがっていることだろう」と、勝手に思い込んでいるのです。

──その大企業は、自分の会社が一番だと思っているからでしょうか。

岡　そうです。それなのに、相手方の社員が次々と辞めていく。これが大企業の人たちには、不思議でたまらない。

──どうして、辞めていくのですか？

岡　大企業で働く人のモチベーションと、規模は小さくても面白い仕事ができる会社で働く人のモチベーションは、異なります。

　働くモチベーションは、人によって、やりがいとか、自分の成長が感じられるとか、お金とか、気の合う仲間と仕事ができるとか、会社のブランドとか、出世への野心とか、様々です。社員が、それぞれどういうモチベーションのもとで働いているかを、きちんと把握し、彼らの心に響くメッセージを伝えなければいけません。大企業で働く人のモチベーションが、そのまま中堅企業で働く人たちにもあてはまるとは、限らないのです。

　多くの人は、新卒時においても転職時においても、自分で選んだ会社に入社します。自分の価値観に基づいて、自分で選んだ会社だからこそ、一生懸命に働こうと思います。でも、合併した会社は、いくら有名な大企業であっても、自分で選んだ会社ではないのです。

──なるほど。ということは、もう一度、買われた会社の社員に、「ここにいること」の意味を「選びとってもらわなくてはならない」のですね。子会社の人たちには、どんなメッセージを出すことが必要ですか。

岡　まずは「体幹のメッセージ」がベースです。体幹のメッセージとは、グループとしてのミッションやバリュー、最近ではパーパスといったことです。この体幹のメッセージを、先にしっかりと伝えます。

　その上で、それぞれの働くモチベーションが何なのかを頭に置きながら、「この部署の人たちには、社会的意義に重点を置いて話をしよう」とか、「この部署の人たちには、人事評価制度について力点を置いたほうがよい」とか、相手に合わせて少しずつメッセージに強弱をつけると良いです。

――子会社の人たちのことをよく理解していないと、そういう話はできませんね。

岡　はい。これを実行するためには、デューデリジェンスの段階から、コミュニケーション・プランを作り始めて、PMIに入ったら、Day 1からすぐに走り出さなければなりません。ですが、たいていのM&Aでは、Day 1を迎えると、「無事にクロージングできてよかった。お疲れさま」となって、終わってしまうのです。

M&A後のミドルマネジャーの役割

――M&A後のPMIプロセスにおいて、ミドルマネジャーの役割は大きいと思いますが、そのわりにミドルマネジャーは、取り残されがちというか、関わることが少ないように思います。なぜでしょうか。

岡　それは、M&Aの機密性の高さによります。M&Aに関わるのは、一部の人たちです。その人たちは「このディールのことは、内密にします」と、誓約書を書いて、周りには伏せながら動いているわけです。ミドルマネジャーから下は、当然、そのM&Aのことを知らされていないし、ましてや、誓約書など書いてもいません。

でも将来の経営を担いそうな優秀な若手でしたら、どこかの時点から、少しずつ、彼らを巻き込んでいった方が良いのではないか、と思います。これは、企業の後継者育成の人事施策にも関わる課題です。

──後継者育成に関わるとは、どういうことでしょうか。

岡　多くの会社では、次の社長候補を、次世代後継者プールとしています。そういった次世代後継者たちが、M&Aのエグゼキューション（実行）に関与しています。会社としてM&Aを経験する機会は、それほど多くないので、この次世代後継者に加えて、次々世代のミドルマネジャーたちもPMIに巻き込んでいければ、ちょうど良い人材育成の場になると思います。

──具体的には、どうすればよいですか。

岡　次世代後継者プールの執行役員あたりが、PMIのステアリング・コミッティ（運営委員会）を組成して、その実働部隊みたいなところに、有望なミドルマネジャーたちをノミネートし、関わってもらうのです。
　そんな体制で動いてみると、そのなかから頭角を現すミドルマネジャーが出てくるかもしれません。彼らがM&Aの経験を積むことで、数年後、さらに大きな案件にチャレンジしていけるようになれば、会社としても、成長戦略としてのM&Aが実現できるようになります。

──なるほど。今日は、岡さんの長年にわたる豊富なご経験からのお話をいただき、大変勉強になりました。お忙しいところ、本当にありがとうございました。

※2021年3月28日ヒアリング（聞き手：齊藤光弘・中原淳・東南裕美・柴井伶太・佐藤聖・小川敦行・井上佐保子）

"組織づくりのレンズ"を
PMIに活かす
5つの重要ポイント

　本書の締めくくりとなる終章では、これまでの章で特に強調してきた、M&A後の組織・職場づくりの施策のうち、読者のみなさんの心に留めていただきたい5つの重要なポイントを改めてまとめました。PMIのプロセスで道に迷ったときなどに、読み返していただければ、未来を拓くヒントになるのではないかと思います。

"組織づくりのレンズ"を
PMIに活かす
5つの重要ポイント

CASE

八谷「この間、アリノスゲームの営業部長と、2人で飲みに行って
きたんだ。もちろん、これまでもたびたび話はしてきたんだけど
ね。『お互いにPMIお疲れさま』ということで、これまでのこと
をいろいろ振り返りつつ、今後の営業戦略についてもじっくり話
したりして、とてもいい感じだったよ」

三森「それは良かったわね。統合作業、大変だったものね……。本
当にお疲れさま」

八谷「当初はどうなることかと思ったけど、統合プロセスを経て、
お互いの強み、弱みがしっかり見えてきた。営業部長はだいぶ年
上だけど、感覚は若々しいし、すごく熱意が感じられて、うまく
やっていけそうだ」

三森「あら、以前は営業部長のこと、散々悪口言っていたのに
(笑)」

八谷「アリノスゲームは思ったとおり、古い体質が残っていて融通
が利かないところも多いんだけど、しっかり理由を説明して納得
してもらえたら、すんなり変化を受け入れる合理的で柔軟なとこ
ろもあるんだと気づいた。しかも、一度やり始めたら徹底的にや
るから、その点は本当に勉強になるよ」

三森「そうなのね。私もHR(人事)として勉強になる点も多いわ。
2社がくっつくって、いろいろ大変だけど、そのぶん学ぶことも
多いわよね」

八谷「一時は、マイナスなところしか見えなかったけど、今は強い
味方を得たような気持ちになっているよ。うちの会社はきっとう

まくやっていける。目指せ、アジアナンバー1だ！」

三森「ずいぶん、威勢がいいのね（笑）。ところで、この間、近々
また M&A があるかもしれない、っていう噂を聞いたのよ……」

八谷「また？　せっかくまとまってきたところなのに、大丈夫か
な……」

三森「今回の経験もあることだし、きっと大丈夫よ！」

ここまで、日本企業が PMI を進める上で陥りがちな課題や乗り越え方
について、確認してきました。M&A は案件それぞれの個別性も強く、特
徴も様々です。教科書的に、どんな案件でも同じ課題が確認され、同じ施
策を実施すれば、解決できるとは限らないところもあります。それぞれの
M&A 案件に応じて、カスタマイズしていただくという前提はありつつも、
PMI を進める際、みなさんが現場の課題を分析し、施策を検討する際に、
留意すべき"観点"については、本書のなかでもお伝えできたのではない
かと思います。

ここで改めて、本書でも特に重点的にお伝えした"組織づくりのレン
ズ"から PMI を見たとき、特に重要なポイントを次の5つに絞って、お
伝えしたいと思います。

① Sharing：情報を共有する
② Dialoguing：対話する
③ Sense Making：意味づける
④ Leading：主導する
⑤ Fostering the Culture：文化を育む

各ポイントについて、それぞれ見ていきましょう。

① Sharing：情報を共有する

　M&A は、情報の秘匿性の高さから、経営層や投資担当者から、現場マネジャー・社員に、情報が共有されるまでにタイムラグがあります。また、慌ただしく M&A のプロセスが進むなかでは、情報を開示できるタイミングになっても、買った側・買われた側を問わず、十分な情報が現場に届いておらず、社員には、先行きに対する不安が生じ、疑心暗鬼になっている例も少なくありません。

　PMI を円滑に進めていく上で重要になるのは、買った側・買われた側の社員と、過不足なく、タイムリーに情報を共有するということです。共有された情報が、PMI の行く先を照らす灯になるのです。

　情報をタイムリーに共有するためには、M&A の目的やゴール、期待する成果や PMI の進め方などを、M&A を開示する前段階で、丁寧に検討しておく必要があります。場当たり的な情報共有は、間違いや辻褄が合わなくなるなど、社員の不安感を増長するだけです。入念に準備をして、整合性のある情報を発信する必要があります。

　加えて、伝え方も工夫が必要です。ただ情報を無機質に伝えるのではなく、聴き手のイメージが膨らむように、一連の情報をストーリーとして、伝える必要があります。特に、M&A を通じて得たいビジョンについては、魅力的に語る必要があります。このビジョンが貧しいものだと、業務の進め方など、変化を強いる PMI のプロセスに苦労してまで取り組みたいと思ってもらえません。

　また、トップマネジメントから社員に対して発する必要がある全社の方向性に関するメッセージや、トップマネジメントからミドルマネジメント、現場マネジャーへと段階的に伝えるメッセージなど、対面・非対面をうまく組み合わせ、重層的に情報共有を図っていく必要があります。ここまでやって、ようやく伝えたい情報の10分の1くらいが現場に伝わるのです。繰り返し、繰り返し、しつこいと思われるほどの情報共有に取り組んでいく必要があります。

② Dialoguing：対話する

　M&Aによって、買われた側の社員が置かれている環境は大きく変化します。それは愛着を持っていた職場や業務へのこだわり、メンバーとの関係性が失われる可能性を意味します。経営的な観点から見ると、「M&Aは重要だ」と、頭では理解できても、心理的な納得感をすぐに醸成することは難しいかもしれません。ただ、そんな状況にあっても、これまでは買われた側の社員が持つM&Aへの不安感が吐露される機会が持たれることは限られていました。会社としての決定である以上、ビジネスパーソンとしては、有無をいわさず、それに従うことが求められたのです。

　納得感を形づくる最初のステップとして有効なのは、それぞれの内側にある想いや感じていることを、言語化し、対話する場を設けることです。M&Aに対する不安を共有するだけでなく、買われた側がM&A以前に成しとげたことや持っていた強みや経験をしっかりと棚卸し、これまでの時間を整理する必要があります。

　こうした時間を持つことができると、自分たちがM&Aについて、何がわかっていて、何がわかっていないのかを確認し、追加の情報を得る機会にもなります。これまでを振り返るとともに、M&Aに対する不安感や懸念を語ることで、徐々に前向きな可能性へと目を向けられるようになっていきます。対話の時間を通して、M&Aについて語ることで、自分の言葉や他の参加者の言葉から、自分のなかにM&Aを位置づけていくのです。買った側・買われた側の、組織文化や業務に関する共通点・相違点について話し合うことも有効です。

　こうした対話の場は、買った側のM&A担当者やPMIの実質的な推進役である現場マネジャーが率先してつくっていく必要があります。買われた側のメンバーからは、こうした時間を持ちたいという声を出しにくいものです。買った側のメンバーにとっても、買われた側の組織文化やメンバーの状態を把握するためにも、大事な時間です。対話の場づくりとしては、センシティブなトピックを扱うことになるので、状況に応じて、外部のファシリテーターを活用することも一案です。

③ Sense Making：意味づける

　M&Aにより経営者やオーナーが変わることは、買われた側の社員にとって大きな変化です。買われた側の社員は、このような大きな変化を経ても、「自分にとってこの会社で働き続けることは重要だ」と意味づけ、「この会社で働き続ける」という意思決定を再度行う必要があります。それは、転職するのと同じような大きな意思決定です。

　情報共有や対話の場を通じて、買われた側のメンバーのなかでは、少しずつこのM&Aに対する意味づけが始まっています。そうした意味づけをサポートすることができれば、買われた側のメンバーの、組織への定着率を高めることができます。

　メンバーが、"こちらの会社は、そちらの会社は"という視点から、"うちの会社は"という視点で、自身を新しい組織の一員として意味づけられるよう、買った側の企業からも積極的に情報共有を図っていく必要があります。また、意味づけをしやすいように、現場のマネジャーが、M&Aを通じて協働するからこそ広がる可能性や、キャリアについての影響などについても、説明し、意味づけが進むように支援していく必要があります。定例の1 on 1などの時間を使って、個人としてのキャリア開発とM&Aを結びつける時間を持つことも有効です。

④ Leading：主導する

　日本企業同士の合併だと、お互いの面子を立てることを重視し、踏み込んだコミュニケーションや調整がなされず、当初期待した成果やシナジーが生み出せないことがあります。出身企業ごとの派閥や業務のやり方がそれぞれ残ってしまい、ハコは一緒になったとしても、実質の中身は協業に向けて踏み出せていない状態です。

　M&Aは、買った側・買われた側という構造ができてしまう手法である以上、買った側は、過度に遠慮をせず、しっかりと主導権を握り、新しい組織をリードすることも重要です。お互いに遠慮し、忖度し合っていてもいいことはありません。特に、業務オペレーションの統合については、

買った側が主導することで、シナジーを出しやすくなるという結果も、質問紙調査の分析から見えてきました。

　トップマネジメントだけでなく、ミドルマネジメントや現場マネジャーに至るまで、買われた側に敬意を示し、コミュニケーションを密に取りながらも、買った側が主導すべき点については、積極的に主導することが重要です。

⑤ Fostering the Culture：文化を育む

　M&Aで期待されるシナジー効果を発揮するためには、買った側・買われた側ともに、従来の業務の進め方を調整する必要があります。成果が出るまでには、トライ・アンド・エラーに取り組むことも必要です。失敗に対して、過度に敏感になっている組織では、シナジーを出すことは容易ではありません。たくさんの可能性を秘めたM&Aであっても、当初の失敗だけを見て「やっぱりうまくいかない」と、否定しがちになってしまいます。シナジーを発揮するために、新しいチャレンジや失敗に対して寛容な、組織文化を醸成していく必要があるのです。

　また、M&Aが目指すシナジー効果には、買った側・買われた側の垣根を越えて、両社が持つノウハウや経験を共有し、お互いから学び合うことも含まれています。この学び合いに取り組めれば、さらに成長のスピードを速めることができます。そのためにも、"お互いから学び合う文化"を組織として育むことが重要です。

　組織文化を醸成していく上で、トップマネジメントが重要な役割を持っていることはいうまでもありません。ですが、ミドルマネジメントや現場マネジャーも、それぞれが管掌する部署の単位でも、学び合う組織文化を育んでいく上で、大きな影響力を持っています。

　出身組織の垣根を越えて、いいものはいい、と積極的に声に出し、変えるべきところは変えることを恐れずに取り組んでいく必要があります。そのためにも、お互いが忌憚なく意見を言い合えるような心理的安全性の高い職場をつくっていく必要があります。

以上、この終章では、「"組織づくりのレンズ"を PMI に活かす 5 つの重要ポイント」についてお伝えしました。本書での学びを現場で活かすために、それぞれのポイントを念頭に置いて、施策を検討・実施していただければと思います。

CONCLUSION　おわりに

　日本企業が中長期的な成長を果たしていくために、M&A はきわめて重要な選択肢となります。ただし、買われた側の社員に大きな負担を強いる手法であることも事実です。組織やメンバーに愛着を持ち、楽しく働いていたにもかかわらず、M&A をきっかけとして、そこを離れなければならない状況になってしまったときの悲しさは、言葉では表現しきれません。

　本書は、M&A を通じて生み出す成果を高めるとともに、PMI のプロセスにおいても、社員の納得感を高めるために重要な視点を提供しています。本書が、戦略的には合致しているものの、成果につながらない「もったいない M&A」をなくすとともに、日本企業とそこで働くみなさんの一助になれば幸いです。

　また、本書では、「組織開発」というレンズを通して、M&A/PMI のプロセスを概観しました。分析を通じて、組織メンバーの関係性や組織文化を扱う組織開発の知見は、M&A/PMI という難しい状況下においても、活かせる余地が大きいと改めて確信しています。

　近年、日本では「組織開発」ブームともいえるような状況が起きています。しかしながら、現場の実務においては、長い年月をかけて積み重ねられた組織開発の知見が必ずしも活かしきれていないのが実情です。その意味では、本書で取り組んだことは、組織開発という手法を、M&A/PMI という新しい実践的なフィールドでどのように活用できるかを探究する挑戦であったともいえます。M&A という広大な領域に組織開発のナレッジが活きる未来を、筆者らは願っています。

　この一つのチャレンジを契機に、組織開発の手法がより実践的に活用さ

れる機会が広まっていくとともに、組織のメンバーがお互いの関係性を大事にし、業務や組織への愛着を持ち、仕事を楽しみながら企業の成長に貢献していく、そんな場面が増えることを祈るばかりです。

　刊行にあたり、多くの方々からご指導・ご支援をいただきました。皆様のお力添えのおかげで、書き上げることができました。この場をお借りして、お世話になった方々に対して御礼の言葉を申し上げたいと思います。

　本書のもとになっている質問紙調査にご協力いただいた、M&A経験者の皆様に心より御礼申し上げます。加えて、M&Aの実体験について、インタビュー調査という形でご共有いただきました皆様に心より感謝申し上げます。

　第7章では、楽天ピープル＆カルチャー研究所代表の日高達生さん、杉原祐紀さんから、M&Aを企業内で支援する実務家として、人と組織の観点からみたPMIに関する貴重な知見をご共有いただきました。また、第8章では、明治大学グローバル・ビジネス研究科 専任教授の岡俊子さんから、日本企業がPMIにおいて抱える課題とその乗り越え方について、外部支援者としての豊富なご経験から、たくさんの示唆を頂戴しました。

　本書を世に送り出してくださったダイヤモンド社の皆様、特に編集者の小川敦行さんには、本書の企画段階から最後まで伴走していただきました。心より感謝いたします。ライターとして本書の企画・執筆にお力添えいただきました井上佐保子さんにも感謝申し上げます。

　共同執筆者として、東南裕美さん、柴井伶太さん、佐藤聖さんにも心より感謝いたします。柴井伶太さん、佐藤聖さんは、2021年3月、立教大学中原ゼミを卒業したばかりの新入社員です。大学での正規授業の傍ら、研究室のプロジェクトに関わってくれました。

　また、「OD-ATLAS」「WPL」などの組織診断ツールの資料をいただきましたパーソル総合研究所の小林祐児さん、ダイヤモンド社の永田正樹さんにも、心より御礼を申し上げます。

　気づけば、2019年に始まったこの研究・書籍化のプロジェクトが、ひ

とまずの区切りを迎えられたのは、多くの方に支えられたからこそでした。本当にありがとうございました。この場を借りて、心より御礼を申し上げます。

2022年1月

M&Aによりニッポンの企業が
元気になる未来を待ち焦がれて

編著者代表　齊藤光弘
中原　淳

【執筆者紹介】

[編著者]

齊藤光弘 （さいとう・みつひろ）

合同会社あまね舎／OWL：Organization Whole-beings Laboratory代表。組織開発カタリスト。企業における組織づくりや人材育成の領域で、現場支援と研究を融合させ、メンバーが持つ想いと強みを引き出すためのサポートに取り組む。組織開発や人材開発、コーチングといった手法を有機的に組み合わせながら、組織全体の変革と個の変容を結び付け、支援の実効性を高めている。M&Aのプロセスをサポートするコンサルティングファームのコンサルタント、事業承継ファンドのマネージャーを経て、東京大学大学院にて中原淳氏に師事し、組織開発・人材開発の理論と現場への応用手法を学ぶ。2020年3月まで國學院大學経済学部特任助教を務めるなど、大学でのリーダーシップ教育、アクティブラーニング型教育の企画・実施にも関わる。共著に『人材開発研究大全』（東京大学出版会）。

中原 淳 （なかはら・じゅん）

立教大学経営学部教授。立教大学大学院経営学研究科リーダーシップ開発コース主査、立教大学経営学部リーダーシップ研究所副所長などを兼任。博士（人間科学）。1998年東京大学教育学部卒業。大阪大学大学院人間科学研究科で学び、米マサチューセッツ工科大学客員研究員、東京大学准教授などを経て現職。「大人の学びを科学する」をテーマに、企業・組織における人材開発・組織開発・リーダーシップ開発について研究している。単著に『経営学習論』（東京大学出版会）、『研修開発入門』（ダイヤモンド社）、『フィードバック入門』（PHPビジネス新書）ほか、共著に『組織開発の探究』（HRアワード2019書籍部門 最優秀賞受賞、ダイヤモンド社）、『残業学』（光文社新書）、『チームワーキング』（日本能率協会マネジメントセンター）、『中小企業の人材開発』（東京大学出版会）ほか多数。
ブログ：NAKAHARA-LAB.net（www.nakahara-lab.net）

[著者]

東南裕美 （とうなん・ゆみ）

株式会社MIMIGURI Researcher。山口県出身。立教大学大学院21世紀社会デザイン研究科博士前期課程修了。立教大学大学院経営学研究科博士後期課程在籍。人と組織の学習・変容に興味を持ち、組織開発が集団の創造性発揮をもたらすプロセスについて研究を行っている。人と組織の創造性を高める理論知や実践知を発信するウェブメディア『CULTIBASE』の副編集長を務める。

柴井伶太 （しばい・れいた）

株式会社サイバーエージェント 新卒採用人事。立教大学経営学部中原淳ゼミナール卒業、組織開発・人材開発の研究を行う。現在は、立教大学大学院経営学研究科リーダーシップ開発コース在籍。また、大学時代に共同創業者としてベンチャー企業の運営を経て、新卒で株式会社サイバーエージェントに入社。新卒採用人事としてビジネスコースの採用に携わる。

佐藤 聖 （さとう・ひじり）

立教大学経営学部経営学科卒業。在学中、中原淳ゼミナールに所属し組織開発・人材開発を専攻。卒業論文ではM&Aの統合プロセスにおけるセンスメイキングをテーマに研究。卒業後は中小企業の支援を行う公的機関に従事。

M＆A後の組織・職場づくり入門

──「人と組織」にフォーカスした企業合併をいかに進めるか

2022年2月15日　　第1刷発行

編著者──齊藤光弘、中原 淳
著　者──東南裕美、柴井伶太、佐藤 聖
発行所──ダイヤモンド社
　　　　　〒150-8409　東京都渋谷区神宮前 6-12-17
　　　　　https://www.diamond.co.jp/
　　　　　電話／03·5778·7229（編集）　03·5778·7240（販売）
装丁───萩原弦一郎（合同会社256）
本文デザイン·DTP─岸 和泉
写真───大崎えりや（286ページ）
校正───鷗来堂
製作進行──ダイヤモンド・グラフィック社
印刷───加藤文明社
製本───木間製本
編集担当──小川敦行